THÉATRE COMPLET

DE

ALEX. DUMAS

XI

LE CHEVALIER DE MAISON-ROUGE — HAMLET
LE CACHEMIRE VERT

NOUVELLE ÉDITION

PARIS
MICHEL LÉVY FRÈRES, ÉDITEURS
RUE AUBER, 3, PLACE DE L'OPÉRA
——
LIBRAIRIE NOUVELLE
BOULEVARD DES ITALIENS, 15, AU COIN DE LA RUE DE GRAMMONT
——
1874
Droits de reproduction et de traduction réservés

COLLECTION MICHEL LÉVY

ŒUVRES COMPLÈTES

D'ALEXANDRE DUMAS

THÉATRE

XI

OEUVRES COMPLÈTES D'ALEXANDRE DUMAS
PUBLIÉES DANS LA COLLECTION MICHEL LÉVY

Titre	Vol.
Acté	1
Amaury	1
Ange Pitou	2
Ascanio	2
Une Aventure d'amour	1
Aventures de John Davys	2
Les Baleiniers	2
Le Bâtard de Mauléon	3
Black	1
Les Blancs et les Bleus	3
La Bouillie de la comtesse Berthe	1
La Boule de neige	2
Bric-à-Brac	2
Un Cadet de famille	3
Le Capitaine Pamphile	1
Le Capitaine Paul	1
Le Capitaine Rhino	1
Le Capitaine Richard	1
Catherine Blum	1
Causeries	2
Cécile	1
Charles le Téméraire	2
Le Chasseur de Sauvagine	1
Le Château d'Eppstein	2
Le Chevalier d'Harmental	2
Le Chevalier de Maison-Rouge	2
Le Collier de la reine	3
La Colombe. — Maître Adam le Calabrais	1
Le Comte de Monte-Cristo	6
La Comtesse de Charny	6
La Comtesse de Salisbury	2
Les Compagnons de Jéhu	3
Les Confessions de la marquise	2
Conscience l'Innocent	2
Création et Rédemption. — Le Docteur mystérieux	2
— La Fille du Marquis	2
La Dame de Monsoreau	3
La Dame de Volupté	2
Les Deux Diane	3
Les Deux Reines	2
Dieu dispose	2
Le Drame de 93	3
Les Drames de la mer	1
Les Drames galants. — La Marquise d'Escoman	2
La Femme au collier de velours	1
Fernande	1
Une Fille du régent	1
Filles, Lorettes et Courtisanes	1
Le Fils du forçat	1
Les Frères corses	1
Gabriel Lambert	1
Les Garibaldiens	1
Gaule et France	1
Georges	1
Un Gil Blas en Californie	1
Les Grands Hommes en robe de chambre : César	2
— Henri IV, Louis XIII, Richelieu	2
La Guerre des femmes	2
Histoire d'un casse-noisette	1
Les Hommes de fer	1
L'Horoscope	1
L'Ile de Feu	1
Impressions de voyage : En Suisse	3
— Une Année à Florence	1
— L'Arabie Heureuse	3
— Les Bords du Rhin	2
— Le Capitaine Arena	1
— Le Caucase	3
— Le Corricolo	2
— Le Midi de la France	2
— De Paris à Cadix	2
— Quinze jours au Sinaï	1
— En Russie	4
— Le Speronare	2
— Le Véloce	2
— La Villa Palmieri	1
Ingénue	2
Isabel de Bavière	2
Italiens et Flamands	2
Ivanhoe de Walter Scott (traduction)	1
Jacques Ortis	1
Jacquot sans Oreilles	1
Jane	1
Jehanne la Pucelle	1
Louis XIV et son Siècle	4
Louis XV et sa Cour	2
Louis XVI et la Révolution	3
Les Louves de Machecoul	2
Madame de Chamblay	2
La Maison de glace	2
Le Maître d'armes	1
Les Mariages du père Olifus	1
Les Médicis	1
Mes Mémoires	10
Mémoires de Garibaldi	2
Mémoires d'une aveugle	2
Mémoires d'un médecin : Balsamo	5
Le Meneur de loups	1
Les Mille et un Fantômes	1
Les Mohicans de Paris	4
Les Morts vont vite	2
Napoléon	1
Une Nuit à Florence	1
Olympe de Clèves	3
Le Page du duc de Savoie	2
Parisiens et Provinciaux	2
Le Pasteur d'Ashbourn	1
Pauline et Pascal Bruno	1
Un Pays inconnu	2
Le Père Gigogne	2
Le Père la Ruine	1
Le Prince des Voleurs	2
La Princesse de Monaco	2
La Princesse Flora	1
Les Quarante-Cinq	3
La Régence	1
La Reine Margot	2
Robin Hood le Proscrit	2
La Route de Varennes	1
Le Saltéador	1
Salvator (suite des Mohicans de Paris)	5
Souvenirs d'Antony	1
Les Stuarts	1
Sultanetta	1
Sylvandire	2
La Terreur prussienne	2
Le Testament de M. Chauvelin	1
Théâtre complet	25
Trois Maîtres	1
Les Trois Mousquetaires	2
Le Trou de l'enfer	1
La Tulipe noire	1
Le Vicomte de Bragelonne	6
La Vie au Désert	2
Une Vie d'artiste	1
Vingt Ans après	3

F. Aureau et Cie. — Imp. de Lagny.

LE CHEVALIER
DE MAISON-ROUGE

DRAME EN CINQ ACTES, EN DOUZE TABLEAUX

EN SOCIÉTÉ AVEC M. AUGUSTE MAQUET

Théâtre-Historique. — 3 août 1847.

DISTRIBUTION

MAURICE............................. MM.	LAFERRIÈRE.
LORIN.................................	MÉLINGUE.
DIXMER...............................	BIGNON.
LE CHEVALIER........................	LACRESSONNIÈRE.
ROCHER...............................	BOUTIN.
AGÉSILAS.............................	BARRÉ.
JEAN..................................	BAR.
GILBERT..............................	GEORGES.
DUFRESNE............................ }	BEAULIEU.
UN PRÉSIDENT DE SECTION........	
UN CLERC.............................	ARMAND.
UN PATRIOTE.........................	LEFÈVRE.
UN GÉNÉRAL.......................... }	CRETTE.
LE PRÉSIDENT DU TRIBUNAL......	
UN GIRONDIN.........................	PEUPIN.
AUTRE GIRONDIN....................	LINGÉ.
UN GREFFIER.........................	BOILEAU.
ARISTIDE............................. }	CASTEL.
UN HUISSIER.........................	
UN PERRUQUIER......................	ALEXANDRE.
UN JEUNE SECTIONNAIRE...........	COLBRUN.
UN TANNEUR..........................	PAUL.
RICHARD..............................	EDMOND.
HOMMES DU PEUPLE................. {	FLEURY.
	DÉSIRÉ.
UN ACCUSATEUR PUBLIC............	LIÉMANCE.
GENEVIÈVE...........................	Mmes ATALA BEAUCHÊNE.
ARTÉMISE.............................	HORTENSE JOUVE.
LA FEMME TISON.....................	LUCIE MABIRE.
HÉLOÏSE TISON.......................	MAILLET.
LA VEUVE PLUMEAU..................	GEORGES CADETTE.
FEMMES DU PEUPLE.................. {	BETZY.
	LAUNAY.

ACTE PREMIER

PREMIER TABLEAU

Un carrefour dans le quartier Saint-Jacques. Il fait nuit.

SCÈNE PREMIÈRE

GENEVIÈVE, DEUX HOMMES, à l'angle d'une rue ; JEAN.

GENEVIÈVE, se rangeant.

Oh ! mon Dieu !

(Les deux Hommes paraissent.)

PREMIER HOMME.

Pourvu que Jean nous attende !

DEUXIÈME HOMME.

Oui, le voilà avec sa charrette...

PREMIER HOMME.

Est-ce lui ?

DEUXIÈME HOMME.

Je le reconnais... Jean !

JEAN.

Citoyen ?

DEUXIÈME HOMME.

Tout est prêt, n'est-ce pas ?

JEAN.

Oui ; qu'est-il arrivé, citoyen ?

DEUXIÈME HOMME.

Décrétés d'accusation ! notre cause est perdue ! Nous et nos amis, nous succombons !

JEAN.

Vous et vos amis ! lesquels ?

DEUXIÈME HOMME.

Les députés de la Gironde, Brissot, Gensonné, Vergniaud, Barbaroux, Roland, tous enfin.

JEAN.

Mais vous n'êtes qu'accusés ?

DEUXIÈME HOMME.

Accusés ou condamnés, n'est-ce pas tout un, aujourd'hui?

JEAN.

Oh! mon Dieu!

DEUXIÈME HOMME.

Au reste, nous mourrons en bonne compagnie, comme tu vois.

JEAN.

Si vous mourez... Mais, moi, je réponds de vous faire passer la barrière! Allons, dépêchons, citoyen, dépêchons!

PREMIER HOMME.

Va!

DEUXIÈME HOMME.

Ami... ami! suivons la même fortune! viens avec moi!

PREMIER HOMME.

Non, je ne le puis... Il faut que je la revoie... Elle me croirait mort, et elle mourrait...

JEAN.

Monsieur, pas un instant à perdre! La séance d'aujourd'hui n'est peut-être pas encore connue aux barrières.

DEUXIÈME HOMME.

Tu refuses?

PREMIER HOMME.

Je te rejoindrai... J'ai plusieurs papiers qu'il faut que je fasse disparaître, et, entre autres, cette lettre dont je t'ai parlé.

DEUXIÈME HOMME.

Quelle lettre?

PREMIER HOMME.

Celle de ce jeune homme, de ce chevalier de Maison-Rouge, qui me faisait supplier de m'intéresser à la reine... Cette lettre, tout innocente qu'elle est, ferait croire à des relations avec des aristocrates, et, tu le sais, dans le temps où nous vivons, il y a quelque chose de plus précieux à sauver que la vie, c'est l'honneur...

DEUXIÈME HOMME.

Fais à ta volonté : le rendez-vous est à Bordeaux, tu le sais.

PREMIER HOMME.

Oui, à Bordeaux.

JEAN.

Monsieur, monsieur, le temps se passe... et je vois là-bas une patrouille !

PREMIER HOMME.

Jean a raison... Pars, mon ami, pars !

DEUXIÈME HOMME.

Adieu !

(Ils s'embrassent. Jean fait monter son maître dans la charrette, jette sur lui trois ou quatre bottes de paille et s'éloigne, conduisant le cheval par la bride.)

GENEVIÈVE.

J'avais tort de les craindre : ce sont des malheureux qui fuient. Allons, je crois que la rue est libre, et que je puis maintenant...

(Elle s'avance sur la pointe du pied; une Patrouille débouche d'une rue : à la vue de cette Patrouille, Geneviève recule en jetant un cri et essaye de gagner l'autre côté de la rue.)

SCÈNE II

GENEVIÈVE, ROCHER, à la tête d'UNE PATROUILLE DE SECTIONNAIRES.

ROCHER.

Eh ! la la, citoyenne, où vas-tu par là?... Ah ! tu ne réponds pas?... ah ! tu fuis?... En joue... C'est un aristocrate déguisé, un traître, un girondin !... En joue !...

GENEVIÈVE.

Grâce ! grâce !... je suis une femme.

(Elle tombe sur un genou.)

ROCHER.

Alors, avance à l'ordre, et réponds catégoriquement.

GENEVIÈVE.

Excusez-moi ! mais les jambes me manquent...

ROCHER.

Où vas-tu comme cela, charmante belle de nuit?

GENEVIÈVE.

Citoyen, je ne vais nulle part; je rentre...

ROCHER.

Ah ! tu rentres?...

GENEVIÈVE.

Oui !...

ROCHER.
C'est rentrer un peu tard, pour une honnête femme.
GENEVIÈVE.
Je viens de chez une parente qui est malade...
ROCHER.
Alors, où est notre carte?
GENEVIÈVE.
Ma carte?... que veux-tu dire? que demandes-tu?
ROCHER.
N'as-tu pas lu le décret de la Commune?
GENEVIÈVE.
Non.
ROCHER.
Tu l'as entendu crier, alors?...
GENEVIÈVE.
Mais non; que dit donc ce décret?
ROCHER.
Le décret de la Commune défend, passé dix heures du soir, de sortir sans une carte de civisme... As-tu la tienne?
GENEVIÈVE.
Oh! mon Dieu!
ROCHER.
Tu l'as oubliée chez ta parente?
GENEVIÈVE.
J'ignorais qu'on eût besoin d'une pareille carte pour sortir.
ROCHER.
Alors, entrons au premier poste... Là, tu t'expliqueras gentiment avec le capitaine... et, s'il est content de toi, il te fera reconduire à ton domicile par deux hommes; sinon, il te gardera jusqu'à plus ample information... Par file à gauche, pas accéléré, en avant, marche!
GENEVIÈVE.
Ah! mon Dieu, Seigneur! à moi! au secours!

SCÈNE III

Les Mêmes, MAURICE LINDAY.

MAURICE.
Qu'y a-t-il?... et que fait-on à cette femme?

ROCHER.

Plaît-il?

MAURICE.

Je demande quelle insulte on fait à cette femme, et pourquoi elle appelle au secours.

ROCHER.

Mêle-toi de ce qui te regarde, muscadin! et laisse les patriotes faire leurs affaires.

MAURICE.

Quelle est cette femme, et que lui voulez-vous? Je vous le demande une seconde fois...

ROCHER.

Et qui es-tu toi-même pour nous interroger?

MAURICE.

Je suis officier; ne le voyez-vous pas?

ROCHER.

Quelle section?

MAURICE.

Section Lepelletier...

ROCHER.

Cela ne nous regarde pas... Section du Temple, nous autres.

MAURICE.

Ah! cela ne vous regarde pas? C'est ce que nous allons voir.

UN SECTIONNAIRE.

Quoi qu'il dit?... quoi qu'il dit?

MAURICE.

Il dit que, si l'épaulette ne fait pas respecter l'officier, le sabre fera respecter l'épaulette... (Il saisit de la main gauche Rocher par le collet de sa carmagnole, lui fait, en le séparant de sa troupe, faire trois pas en arrière, et lui appuie la pointe de son sabre sur la poitrine.) Là!... Maintenant, causons comme deux bons amis.

ROCHER.

Mais, citoyen!...

MAURICE.

Ah! prends garde, l'ami! car je te préviens qu'au moindre mouvement que tu fais, qu'au moindre geste que font tes hommes, je te passe mon sabre au travers du corps... Tu m'as demandé qui j'étais; je vais te le dire. Je me nomme Maurice Linday; je demeure rue de la Monnaie, n° 19; j'ai commandé une batterie de canonniers au 10 août; je suis lieutenant de la garde nationale et secrétaire des *Frères et Amis*. Cela te suffit-il?

ROCHER.

Ah! citoyen, si tu es réellement ce que tu dis, c'est-à-dire un bon patriote...

MAURICE.

Je te le disais bien, que nous finirions par nous entendre. Maintenant, réponds à ton tour! Pourquoi cette femme criait-elle, et que lui faisiez-vous?

ROCHER.

Nous la conduisions au corps de garde.

MAURICE.

Et pourquoi la conduisiez-vous au corps de garde?

ROCHER.

Parce qu'elle n'a point de carte de civisme. Oublies-tu que la patrie est en danger et que le drapeau noir flotte sur l'hôtel de ville?

MAURICE.

Le drapeau noir flotte sur l'hôtel de ville, et la patrie est en danger, parce que deux cent mille esclaves marchent contre la France, et non parce qu'une femme court les rues de Paris passé dix heures!... Mais n'importe! puisqu'il y a un décret de la Commune, citoyens, vous êtes dans votre droit... Si vous m'eussiez répondu cela tout de suite, l'explication eût été plus courte et moins orageuse. Maintenant, emmenez cette femme si vous voulez, vous êtes libres.

GENEVIÈVE, qui, profitant de la liberté, s'est approchée peu à peu de Maurice, et lui saisit le bras.

Ah! citoyen, au nom du ciel! ne m'abandonnez pas à la merci de ces hommes grossiers et à moitié ivres!

MAURICE.

Soit; prenez mon bras, et je vous conduirai moi-même au poste.

GENEVIÈVE.

Au poste! au poste! et pourquoi, puisque je n'ai fait de mal à personne?...

MAURICE.

Non; mais on suppose que vous en pouvez faire. D'ailleurs, un décret de la Commune défend de sortir sans carte, et, si vous n'en avez pas...

GENEVIÈVE.

Mais, monsieur, j'ignorais...

MAURICE.

Citoyenne, vous trouverez au poste de braves gens qui apprécieront vos raisons, et dont vous n'avez rien à craindre.

GENEVIÈVE, bas.

Monsieur, ce n'est pas seulement l'insulte que je crains : c'est la mort ! car, si l'on me conduit au poste, je suis perdue !

MAURICE.

Eh ! que dites-vous là ?...

ROCHER.

Allons, allons, tu l'as dit toi-même, citoyen officier, cette femme est en contravention et nous avons le droit de la mener au corps de garde !... Ainsi donc, citoyenne...

GENEVIÈVE.

Citoyen, par grâce... Monsieur, au nom du ciel !...

MAURICE.

Je ne puis que me faire tuer pour vous, madame, et je ne vous sauverai pas...

GENEVIÈVE.

Vous avez raison, monsieur... Que ma destinée s'accomplisse donc. Me voilà, citoyens...

SCÈNE IV

Les Mêmes, LORIN, commandant une Patrouille.

LORIN, au fond.

Qui vive ?

MAURICE.

Attendez, je crois que j'entends la voix d'un ami... Avance ici, Lorin... avance !...

LORIN.

Tiens ! c'est toi, Maurice ?... Ah ! libertin ! que fais-tu à cette heure, dans ce quartier perdu ? Je te le demande...

MAURICE.

Tu le vois, je sors de la section des *Frères et Amis.*

LORIN.

Oui, pour te rendre dans celle des *Sœurs et Amies,* nous

connaissons cela. Tu t'es fait précéder d'un poulet ainsi conçu :

> Apprenez, ma belle,
> Qu'à minuit sonnant,
> Une main fidèle,
> Une main d'amant
> Ira doucement...

Hein ! n'est-ce pas cela ?

MAURICE.

Non, mon ami, tu te trompes. Je revenais de porter un ordre à la barrière Jacques. J'allais rentrer directement chez moi, quand j'ai trouvé la citoyenne qui se débattait aux mains de la patrouille que tu vois... J'ai entendu des cris, je suis accouru, et j'ai demandé l'explication de cette violence...

LORIN.

Ah ! je te reconnais bien là !

> Des chevaliers français tel est le caractère !

(Se tournant vers la Patrouille.) Et pourquoi arrêtiez-vous cette femme, voyons, citoyens ?

ROCHER.

Nous l'avons déjà dit au lieutenant, parce qu'elle n'a point de carte de civisme.

LORIN.

Bah ! voilà un beau crime !

ROCHER.

Ne connais-tu pas l'arrêté de la Commune ?

LORIN.

Si fait ; mais j'en connais un autre qui l'annule.

ROCHER.

Lequel ?

LORIN.

Le voici :

> Sur le Pinde et sur le Parnasse,
> Il est décrété par l'Amour
> Que la Beauté, la Jeunesse et la Grâce
> Peuvent, à toute heure du jour,
> Circuler sans billet de passe !

Que dis-tu de cet arrêté, hein ?

ROCHER.

Il ne me paraît pas...

LORIN.

Péremptoire! (Rocher le regarde étonné.) C'est ça que tu veux dire?

ROCHER.

Possible; mais, d'abord, il ne figure pas dans *le Moniteur*, et puis nous ne sommes ni sur le Pinde, ni sur le Parnasse; ensuite, il ne fait pas jour; enfin, la citoyenne n'est peut-être ni jeune ni belle.

LORIN.

Je parie le contraire! Voyons, citoyenne, lève ta coiffe, et prouve que tu es dans les conditions du décret.

GENEVIÈVE.

Oh! monsieur, monsieur... Après m'avoir protégée contre vos ennemis, protégez-moi contre vos amis, je vous en supplie...

ROCHER.

Voyez-vous, voyez-vous, elle ne veut pas lever sa coiffe, elle se cache; c'est quelque espionne des aristocrates, quelque coureuse de nuit.

GENEVIÈVE, levant sa coiffe pour Maurice seul.

Oh! monsieur, regardez-moi! ai-je l'air de ce qu'ils disent?

MAURICE.

Non, non, rassurez-vous!... Lorin, réclame la prisonnière comme chef de patrouille, pour la conduire à ton poste.

LORIN.

Bon! je comprends à demi-mot. (A Geneviève.) Allons, allons, la belle, puisque vous ne voulez pas nous donner la preuve que vous êtes dans les conditions du décret, il faut nous suivre...

ROCHER.

Comment, vous suivre?

LORIN.

Sans doute! Nous allons conduire la citoyenne au poste de l'hôtel de ville, où nous sommes de garde; là, nous prendrons des informations sur elle.

ROCHER.

Pas du tout. Elle est à nous et nous la gardons.

LORIN.

Ah ! citoyens, citoyens, si vous n'êtes pas polis, nous allons nous fâcher.

ROCHER.

Allons donc, polis... polis!... La politesse est une vertu d'aristocrates. Nous sommes des sans-culottes, nous !

LORIN.

Chut ! ne parlez-pas de ces choses-là devant madame ; elle est peut-être Anglaise... Ne vous fâchez pas de la supposition, mon bel oiseau de nuit !... Un poëte l'a dit :

> L'Angleterre est un nid de cygnes
> Au milieu d'un immense étang.

ROCHER.

Entendez-vous comme il parle des Anglais ! C'est un stipendié de Pitt et Cobourg.

LORIN.

Mon ami, tu n'entends rien à la poésie... Je vais donc te parler en prose. Nous sommes doux et patients, mais tous enfants de Paris ; ce qui veut dire que, lorsqu'on nous échauffe les oreilles, nous tapons ferme.

(Murmures et menaces des Sectionnaires.)

MAURICE.

Madame, vous voyez ce qui se passe et vous devinez ce qui va se passer... Dans cinq minutes, dix ou douze hommes vont s'égorger pour vous... La cause qu'ont embrassée ceux qui vous défendent mérite-t-elle le sang qu'elle va faire couler ?

GENEVIÈVE.

Monsieur, je ne puis vous dire qu'une chose, c'est que, si vous me laissez arrêter, il en résultera, pour moi et pour d'autres, des malheurs si grands, que je vous supplierai de me percer plutôt le cœur avec l'arme que vous tenez à la main et de jeter mon cadavre à la Seine.

MAURICE.

C'est bien, madame, je prends tout sur moi. (Aux Gardes de Rocher.) Citoyens, comme votre officier, comme patriote, comme Français, je vous ordonne de protéger cette femme ! et toi, Lorin, si toute cette canaille dit un mot...

LORIN, à ses Gardes nationaux.

A vos rangs !

GENEVIÈVE.

Oh! mon Dieu, mon Dieu, protégez-le!...

(Un coup de pistolet part des rangs de la Patrouille de Rocher.)

LORIN.

Ah! misérables! à la baïonnette! (Lutte et confusion dans les ténèbres; plusieurs fenêtres s'ouvrent et se referment; la plupart des Gardes nationaux de Rocher fuient, les autres sont cloués à la muraille avec chacun une baïonnette sur la poitrine.) La, maintenant, j'espère que nous allons être doux comme des agneaux! Quant à toi, citoyen Maurice, je te charge de conduire cette femme au poste de l'hôtel de ville... Tu comprends que tu en réponds

MAURICE.

C'est convenu!

LORIN.

Mais, avant de te quitter, cher ami, je ne serais point fâché de te donner un conseil...

MAURICE.

Soit. (A Geneviève.) Prenez courage, madame: tout va être fini.

LORIN, aux Gens de Rocher.

Eh bien, en avez-vous assez?

ROCHER.

Oui, chien de girondin!

LORIN.

Tu te trompes, l'ami, et grossièrement; car j'oserai dire que nous sommes meilleurs sans-culottes que toi, attendu que nous appartenons au club des *Thermopyles*, dont on ne contestera point le patriotisme, j'espère... (Aux siens.) Laissez aller les citoyens, ils ne contestent plus...

ROCHER.

Il n'en est pas moins vrai que, si cette femme est une suspecte...

LORIN.

Cela nous regarde!... c'est dit, convenu, arrêté; mais, crois-moi, gagne au large, en attendant; c'est ce que tu as de plus prudent à faire!

UN SECTIONNAIRE.

Viens, Rocher, viens!

LORIN, surpris.

Rocher?

ROCHER, avec un geste de menace.

Tiens, si jamais l'un ou l'autre me tombe sous la main...

LORIN.

Ah! c'est ce fameux Rocher, l'inspecteur des geôliers du Temple? Cela ne m'étonne plus! Eh bien?... (Les Gens de Rocher s'éloignent.) Maintenant, Maurice, je t'ai promis un conseil...

MAURICE.

Et tu vois que je l'attends.

LORIN.

Viens avec nous plutôt que de te compromettre avec la citoyenne, qui me fait l'effet d'être charmante, il est vrai, mais qui n'en est que plus suspecte...

MAURICE.

Voyons, mon cher Lorin, soyons juste. C'est une bonne patriote ou c'est une aristocrate ; si c'est une aristocrate, nous avons eu tort de lui prêter assistance, et le mal est fait; si c'est une bonne patriote, c'est un devoir pour nous de la protéger. Maintenant, donne-moi le mot de passe.

LORIN.

Maurice, Maurice! tu me mets dans la nécessité de sacrifier mon devoir à un ami, ou mon ami à mon devoir.

MAURICE.

Décide-toi pour l'un ou pour l'autre; mais décide-toi!

LORIN.

Tu n'en abuseras pas?

MAURICE.

Je te le promets.

LORIN.

Ce n'est pas assez; jure...

MAURICE.

Sur quoi?

LORIN.

Jure sur l'autel de la patrie!

MAURICE.

Mais, mon ami, nous n'avons pas d'autel de la patrie.

LORIN, lui présentant son chapeau du côté de la cocarde.

Jure là-dessus.

MAURICE.

Je jure à mon ami Lorin de me conduire, cette fois comme toujours, en bon et brave citoyen...

LORIN.

Bien! rends-moi l'autel de la patrie. Maintenant, voici le mot d'ordre: *Gaule et Lutèce.* Peut-être y en a-t-il qui te diront comme à moi : *Gaule et Lucrèce*... N'importe, laisse passer ! c'est toujours romain.

MAURICE.

Merci, Lorin !

LORIN.

Bon voyage !... Adieu, citoyenne. Par file à gauche, en avant, marche !

(Il sort avec la Patrouille.)

SCÈNE V

MAURICE, GENEVIÈVE.

MAURICE.

Et maintenant, citoyenne, où allez-vous ?

GENEVIÈVE.

Tout près d'ici, monsieur.

MAURICE.

C'est bien ; vous avez désiré d'être accompagnée : me voici, je suis prêt.

GENEVIÈVE.

Monsieur, je crois que je n'aurai pas besoin d'abuser plus longtemps de votre complaisance ; tout est redevenu calme, tranquille ; je suis à deux cents pas à peine du but de ma course ; en quelques minutes, je suis chez moi... Votre ami vous l'a dit, vous vous compromettez...

MAURICE.

Je comprends, vous me congédiez, madame, et cela sans même me dire ce que j'aurai à répondre si l'on m'interroge sur vous...

GENEVIÈVE.

Vous répondrez, monsieur, que vous avez rencontré une femme revenant de faire une visite dans le faubourg du Roule, que cette femme était partie à midi sans rien savoir de ce qui se passait, et revenait à onze heures du soir sans rien savoir encore, attendu que tout son temps s'était écoulé dans une maison retirée.

MAURICE.

Oui, dans quelque maison de ci-devant, dans quelque repaire d'aristocrates... Avouez, citoyenne, que, tout en me demandant tout haut mon appui, vous riez tout bas de ce que je vous le donne.

GENEVIÈVE.

Moi ! et comment cela ?

MAURICE.

Sans doute ! vous voyez un républicain vous servir de guide, et ce républicain trahit sa cause... voilà tout !

GENEVIÈVE.

Citoyen, vous êtes dans l'erreur, et, autant que vous, j'aime la République.

MAURICE.

Eh bien, si vous êtes bonne patriote, vous n'avez rien à me cacher ; d'où venez-vous ?

GENEVIÈVE.

Oh ! monsieur, de grâce...

MAURICE.

En vérité, madame, vous me suppliez de ne pas être indiscret, et, en même temps, vous faites tout ce que vous pouvez pour exciter ma curiosité... Ce n'est point généreux ! Voyons, un peu de confiance ; je l'ai bien mérité, je crois. Ne me ferez-vous point l'honneur de me dire à qui je parle ?

GENEVIÈVE.

Vous parlez, monsieur... à une femme que vous avez sauvée du plus grand danger qu'elle ait jamais couru, et qui vous sera reconnaissante toute sa vie.

MAURICE.

Je ne vous en demande pas tant, madame... Soyez reconnaissante pendant une seconde seulement ; mais, pendant cette seconde, dites-moi votre nom.

GENEVIÈVE.

Impossible !

MAURICE.

Vous l'eussiez dit, cependant, au premier sectionnaire venu, si l'on vous eût conduite au poste.

GENEVIÈVE.

Oh ! non, jamais !

MAURICE.

Mais, alors, vous alliez en prison...

GENEVIÈVE.

J'étais décidée à tout...

MAURICE.
Cependant, la prison, aujourd'hui...
GENEVIÈVE.
C'est l'échafaud, je le sais.
MAURICE.
Et vous eussiez préféré l'échafaud?
GENEVIÈVE.
A la trahison?... Oui, monsieur...
MAURICE.
Je vous le disais bien, que vous me faisiez jouer un singulier rôle pour un républicain.
GENEVIÈVE.
Vous jouez le rôle d'un homme généreux. Vous trouvez une pauvre femme qu'on insulte : non-seulement vous ne la méprisez pas, quoiqu'elle soit du peuple, mais encore vous la protégez.
MAURICE.
Oui, voilà pour les apparences; voilà ce que j'eusse pu croire, si je ne vous avais pas vue, si je ne vous avais point parlé... Mais votre beauté, votre langage, sont d'une femme de distinction. Or, c'est justement cette distinction, en opposition avec votre costume et avec ce misérable quartier, qui me prouve que votre sortie, à cette heure, cache quelque mystère... Mais vous désirez rester inconnue, n'en parlons plus! Ordonnez, madame : que faut-il faire?
GENEVIÈVE.
Vous vous fâchez?
MAURICE.
Moi? Pas le moins du monde... D'ailleurs, que vous importe?
GENEVIÈVE.
Vous vous trompez, il m'importe beaucoup, monsieur; car j'ai encore une grâce à vous demander.
MAURICE.
Laquelle?
GENEVIÈVE.
Un adieu bien franc, bien affectueux; un adieu d'ami.
MAURICE.
Un adieu d'ami? Oh! vous me faites trop d'honneur, madame! c'est un singulier ami que celui qui ne sait pas le nom de son amie, et à qui son amie cache sa demeure... de

peur sans doute d'avoir l'ennui de le revoir... Au reste, madame, si j'ai surpris quelque secret, il ne faut pas m'en vouloir, je n'y tâchais pas ... Adieu, madame.
GENEVIÈVE.
Adieu, mon généreux protecteur !...
MAURICE.
Ainsi, vous ne courez plus aucun danger?
GENEVIÈVE.
Aucun.
MAURICE.
En ce cas, je me retire... Adieu, madame...

(Fausse sortie.)
GENEVIÈVE.
Monsieur !... (Maurice revient.) Mon Dieu, je ne voudrais cependant point prendre ainsi congé de vous.... Votre main, monsieur...

(Elle lui laisse une bague dans la main.)
MAURICE.
Citoyenne, que faites-vous là? Vous ne vous apercevez pas que vous perdez une bague... Reprenez-la, je vous prie...
GENEVIÈVE.
Oh ! monsieur, c'est bien mal !
MAURICE.
Il ne me manquait que d'être ingrat, n'est-ce pas?... Reprenez-la !
GENEVIÈVE.
Voyons, monsieur, que demandez-vous ?... que vous faut-il?
MAURICE.
Pour être payé?
GENEVIÈVE.
Non ; mais pour me pardonner le secret que je suis forcé de garder envers vous...
MAURICE.
Il faut que je vous voie encore une fois...
GENEVIÈVE.
Et quand vous m'aurez revue... ?
MAURICE.
Je n'aurai plus rien à exiger.
GENEVIÈVE.
Et vous garderez cette bague?

MAURICE.

Toujours !

GENEVIÈVE.

Puisque vous le voulez...

(Elle se place sous le réverbère et lève sa coiffe.)

MAURICE.

Oh ! que vous êtes belle !

GENEVIÈVE.

Voyons !... à mon tour une grâce !

MAURICE.

Ordonnez.

GENEVIÈVE.

Laissez-moi partir, et promettez de ne pas vous retourner, de ne pas me suivre, de ne pas chercher à savoir le chemin que j'aurai pris...

MAURICE.

Mais, mon Dieu ! quelle femme êtes-vous donc, pour exiger de pareilles promesses, pardonnez-moi de vous le rappeler, de la part d'un homme qui vient de vous sauver la vie ?

GENEVIÈVE.

Eh ! monsieur, n'y a-t-il pas de pauvres créatures qui ont toujours à craindre quelque chose ? Ne craint-on que pour sa vie en ce monde ? Vous parlez du danger dont vous venez de me tirer, n'est-ce pas ?

MAURICE.

Moi !

GENEVIÈVE.

Cette reconnaissance, il faut que je la cache ; car, aux yeux de certaines personnes, peut-être me serait-elle imputée à crime... Ainsi donc, monsieur, je vous en prie, je vous en supplie, quittons-nous ici, à l'instant même, car je tremble qu'on ne soit inquiet de moi et qu'on ne vienne me chercher.

MAURICE.

Et, en échange de ce dernier, de ce suprême sacrifice, vous, que ferez-vous pour moi ?

GENEVIÈVE, lui donnant la main.

Mon sauveur... monsieur Maurice, adieu !

MAURICE, lui baisant la main.

Merci ! Allez donc, madame, et emportez avec vous tous

mes souhaits de bonheur... Je ne puis rien autre chose maintenant... je vous offre tout ce que vous me permettez de vous donner ; adieu, madame, adieu !

GENEVIÈVE.

Vous me promettez de ne pas vous retourner ; vous fermerez les yeux ; vous me laisserez partir, sans savoir par où je serai partie...

MAURICE.

Je tiendrai ma promesse ; mais votre nom seulement, votre nom ! par grâce, votre nom !

(Il tourne la tête.)

GENEVIÈVE, reculant vers le fond.

Ah ! vous vous retournez...

MAURICE.

Non, madame ! non, je reste... J'obéis... Mais votre nom ? J'ai bien le droit de savoir votre nom.

GENEVIÈVE, disparaissant à l'angle de la rue.

Geneviève !...

MAURICE, se retournant.

Geneviève !...

DEUXIÈME TABLEAU

L'appartement de Maurice.

SCÈNE PREMIÈRE

AGÉSILAS, puis MAURICE.

AGÉSILAS, frappant à une porte latérale.

Citoyen Maurice ! citoyen Maurice !

MAURICE, de l'autre côté de la porte.

Eh bien, qu'y a-t-il ?

AGÉSILAS.

Tu es chez toi ?

MAURICE, sortant en robe de chambre.

Sans doute que j'y suis.

AGÉSILAS.

Et sans accident?

MAURICE.

Tu vois.

AGÉSILAS.

Ah! citoyen, quelle nuit j'ai passée en ne te voyant pas revenir!

MAURICE.

Allons donc, quand je suis rentré, tu ronflais comme une contre-basse.

AGÉSILAS.

C'était d'inquiétude, citoyen.

MAURICE.

Bah! et de quoi étais-tu inquiet? Voyons!

AGÉSILAS.

Tu ne sais donc pas que ces gueux de girondins ont voulu enlever la reine?

MAURICE.

Quand cela?

AGÉSILAS.

Cette nuit, citoyen.

MAURICE.

Crois-moi, mon pauvre Agésilas, les girondins avaient trop à faire, cette nuit, pour s'occuper d'autres qu'eux-mêmes.

AGÉSILAS.

Citoyen, ce que je te dis est l'exacte vérité. Je le tiens du citoyen portier; une patrouille de ci-devant qui s'était procuré le mot d'ordre, s'est introduite au Temple sous le costume de chasseurs de la garde nationale, et devait enlever tous les prisonniers. Heureusement que celui qui représentait le caporal, en parlant à l'officier, l'a appelé monsieur, de sorte qu'il s'est vendu lui-même, l'aristocrate!

MAURICE.

Diable! et a-t-on arrêté les conspirateurs?

AGÉSILAS.

Non; la patrouille a gagné la rue, et s'est dispersée.

MAURICE.

Tu n'as pas autre chose à me dire?

AGÉSILAS.

Mais il me semble que ce que je te dis là ne manque pas d'intérêt, citoyen!

MAURICE.
Il n'est venu personne pour moi?

AGÉSILAS.
Si fait, il est venu un commissionnaire.

MAURICE.
Que voulait-il?

AGÉSILAS.
Il apportait une lettre.

MAURICE.
Quelle lettre?

AGÉSILAS.
Dame, une lettre.

MAURICE.
Eh bien, cette lettre, où est-elle?

AGÉSILAS.
Dans ma poche.

MAURICE.
Donne-la donc.

AGÉSILAS.
J'y consens!

MAURICE.
Imbécile!

AGÉSILAS, bas.
Je crois que le citoyen Maurice m'a manqué de respect.

MAURICE.
Qu'est-ce que cette lettre?... Une devise sur le cachet: *Nothing*... Rien... Voyons si l'intérieur est moins mystérieux que l'extérieur! (Il lit.) « Merci!... Reconnaissance éternelle en échange d'un éternel oubli... » C'est d'elle!... Agésilas!

AGÉSILAS.
Citoyen?

MAURICE.
Tu dis que c'est un commissionnaire qui a apporté cette lettre?

AGÉSILAS.
Oui.

MAURICE.
Est-ce toi qui l'as reçue?

AGÉSILAS.
Non, c'est le citoyen portier.

MAURICE.

Appelle-le !

AGÉSILAS.

Je ne sais pas s'il consentira à monter.

MAURICE.

Tu le prieras de ma part, va ! (Agésilas sort. Relisant la lettre.) « Reconnaissance éternelle en échange d'un éternel oubli. »

AGÉSILAS, du palier.

Citoyen Aristide !... citoyen Aristide !...

ARISTIDE, d'en bas.

Hé !

AGÉSILAS.

C'est le citoyen Maurice qui te prie de monter.

ARISTIDE.

Dis-lui que j'y vais, mais qu'il faut que ce soit pour lui.

MAURICE.

C'est un parti pris de ne jamais me revoir, et cependant, cette bague est un souvenir... Pourquoi voudrait-elle que je me souvinsse inutilement ?

SCÈNE II

MAURICE, AGÉSILAS, ARISTIDE.

AGÉSILAS, entrant.

Voici le citoyen Aristide !

ARISTIDE, entrant.

Citoyen, j'ai consenti...

MAURICE.

Merci de ta complaisance... Est-ce un commissionnaire qui t'a remis une lettre ?

ARISTIDE.

C'est-à-dire que je crois, citoyen, que c'est un faux commissionnaire.

MAURICE.

Ah ! vraiment ! et à quoi as-tu reconnu cela ?

ARISTIDE.

Il n'a pas demandé le prix de sa course.

MAURICE.

S'il était payé ?

ARISTIDE.

Oui; mais, comme ça n'était pas porté sur la lettre, il l'aurait demandé deux fois.

MAURICE.

C'est juste. Te rappelles-tu le visage de cet homme?

ARISTIDE.

Parfaitement.

MAURICE.

Écoute bien ceci, citoyen Aristide : si cet homme revenait...

ARISTIDE.

Si cet homme revenait?

MAURICE.

Tu le suivrais, ou tu le ferais suivre.

ARISTIDE.

Oh! oh!

MAURICE.

Voilà un assignat de dix livres pour ta peine; il y en a un autre de vingt s'il demeure du côté de la vieille rue Saint-Jacques.

ARISTIDE.

Il n'y a plus de saints.

MAURICE.

C'est juste; il y a un autre assignat de vingt livres, si notre homme demeure du côté de la vieille rue Jacques... et un autre de cinquante si tu me dis la maison où il demeure.

ARISTIDE.

Oui; mais c'est qu'il me faut quitter ma porte.

SCÈNE III

Les Mêmes, LORIN.

LORIN.

Avec cela que ça te gêne, de quitter ta porte! On entre chez toi comme au temple de l'Immortalité.

MAURICE, cachant la lettre.

Ah! c'est toi, Lorin!

ARISTIDE.

Ainsi donc, citoyen Maurice, tu dis?...

MAURICE.

Je ne dis rien. Tu monteras plus tard!... Allez!

(Agésilas et Aristide sortent.)

SCÈNE IV

MAURICE, LORIN, s'asseyant sur le canapé; puis AGÉSILAS.

LORIN.

Eh bien?

MAURICE.

Eh bien, quoi?

LORIN.

Notre Eucharis?

MAURICE.

Quelle Eucharis?

LORIN.

La jeune femme.

MAURICE.

Quelle jeune femme?

LORIN.

Eh! celle de la rue Saint-Jacques, celle de la patrouille!... l'inconnue pour laquelle nous avons, toi et moi, risqué notre tête hier au soir.

MAURICE.

Ah! oui, l'inconnue.

LORIN.

Eh bien, qui était-ce?

MAURICE.

Je n'en sais rien.

LORIN.

Comment, tu n'en sais rien?

MAURICE.

Non.

LORIN.

Était-elle jolie, au moins?

MAURICE.

Peuh!

LORIN.

Une pauvre femme oubliée dans quelque rendez-vous?

MAURICE.

Peut-être.

LORIN.

Où demeure-t-elle?

MAURICE.

Je n'en sais rien.

LORIN.

Allons donc, tu n'en sais rien ? Impossible !

MAURICE.

Pourquoi cela ?

LORIN.

Parce que tu l'as reconduite.

MAURICE.

Oui ; mais elle m'a échappé.

LORIN.

T'échapper, à toi? Allons donc !

> Est-ce que la colombe échappe
> Au vautour, ce tyran des airs?

MAURICE.

Mais tu ne t'habitueras donc jamais à parler comme tout le monde ?... Tu m'agaces horriblement avec ton atroce poésie.

LORIN.

Comment, à parler comme tout le monde?... Mais je parle mieux que tout le monde... Je parle comme le citoyen Demoustier, en prose et en vers ; quant à ma poésie, mon cher, je sais une Émilie qui ne la trouve pas mauvaise... Mais revenons à la tienne.

MAURICE.

Est-ce que j'ai une Émilie, moi ?

LORIN.

Allons ! allons !... la colombe se sera faite tigresse, de sorte que... tu es vexé... mais amoureux.

MAURICE.

Moi, amoureux ?

LORIN.

Oui, toi, amoureux !

> N'en fais pas un plus long mystère,
> Les coups...

XI.

MAURICE, prenant une clef forée.

Lorin, je te déclare que tu ne diras plus un seul vers que je ne le siffle!

LORIN.

Alors, parlons politique; je suis venu pour cela, d'abord.

MAURICE.

D'abord?...

LORIN.

Oui, d'abord... Oh! tu ne seras pas quitte de moi, ce matin, à si bon marché. Sais-tu la nouvelle?

MAURICE.

Les girondins sont proscrits?

LORIN.

Bah! c'est déjà vieux!

MAURICE.

Dame, c'est d'hier, à quatre heures de l'après-midi.

LORIN.

Ma nouvelle, à moi, est d'hier, à dix heures du soir.

MAURICE.

Ah! oui, la reine a voulu s'évader.

LORIN.

Bah! ce n'est rien que cela.

MAURICE.

Qu'y a-t-il donc de plus?

LORIN.

Le fameux Maison-Rouge, le défenseur, le chevalier de la reine, est à Paris.

MAURICE.

En vérité?

LORIN.

Lui-même, en personne.

MAURICE.

Mais quand y est-il entré?

LORIN.

Cette nuit.

MAURICE.

Comment cela?

LORIN.

Travesti en chasseur de la garde nationale. Une femme, qu'on croit être une aristocrate déguisée en femme du peuple, lui a porté des habits à la barrière; puis, un instant après, ils sont rentrés, bras dessus, bras dessous; le factionnaire a eu des soupçons. Il avait vu passer cette femme avec un paquet, il la voyait repasser avec un militaire... C'était louche!... Il donne l'éveil, on court après eux; au moment où on va mettre la main dessus, ils disparaissent dans un hôtel du faubourg Honoré, dont la porte s'est ouverte comme par enchantement; l'hôtel avait une seconde sortie sur les Champs-Élysées... bonsoir! Le chevalier de Maison-Rouge et sa complice se sont évanouis!... On démolira l'hôtel, on guillotinera le propriétaire; mais ça n'empêchera point le chevalier de renouveler la tentative qui a déjà échoué il y a quatre mois pour la première fois, et hier pour la seconde.

MAURICE.

Et il n'est point arrêté?...

LORIN.

Ah bien, oui! arrête Protée! Mon cher, tu sais le mal qu'Aristée a eu à en venir à bout!...

Pastor Aristeus fugiens...

MAURICE, portant la clef à ses lèvres.

Prends garde, Lorin!

LORIN.

Prends garde toi-même! cette fois, ce n'est point moi que tu siffleras, c'est Virgile.

MAURICE.

C'est juste, et, tant que tu ne le traduiras point, je n'ai rien à dire.

LORIN.

Avoue que c'est un fier homme.

MAURICE.

Virgile?

LORIN.

Non; le chevalier de Maison-Rouge!...

MAURICE.

Le fait est que, pour entreprendre de pareilles choses, il faut un grand courage.

LORIN.

Ou un grand amour.

MAURICE.

Crois-tu à cet amour du chevalier?

LORIN.

Je n'y crois pas... Seulement, je répète, comme tout le monde, ce que tout le monde dit. D'ailleurs, je n'affirme pas qu'elle aime les gens, moi! je dis que les gens l'aiment. Tout le monde voit le soleil... et, si bons yeux qu'il ait, le soleil ne voit pas tout le monde.

MAURICE, pensif.

Et tu dis que le chevalier de Maison-Rouge...?

LORIN.

Je dis qu'on le traque un peu dans ce moment-ci, et que, s'il échappe aux limiers de la République, ce sera un fin gaillard.

MAURICE.

Et que fait la Commune dans tout cela?

LORIN.

La Commune a rendu, ce matin, un arrêté par lequel chaque maison, comme un registre ouvert, laissera voir sur sa façade le nom de ses habitants et de ses habitantes; c'est la réalisation de ce rêve des anciens : « Que n'existe-t-il une fenêtre au cœur de l'homme, afin que tout le monde puisse voir ce qui s'y passe!... »

MAURICE.

Ah! l'excellente idée!

LORIN.

De mettre une fenêtre au cœur de l'homme?

MAURICE.

Non, mais de mettre une liste à la porte des maisons.

LORIN.

N'est-ce pas?... J'ai pensé, pour mon compte, que cette mesure nous donnerait une fournée de cinq cents aristocrates. A propos, nous avons reçu ce matin une députation de la garde nationale, section du Temple; elle est venue, conduite par nos adversaires de cette nuit, avec des guirlandes de fleurs et des couronnes d'immortelles.

MAURICE.

En vérité?...

LORIN.

Oui, mon cher! ils étaient trente; ils étaient bien gentils; Rocher n'y était pas. Ils s'étaient fait raser, et avaient des bouquets à la boutonnière. « Citoyens du club des *Thermopyles,* a dit l'orateur, en vrais patriotes que nous sommes, nous désirons que l'union des Français ne soit pas troublée par un malentendu, et nous venons fraterniser avec vous. »

MAURICE.

Alors?

LORIN.

Alors, nous avons fraternisé. On a fait un autel de la patrie avec la table du secrétaire et deux carafes dans lesquelles on a mis des bouquets... Comme tu étais le héros de la fête, on t'a appelé trois fois pour te couronner, et, comme tu n'as pas répondu, attendu que tu n'y étais pas, et qu'il faut toujours qu'on couronne quelque chose, on a couronné le buste de Washington.

(On entend le tambour.)

MAURICE.

Qu'est-ce que cela?

LORIN.

C'est la proclamation de l'arrêté de la Commune qui ordonne de mettre les noms sur les portes.

MAURICE.

C'est bien.

LORIN.

Où vas-tu?

MAURICE.

M'habiller, d'abord.

LORIN.

Et puis après?

MAURICE.

Après, je vais à la section.

LORIN.

Moi, je vais me jeter sur ton canapé et dormir. J'ai veillé à peu près toute la nuit, grâce à ton enragée patrouille! Si l'on se bat beaucoup, tu viendras me chercher; si l'on ne se bat qu'un peu, tu me laisseras dormir.

MAURICE.

Dormir! Alors, pourquoi t'es-tu fait si beau?

LORIN.

Parce que je comptais te présenter... devine quoi?

MAURICE.

Et comment veux-tu que je devine?

LORIN.

Une future déesse... pour laquelle je veux te demander ta voix et celle de tous les bons patriotes du club des *Frères et Amis*.

MAURICE.

Tu veux me demander ma voix et celle de nos amis en faveur d'une déesse?... Et quelle est cette déesse?

LORIN.

La déesse Raison!

MAURICE.

Encore une nouvelle folie... Mon Dieu!

LORIN.

Chut! supprimé!... Nous l'avons remplacé par l'Être suprême.

MAURICE.

Oui, je sais cela.

LORIN.

Eh bien, il paraît qu'on s'est aperçu d'une chose : c'est que l'Être suprême était un modéré.

MAURICE.

Lorin, pas de plaisanteries sur les choses saintes! je n'aime pas cela, tu le sais.

LORIN.

Moi non plus; mais il paraît que l'Être suprême a réellement des torts, et que, depuis qu'il est là-haut, tout va de travers. Bref, nos législateurs ont décrété sa déchéance. Si bien... hausse les épaules tant que tu voudras!... si bien que nous allons un peu adorer la déesse Raison.

MAURICE.

Et tu te fourres dans toutes ces mascarades?

LORIN.

Ah! mon ami, si tu connaissais la future déesse Raison comme je la connais, je te déclare que tu serais un de ses plus chauds partisans. Ce matin, je voulais te présenter à elle..., ou plutôt la présenter à toi... et je l'attendais; je ne sais pas pourquoi elle tarde.

MAURICE.

Ma foi, tant mieux! car ta déesse Raison m'aurait trouvé fort maussade.

LORIN.

Raison de plus! c'est une excellente fille, et elle t'aurait égayé... Mais tu la connais, d'ailleurs!... L'austère déesse que les Parisiens vont couronner de chêne et promener sur un char de papier doré, c'est Artémise.

MAURICE.

Artémise! Qu'est-ce que c'est que cela?...

LORIN.

Une petite brune, avec des dents blanches, des yeux comme des escarboucles... dont j'ai fait connaissance, l'année dernière, au bal de l'Opéra... A telle enseigne, que tu vins souper avec nous.

MAURICE.

Ah! oui, je me rappelle.

LORIN.

C'est elle qui a le plus de chances, je l'ai présentée au concours... Tous les thermopyles m'ont promis leur voix; promets-moi la tienne et celle de tes amis!... Dans trois jours, élection générale! aujourd'hui, repas préparatoire!... Il y a des intrigues, des cabales... Mais j'ai mis dans ma tête qu'Artémise serait déesse, et elle le sera, ou le diable... ah! oui, nous avons encore le diable, ou le diable m'emporte! Allons, viens, nous lui ferons mettre sa tunique.

MAURICE.

Excuse-moi, mon cher, j'ai toujours eu une grande répugnance...

LORIN.

Pour habiller les déesses? Peste! tu es difficile!... Ah! je vois ce que c'est!

MAURICE.

Et que vois-tu?

LORIN.

Je vois que tu attends ta déesse Raison, à toi.

MAURICE.

Corbleu! que les amis spirituels sont gênants!... Va-t'en, Lorin... ou je te charge d'imprécations, toi et ta déesse!

LORIN, baissant le dos.

Charge, mon ami, charge!

AGÉSILAS.

Citoyen!

LORIN.

Ah! citoyen Agésilas, tu entres dans un mauvais moment, ton maître allait être superbe!

MAURICE.

Que veux-tu?

AGÉSILAS.

Moi? Je ne veux rien; c'est la citoyenne Artémise qui dit que le citoyen Lorin lui a donné rendez-vous ici.

LORIN.

C'est vrai; mais le citoyen Maurice se refuse absolument à recevoir Sa Divinité.

MAURICE.

Que diable dis-tu donc là? (S'élançant vers la porte.) Citoyenne, entre donc, je te prie.

SCÈNE V

Les Mêmes, ARTÉMISE.

ARTÉMISE.

Salut et fraternité! (A Lorin.) D'abord, présente-moi au citoyen Maurice.

LORIN.

Citoyen Maurice, j'ai l'honneur de te présenter la citoyenne Artémise.

MAURICE.

Citoyenne...

LORIN.

Comme tu viens tard, déesse!

ARTÉMISE.

Tard?...

LORIN.

Sans doute, il est près de midi.

ARTÉMISE.

Ah! je viens tard?... Eh bien, attends! tu vas voir ce que j'ai fait; d'abord, c'est aujourd'hui quintidi, jour de séance à mon club; j'y étais à neuf heures; à dix, j'en suis sortie.

LORIN.

Et depuis dix heures, déesse...?

ARTÉMISE.

Depuis dix heures, je me suis occupée de ma future divinité; j'ai visité mes électeurs; j'ai fait imprimer mes trois derniers discours; j'ai mis la citoyenne couturière en demeure... car elle me brode une robe bleu de ciel, parsemée d'étoiles d'or... et c'est très-long à broder, les étoiles !

LORIN.

Tout cela est très-bien ; mais ne pouvais-tu te dispenser du club ?

ARTÉMISE.

C'eût été beau, qu'une future déesse ne dit pas son opinion sur les événements présents !

LORIN.

Et tu l'as dite ?

ARTÉMISE.

J'ai fait un discours superbe !

LORIN.

Improvisé ?

ARTÉMISE.

D'un bout à l'autre ! Ce que j'ai dit, je n'en sais rien. Mais les journalistes l'ont écrit, et vous le lirez demain dans *l'Ami du peuple*.

LORIN.

C'est un trésor que cette femme-là !... Je suis sûr d'une chose.

ARTÉMISE.

Laquelle ?

LORIN.

C'est qu'au milieu de tout cela, elle a trouvé moyen d'avoir des nouvelles du Temple.

ARTÉMISE.

Et positives, encore. Je sors de chez mon amie la citoyenne Tison, rue des Nonaindières, n° 24, la fille du concierge du Temple, cette jolie blanchisseuse qui a inventé le plissage à la nation.

MAURICE.

Eh bien ?

ARTÉMISE.

Elle m'a tout raconté. Elle sait cela de première main, elle... Oh ! l'alarme a été chaude !

LORIN.

Et était-ce, en effet, le chevalier de Maison-Rouge ?

ARTÉMISE.

En personne, à ce qu'il paraît. Tout cela est retombé, om me de juste, sur la prisonnière. On lui a enlevé son enfant. On l'a remis aux mains d'un honnête artisan qui doit lui apprendre un état... attendu que tous les Français sont libres, et, par conséquent, doivent travailler. Maintenant, c'est très-loin, la rue des Nonaindières, et il fait très-chaud... de sorte que je meurs de soif!

MAURICE.

Soyez tranquille, déesse, on va vous désaltérer... Agésilas!

AGÉSILAS.

Citoyen?...

LORIN.

Du nectar... pour la citoyenne déesse!

AGÉSILAS.

De quel cru la citoyenne déesse le préfère-t-elle?

ARTÉMISE.

De Madère.

AGÉSILAS.

Sec ou doux?

ARTÉMISE.

Sec!... Il a une bonne petite figure, le citoyen Agésilas.

LORIN.

Et quelle est ton opinion personnelle sur l'attentat du Temple?...

ARTÉMISE.

Mon opinion est que ce qui a échoué aujourd'hui réussira demain! Que voulez-vous! au lieu de mettre les femmes en réquisition, on a la fureur de confier le sort de la patrie à des hommes!... tant pis pour la patrie!

MAURICE.

Ah! n'humiliez pas trop les pauvres mortels, déesse.

ARTÉMISE.

Vous m'appelez toujours déesse...

LORIN.

Eh bien?

ARTÉMISE.

Je ne le suis pas encore.

MAURICE.

Mais vous le serez.

ARTÉMISE.

Je n'en sais rien, ma foi!... il y a concurrence. Le marché au beurre et aux œufs présente une candidate; le poisson d'eau douce en présente une autre et prétend avoir cinq cents voix ; le marché aux fleurs a corrompu trois sections et porte la citoyenne Tubéreuse. Il n'y a pas jusqu'à la femme de mon imprimeur, de celui qui édite mes discours, qui ne se fasse appuyer par tout l'Opéra, sous prétexte qu'elle est coryphée !... et, pour comble de malheur, voilà le citoyen Maurice, dont on m'avait promis la voix, qui menace de m'abandonner.

MAURICE.

Citoyenne Artémise, on t'a induite en erreur sur mes intentions ; mais...

ARTÉMISE.

Vous voulez connaître mes titres ? Rien de plus juste. D'abord, je suis parfumeuse.

LORIN.

Titre incontestable !

La déesse exhalant l'odeur de l'ambroisie...

MAURICE, sa clef à la bouche.

Lorin !

LORIN.

C'est juste ! voilà pour le physique.

MAURICE.

Maintenant, au moral ?

ARTÉMISE.

Au moral ? C'est justement par le moral que je brille ! En 1787... vous voyez que j'ai devancé la prise de la Bastille...

LORIN.

En 1787 ?...

ARTÉMISE.

J'étais au couvent de Sainte-Claude... J'avais quinze ans et je m'ennuyais beaucoup !... Je conquis ma liberté en escaladant un mur comme le citoyen Latude.

LORIN.

Personne ne tenait l'échelle ?

ARTÉMISE.

Si je commettais la sottise de vous répondre, citoyen Lorin, je ne serais pas digne d'être élue déesse Raison.

LORIN.

C'est vrai.

MAURICE.

En effet, voilà des titres on ne peut plus recommandables.

ARTÉMISE.

Enfin, il y a une dernière considération.

MAURICE.

Laquelle?...

ARTÉMISE.

Le costume de déesse est léger et ne convient pas à tout le monde.

AGÉSILAS, entrant avec un plateau.

Oh! non!

LORIN.

Qu'est-ce que c'est, Agésilas?

AGÉSILAS.

Citoyen, je disais: « Oh! non! »

ARTÉMISE.

Eh bien, le costume de déesse... chacun se connaît, citoyens... je crois qu'il ne m'ira point mal et que la patrie sera contente.

MAURICE.

Voilà, citoyenne, qui achève de me décider; mon suffrage vous est acquis... et trois cents voix suivent toujours la mienne.

ARTÉMISE.

Alors, j'ai deux cent cinquante voix de majorité! Citoyen électeur, merci; je suis déesse!

MAURICE.

A la santé de Votre Divinité!

LORIN.

Hein! quelle majesté!

ARTÉMISE.

C'est au Champ de Mars, le jour de la cérémonie, qu'il faudra me voir!... Je vous ferai placer dans les coulisses

LORIN.

Je demande une place d'orchestre.

SCÈNE VI

Les Mêmes, ARISTIDE.

ARISTIDE, bas, à Maurice.

Citoyen Maurice!

MAURICE, bas.

Quoi?

ARISTIDE.

On l'a vu !

MAURICE.

Qui ?...

ARISTIDE.

Le citoyen commissionnaire.

MAURICE.

Où est-il ?

ARISTIDE.

Mon apprenti le suit...

MAURICE.

Agésilas, mon bonnet !

AGÉSILAS.

Voilà, citoyen.

MAURICE.

Ma constitution !

AGÉSILAS.

Voilà !

LORIN.

Mais où cours-tu si vite ?

MAURICE.

Ne t'inquiète pas, citoyenne : je te laisse en bonne compagnie... Lorin, la maison est à toi. Si tu veux dîner ici, tu as Agésilas. Adieu ! adieu ! (A Aristide.) De quel côté allait-il ?

ARISTIDE.

Du côté du pont Neuf.

MAURICE.

C'est cela !

SCÈNE VII

LORIN, ARTÉMISE, AGÉSILAS.

ARTÉMISE.

Il a quelque chose, ton ami.

LORIN, se touchant le front.

Là !

ARTÉMISE, se touchant le cœur.

Non, là ! je m'y connais.

LORIN.

Quoi ! Raison, vous vous connaissez en folies ?

ARTÉMISE.

C'est ce qui fait ma force... Mais, citoyen Lorin, tu sais que j'avais soif tout à l'heure ?

LORIN.

Oui. Eh bien ?

ARTÉMISE.

Eh bien, il n'y a rien qui creuse comme la soif ; j'ai faim maintenant.

LORIN.

J'aime votre activité, déesse... Agésilas, mets la table ! Le vin est bon, et tu me dois une revanche.

ARTÉMISE.

Non pas, non pas, je rentre à la maison. J'ai un pâté de Lesage que je ne veux point laisser détériorer... et, puisque tu trouves le vin bon...

LORIN.

Excellent !

ARTÉMISE.

J'emporte le flacon.

LORIN.

Prévoyante déesse, va !

(Ils sortent.)

AGÉSILAS.

C'est la raison même !

TROISIÈME TABLEAU

Le jardin de Dixmer. — A droite, une serre ; à gauche, un pavillon ; mur au fond.

SCÈNE PREMIÈRE

DIXMER, assis ; UN CLERC DE NOTAIRE, debout, et lisant un acte.

LE CLERC.

« Et a signé avec son collègue, ce 1er messidor an II de la République française une et indivisible. »

DIXMER.

Et, moyennant la signature de ce contrat, moyennant la somme de vingt-deux mille livres que je vais vous remettre, je puis disposer de la maison ce soir même ?

LE CLERC.

Ce soir même, citoyen Dixmer ?

DIXMER, signant.

Voilà déjà une des formalités accomplie!... Maintenant, reste la plus importante.

(Il lui remet une liasse d'assignats.)

LE CLERC.

Vingt-deux mille livres... C'est bien cela... Merci, citoyen.

DIXMER.

Adieu !

LE CLERC.

Et pour l'enregistrement ?

DIXMER.

Vous m'enverrez la note.

LE CLERC.

Très-bien.

(Il va pour sortir par la porte du jardin.)

DIXMER, lui indiquant une porte à gauche.

Par ici, monsieur; il y a une ruelle qui conduit au quai... C'est le chemin le plus court...

(Le Clerc sort.)

UN HOMME, à Dixmer.

Monsieur, nous sommes espionnés...

DIXMER.

Montez sur cette échelle, et surveillez !..

(L'Homme va regarder par-dessus le mur.)

SCÈNE II

DIXMER, LE CHEVALIER.

LE CHEVALIER, entrant.

L'achat de cette maison près du Temple, est-ce fini ?

DIXMER.

Signé !

LE CHEVALIER.

Bravo ! Et nous entrons en possession...?

DIXMER.

Ce soir même... Avez-vous vu, chevalier, cet homme qui vantait ses caves, comme s'il s'était douté de ce que nous en voulions faire?

LE CHEVALIER.

Il y a des hasards singuliers!... Ces caves, en effet, nous épargnent au moins trois jours de besogne, puisqu'elles s'étendent jusque sous les murailles du Temple... Et, maintenant que la reine est prévenue de se tenir sur ses gardes, il ne s'agit plus que de lui apprendre que, dans quatre jours, tout sera prêt pour son évasion. Mais comment l'instruire?... Encore si nous avions quelques amis parmi les municipaux qui seront de service d'ici là... Savez-vous quelle est la section qui fournira le poste jeudi prochain?

DIXMER.

La section Lepelletier.

LE CHEVALIER.

Des jacobins furieux.

DIXMER.

Oui, c'est une difficulté; j'y songerai...

LE CHEVALIER.

Mais, au nom du ciel, mon ami, ne mêlez plus votre femme à tous nos complots! Songez à quels dangers vous avez exposé Geneviève, lorsque vous l'avez envoyée, seule, la nuit, à la barrière du Roule, pour m'apporter ce déguisement, à la faveur duquel j'ai pu rentrer dans Paris?

DIXMER.

Et pourquoi les femmes ne feraient-elles pas aussi le sacrifice de leur vie, si leur vie est nécessaire au salut de la reine? Héloïse Tison, une pauvre ouvrière, Héloïse Tison, la fille du concierge de la prison du Temple, ne se sacrifie-t-elle pas à notre cause? Pourquoi Geneviève ne ferait-elle pas ce que fait Héloïse? La citoyenne Roland n'a-t-elle pas partagé l'exil de son mari, et ne partagera-t-elle point sa mort, si les girondins sont pris?

LE CHEVALIER.

Oui; mais la citoyenne Roland...

DIXMER.

Achevez...

LE CHEVALIER.

Non... rien!...

DIXMER.

La citoyenne Roland aime son mari, alliez-vous dire, tandis que Geneviève ne m'aime pas.

LE CHEVALIER.

Dixmer, je n'ai point dit cela, mon ami.

DIXMER.

Eh bien, je le dis, moi ! Oh ! je le sais bien... Geneviève a fait, en m'épousant pour obéir à son père, ce qu'on appelle un mariage de raison; mais ce n'est pas un motif, parce que son cœur est sans amour, pour qu'il soit aussi sans courage.

LE CHEVALIER.

Dixmer, je vous le répète, Geneviève ne peut, ne doit pas être compromise.

DIXMER.

Je ne demande pas à Geneviève son cœur, qu'elle me refuserait; je lui demande ce qu'elle me doit, la soumission; j'ai à m'acquitter d'une dette de reconnaissance, chevalier... Vous m'avez, un jour, sauvé la fortune, l'honneur !...

LE CHEVALIER.

Ne parlons jamais de cela...

DIXMER.

Parlons-en, monsieur, au contraire; j'étais plus qu'à moitié dans l'abîme, vous m'avez sauvé en sacrifiant toute votre fortune, en compromettant votre nom, votre nom qui était sans tache... Eh bien, j'ai juré que Dixmer... que tout ce qui porterait le nom de Dixmer, n'existant que par vous, vous appartiendrait sans partage; que vos périls seraient mes douleurs, vos caprices mes passions... Or, chevalier, ce bonheur m'est enfin arrivé, que vous ayez eu besoin de mon aide... Me voici... Je suis à vous... Tout ce qui porte mon nom fera comme moi-même; il le faut; je le veux. D'ailleurs, ma femme n'est-elle pas une sœur pour vous? Croyez-vous qu'on ait besoin de la forcer à vous servir?... Si vous le pensiez, chevalier, vous nous feriez à tous une mortelle injure !... Vous nieriez chez moi la reconnaissance, chez elle l'amitié !

LE CHEVALIER.

Merci de ces paroles dévouées, Dixmer; je ferai en sorte que Geneviève ne souffre jamais à cause de moi; quant à vous, je puis accepter vos services, votre dévouement... Hélas ! je le dois... je n'ai pas d'autre moyen pour atteindre au but que je me propose ! Je suis proscrit, Dixmer; errant, forcé de me cacher, je ne puis rien entreprendre par moi-même ; vous, vous êtes libre, connu, entouré de la confiance publique... Agissez... Vous êtes le bras. Ce que la République demande à tout conspirateur qui a perdu, c'est la tête... Si nous perdons, je payerai.

DIXMER.

Chevalier, secondez-moi seulement... c'est tout ce que je réclame de vous. Maintenant, voici les clefs de la maison... Allez, visitez les caves, et indiquez sur la muraille l'endroit où nous devons commencer la fouille qui doit aboutir à la cantine du Temple... (Remontant vers le fond.) Maintenant, cet homme...?

SCÈNE III

Les Mêmes, quelques Hommes, au service de Dixmer.

UN HOMME.

C'est décidément à nous qu'il en veut !... Voilà trois fois qu'il sort de la ruelle et trois fois qu'il y rentre !

DIXMER.

Où est-il ?

L'HOMME, le conduisant au mur du fond, et remontant à l'échelle.

Là !...

DIXMER.

Que fait-il ?

L'HOMME.

Il hésite... Ah ! le voilà qui revient !

DIXMER.

Il faut prendre un parti. Que trois de vous aillent lui couper la retraite du côté de la rue ; que trois autres se glissent par ici, dans la petite maison. De cette façon, il sera cerné... Mieux vaut le prendre vivant que mort... Vivant, nous saurons au moins à qui il en veut... Allez !

(Six des Hommes sortent.)

L'HOMME.

Ah !

DIXMER.

Quoi ?

L'HOMME.

Il s'approche de la petite maison.

DIXMER.

Écoutons. (On entend le bruit d'une lutte; un corps pesant tombe; deux ou trois menaces étouffées se perdent et s'éteignent dans le silence qui leur succède.) C'est fini!

LE CHEVALIER.

Vous n'avez point ordonné qu'on le tuât, j'espère?

DIXMER.

Non, j'ai ordonné qu'on le prit; mais, s'il résiste... ma foi!...

LE CHEVALIER.

On l'apporte!...

SCÈNE IV

Les Mêmes, quatre Hommes, apportant MAURICE, garrotté, bâillonné, les yeux bandés; DEUX AUTRES HOMMES reviennent par-dessus le mur.

DIXMER.

Qui es-tu?

MAURICE, débarrassé du bâillon.

Je suis un homme qu'on assassine!

DIXMER.

Ajoute que tu es un homme mort, si tu parles haut, si tu appelles ou si tu cries!

MAURICE.

Si j'avais dû crier, je n'eusse point attendu jusqu'à présent.

DIXMER.

Es-tu prêt à répondre à mes questions?

MAURICE.

Questionne d'abord; je verrai après si je dois répondre.

DIXMER.

Qui t'envoie ici?

MAURICE.

Personne!

DIXMER.

Tu y viens donc pour ton propre compte?

MAURICE.

Oui.

DIXMER.

Tu mens.

MAURICE, après un mouvement pour se dégager.

Je ne mens jamais !

DIXMER.

En tout cas, que tu viennes de ton propre mouvement, ou que tu sois envoyé, tu es un espion...

MAURICE.

Et vous, vous êtes des lâches !...

TOUS.

Des lâches, nous ?

MAURICE.

Oui, vous êtes sept ou huit contre un homme garrotté, et vous insultez cet homme... Lâches ! lâches ! lâches !...

TOUS, avec un mouvement de menace.

Oh !...

LE CHEVALIER, les arrêtant d'un signe.

Il n'y a pas d'insulte là, monsieur !... Dans le temps où nous vivons, on peut être espion sans être un malhonnête homme !... Seulement, on risque sa vie !...

MAURICE.

Soyez le bienvenu, vous qui avez prononcé cette parole !... J'y répondrai loyalement...

LE CHEVALIER.

Répondez alors ; qu'êtes-vous venu faire dans ce quartier ?

MAURICE.

Y chercher une femme.

DIXMER.

Tu mens !...

MAURICE.

Voilà déjà deux fois que la même voix m'insulte, et que, ne pouvant pas tirer satisfaction de cette insulte, je me contente de répondre que je ne mens jamais !...

DIXMER.

Et, pour la seconde fois aussi, la même voix te dit : Avoue ton projet, ou tu mourras !

MAURICE.

Alors, tue-moi tout de suite... puisque je n'ai pas autre chose à dire que ce que j'ai dit.

LE CHEVALIER.

Voyons, qui es-tu ?

MAURICE.

Je suis un patriote, un jacobin, un homme, enfin, dont le

plus beau jour sera celui où il mourra pour la liberté. (Silence.) Eh bien, frappez, maintenant; vous savez qui je suis !...

LE CHEVALIER.

Emmenez le prisonnier là !...

(Il indique une serre. On emporte Maurice; on le met dans une espèce de serre grillée, sur le devant de la scène, les mains liées derrière le dos, et les yeux bandés; puis on l'enferme.)

MAURICE.

Je suis perdu... Ils vont me mettre une pierre au cou, et me jeter dans quelque trou de la Bièvre !...

DIXMER, plaçant une sentinelle armée d'une carabine.

Tiens-toi là !

LE CHEVALIER.

Délibérons, messieurs.

MAURICE, dans la serre.

Si je pouvais détacher mes mains, seulement !

DIXMER.

Messieurs, prenez-y garde... Comme l'a dit tout à l'heure le chevalier, il y a aujourd'hui des espions dans toutes les classes. Ce jeune homme est envoyé pour surprendre nos secrets... En lui faisant grâce, nous courons risque qu'il nous dénonce !...

MAURICE, qui cherche.

Oh ! une bêche !

LE CHEVALIER.

Mais en lui faisant donner sa parole d'honneur...?

DIXMER.

Sa parole?... Il la donnera, puis il la trahira !... Est-ce qu'on peut se fier à une parole?

LE CHEVALIER.

Nous connaît-il donc, pour nous dénoncer?... et sait-il ce que nous faisons?...

DIXMER.

Non, il ne nous connaît pas; non, il ne sait pas ce que nous faisons; mais il sait l'adresse... il reviendra, et, cette fois, bien accompagné...

MAURICE, qui, en dressant la bêche, est parvenu à couper ses liens.

Ah !...

LE CHEVALIER.

Vous êtes donc pour la mort, messieurs?...

DIXMER.

Oui! cent fois, oui!... Je ne vous comprends pas avec votre magnanimité, mon cher! Si le comité de salut public vous tenait, il ne ferait pas tant de façons!

MAURICE, arrachant son bandeau.

Ah! une fenêtre grillée... Une sentinelle la garde; les autres sont là-bas; je pourrai entendre ce qu'ils disent.

(Il s'approche de la porte.)

LE CHEVALIER.

Ainsi donc, vous persistez dans votre décision?...

DIXMER.

Vous n'allez pas vous y opposer, je l'espère?

LE CHEVALIER.

Messieurs, je n'ai que ma voix; elle est pour la liberté de cet homme; vous en avez six, elles sont toutes six pour sa mort.

TOUS.

Pour la mort!

LE CHEVALIER.

Va donc, pour la mort!

MAURICE.

Pour la mort!... En tout cas, avant qu'on m'assassine, j'en tuerai plus d'un.

(Il saisit la bêche.)

LE CHEVALIER.

Et Geneviève?...

DIXMER.

Elle doit être dans ce pavillon!

LE CHEVALIER.

Voyez-y.

UN HOMME, au Chevalier.

Si vous m'en croyez, puisque vous avez décidé sa mort, on le tuera tout bonnement d'un coup de carabine à travers les barreaux...

UN AUTRE.

Pas d'explosion!... Une explosion pourrait nous trahir.

LE CHEVALIER, à Dixmer.

Eh bien?

DIXMER.

Elle ne se doute de rien; elle n'a rien entendu... Elle lit.

UN HOMME.

Et vous, Dixmer, êtes-vous pour le coup de carabine?

DIXMER.

Non, non; autant que possible, pas d'armes à feu!... Le poignard!...

L'HOMME.

Soit, le poignard; allons!...

UN AUTRE.

Allons!...

(Ils montent les degrés et mettent la clef dans la serrure.)

MAURICE.

Il n'y a que ce moyen!...

(Il s'élance par la porte ouverte, tombe sur l'Homme en faction, et lui arrache sa carabine.)

LE FACTIONNAIRE.

A l'aide! au secours!... Il se sauve!

DIXMER.

Mille démons!... Je vous le disais bien...

(Il poursuit Maurice.)

MAURICE.

Le premier qui approche est mort!...

(Il essaye d'ouvrir la porte du fond et ne peut pas; il essaye de monter par-dessus le mur, et retombe; enfin, il s'élance par une porte de derrière dans le pavillon en face.)

GENEVIÈVE, accourant au bruit.

Qu'y a-t-il, mon Dieu? Dites!... dites!... (La porte de la chambre s'ouvre violemment.) Monsieur, qui êtes-vous? que voulez-vous?...

MAURICE, entrant.

Madame!...

DIXMER.

Range-toi, Geneviève... Range-toi, que je le tue!

MAURICE.

Geneviève!

GENEVIÈVE.

Maurice!

DIXMER.

Geneviève, ne m'entendez-vous pas?

MAURICE.

Geneviève, parmi ces assassins!

GENEVIÈVE, à Maurice.

Silence! (A Dixmer, en s'approchant sur le seuil de la porte du pavillon.) Oh! vous ne le tuerez pas...

DIXMER.

C'est un espion!

GENEVIÈVE.

Lui, un espion? lui, Maurice?...

LE CHEVALIER.

Vous le connaissez?

DIXMER.

Vous le connaissez, madame! vous l'avez nommé!... Ah!...

(Il le couche en joue de nouveau.)

LE CHEVALIER, l'arrêtant.

Dixmer!

DIXMER.

N'entendez-vous pas qu'elle le connaît, qu'il venait pour elle, que c'était un rendez-vous?

GENEVIÈVE.

Monsieur, celui que vous voulez assassiner m'a sauvé la vie!...

DIXMER.

La vie!... Et quand cela?...

GENEVIÈVE.

Hier, au soir, quand je revenais seule du faubourg du Roule... J'étais arrêtée; j'allais être conduite en prison, interrogée... J'étais perdue... et je vous perdais... M. Maurice s'est trouvé là par hasard, et a pris ma défense!... Il m'a rendue à la liberté, à la vie!... Hier, quand vous m'avez vue revenir, quand vous m'avez demandé pourquoi j'étais si pâle, si tremblante... eh bien, je venais d'échapper à ce danger; et cela, je vous le répète, grâce à celui que vous voulez tuer!...

DIXMER.

Et pourquoi n'est-ce qu'aujourd'hui que vous me faites cet aveu, madame?...

GENEVIÈVE.

Eh! monsieur, vous le savez bien : parce que les choses les plus innocentes peuvent être interprétées à mal.

LE CHEVALIER.

Dixmer, vous êtes si violent, si jaloux!...

DIXMER.

Oui, c'est vrai, chevalier, vous avez raison...

MAURICE.

Ah! je comprends, maintenant...

GENEVIÈVE, bas, à Maurice.

Cachez cette bague : tout le monde la connaît ici !

DIXMER.

Pardon, citoyen ; mais je ne pouvais deviner en toi le protecteur inconnu de ma femme, puisque j'ignorais même qu'elle eût eu besoin de protecteur.

MAURICE.

Mariée !... Ah ! voilà donc pourquoi elle n'a point voulu être accompagnée par moi...

DIXMER.

Si j'eusse été informé de cette circonstance, qu'on a cru devoir me cacher, tu le vois bien, nous n'aurions point un seul instant suspecté ton honneur, ni soupçonné tes intentions...

MAURICE.

Mais enfin, citoyen, on ne tue pas tous ceux dont on ignore le nom, et tu voulais me tuer... Quel était le motif d'une pareille détermination ?

DIXMER.

Écoute... ce n'est pas envers toi que je puis garder des secrets, citoyen, et je me confie à ta loyauté.

MAURICE.

Du moment qu'il y a un secret...

DIXMER.

Tu dois tout savoir...

(Le Chevalier s'est approché de Dixmer.)

LE CHEVALIER.

Qu'allez-vous lui dire ?

DIXMER.

Soyez tranquille, notre fable habituelle... Mais, vous-même, chevalier...

LE CHEVALIER.

Je vais changer de costume, et je reviens.

(Il sort.)

MAURICE, à Dixmer.

Citoyen, je te le répète, il est inutile...

DIXMER.

Non pas, et tu ne dois conserver aucun doute sur les hommes

dont le hasard t'a rapproché... Écoute donc... Je suis maître tanneur, et chef de cette tannerie... La plupart des acides que j'emploie pour la préparation de mes peaux sont des marchandises prohibées. Or, les contrebandiers avaient avis d'une déclaration faite au conseil général. En te voyant rôder autour de la maison, avec ce costume et cet air décidé, nous avons eu peur, et, je ne te le cache pas, ta mort était résolue...

GENEVIÈVE.

Mon Dieu !...

MAURICE.

Oh ! tu ne m'apprends rien de nouveau ; j'ai entendu votre délibération, et j'ai vu la carabine !...

DIXMER.

Citoyen, je t'ai demandé pardon.... Comprends donc ceci : grâce aux désordres du temps, nous sommes en train, M. Morand, mon associé, et moi, de faire une immense fortune ; nous avons la fourniture des sacs militaires ; tous les jours, nous en faisons confectionner quinze cents ou deux mille... La municipalité, qui a fort à faire, ne trouve pas le temps de vérifier nos comptes ; de sorte... dame, il faut bien l'avouer... de sorte que nous pêchons un peu en eau trouble !

MAURICE.

Maintenant, je comprends tes craintes ; mais tu es rassuré, n'est-ce pas, et tu sais que je n'irai pas te dénoncer ?

DIXMER.

Rassuré au point que je ne te demande même plus ta parole. (Il lui tend la main.) Maintenant, confidence pour confidence... A ton tour, que venais-tu faire ici ? Voyons !

MAURICE.

Tu le sais...

DIXMER.

Tu suivais une femme ?...

GENEVIÈVE.

Il a dit... ?

MAURICE.

Oui, une femme qui, l'autre soir, m'a dit demeurer vieille rue Saint-Jacques...

DIXMER.

Mais tu sais son nom, sa position sociale ?

MAURICE.

Je ne sais rien, sinon qu'elle était petite, blonde, qu'elle avait l'air fort éveillé... quelque chose comme une grisette, enfin ; aussi, pour me rapprocher d'elle, avais-je pris cet habit populaire... Tu vois !

DIXMER.

Allons, voilà qui explique tout, et, quand tu m'auras dit ton nom...

MAURICE.

Je me nomme Maurice Linday !

DIXMER.

Maurice Linday, secrétaire de la section Lepelletier ?...

MAURICE.

Moi-même, et, de plus, lieutenant dans la garde civique et officier municipal !...

DIXMER, aux autres.

C'est Dieu qui nous l'envoie !

LES AUTRES.

Citoyen, tu nous pardonnes, n'est-ce pas ?

MAURICE, riant.

Sans doute, citoyens... Du moment que c'est par erreur !

DIXMER, bas, à sa femme.

Il faut que je vous parle, madame.

GENEVIÈVE.

Quand cela ?

DIXMER.

Tout de suite !

MAURICE.

Maintenant, citoyen, il est temps que je me retire ; fais-moi remettre dans mon chemin seulement, et...

DIXMER.

Quoi déjà ?...

MAURICE, saluant Geneviève.

Ma présence a causé chez toi assez de dérangement, citoyen, pour que je ne la prolonge pas plus longtemps qu'il n'est absolument nécessaire.

DIXMER, avec une feinte bonhomie.

Ah ! par ma foi ! non, il ne sera pas dit qu'ayant fait, quoique d'une façon singulière, une aussi précieuse connaissance que la vôtre, je vous laisserai partir ainsi.

MAURICE.

Cependant, citoyen, je crois qu'il serait indiscret de ma part... et tu permettras... ainsi que la citoyenne...

(Il s'incline.)

GENEVIÈVE.

Mon Dieu! qu'avez-vous? Du sang (elle montre la poitrine de Maurice), là!...

DIXMER.

Du sang?...

MAURICE, à Dixmer.

Oh! rien, ou presque rien... Un de tes contrebandiers qui a eu la main moins légère que sans doute il ne voulait lui-même!...

DIXMER.

Blessé!... Citoyen Maurice, tu ne sortiras point d'ici que je ne sois rassuré sur la gravité de ta blessure... Tu comprends... blessé... blessé chez moi! un homme à qui je dois la vie de ma femme!... Armand, Armand, vous qui êtes un peu chirurgien!...

MAURICE.

Mais non.

DIXMER.

Joignez-vous donc à moi, madame, je vous prie... Vous aurez plus d'influence que moi sur votre sauveur.

GENEVIÈVE.

Moi, monsieur?

DIXMER.

Sans doute! (Bas.) Je vous dis qu'il faut qu'il reste... Ne comprenez-vous pas que cet homme peut nous être utile?...

GENEVIÈVE.

Citoyen, je me joins à mon mari pour vous prier de ne pas nous quitter ainsi; notre inquiétude serait trop grande!

MAURICE.

Comment! citoyenne, tu as la bonté de t'inquiéter...?

DIXMER.

Pardieu! c'est bien le moins qu'elle te doit...

UN HOMME.

Allons, viens, citoyen Linday; comme on te le disait tout à l'heure, je suis un peu chirurgien!...

MAURICE.

Puisque vous le voulez absolument...

DIXMER.

Dans ma chambre, citoyen Armand, dans ma chambre!...

MAURICE.

J'obéis; mais, en vérité...

DIXMER.

Va, citoyen, va!...

(Ils sortent.)

SCÈNE V

DIXMER, GENEVIÈVE.

DIXMER.

Geneviève!...

GENEVIÈVE.

Monsieur!...

DIXMER.

Maintenant que nous sommes seuls, qu'est-ce que toute cette fable... de rencontre... de danger... de secours apporté par ce jeune homme?...

GENEVIÈVE.

Monsieur, je vous jure que ce n'est point une fable; c'est, au contraire, la plus exacte vérité!...

DIXMER.

Pourquoi ne m'avez-vous rien dit de tout cela, alors?

GENEVIÈVE.

Eh! monsieur, vous savez bien que je n'ose rien vous dire...

DIXMER.

Vous lui aviez donc donné votre adresse, à ce jeune homme?

GENEVIÈVE.

Non, monsieur.

DIXMER.

Dit votre nom, au moins?

GENEVIÈVE.

Mon nom, oui... mais pas le vôtre.

DIXMER.

Eh! madame, vous savez bien que, depuis cinq ans, nos deux noms n'en font qu'un.

GENEVIÈVE, avec un soupir.

Oui!...

DIXMER.

Pour votre malheur, alliez-vous dire... Eh! dites, mon Dieu!...

GENEVIÈVE.

Monsieur, par grâce! ne me faites pas dire ni ce que je n'ai pas dit, ni ce que je n'ai pas voulu dire.

DIXMER.

Enfin, il n'en est pas moins vrai que c'est vous qu'il venait chercher ici.

GENEVIÈVE.

Il me semble cependant que ce portrait qu'il a fait de la personne qu'il a suivie...

DIXMER.

Vous écoutiez donc?...

GENEVIÈVE.

Monsieur, la situation était assez grave pour cela, je pense...

DIXMER.

C'est bien.

GENEVIÈVE.

D'ailleurs, monsieur, le hasard que ce jeune homme a invoqué cette fois-ci ne lui pourra plus servir de prétexte, et j'espère qu'il sera assez discret pour ne plus revenir dans cette maison...

DIXMER.

Au contraire, madame, il faut qu'il y revienne... N'avez-vous point entendu son nom?

GENEVIÈVE.

Maurice Linday.

DIXMER.

Sa qualité?

GENEVIÈVE.

Lieutenant dans la garde civique, secrétaire de la section Lepelletier.

DIXMER.

Et municipal au Temple!...

GENEVIÈVE.

Eh bien?...

DIXMER.

Eh bien, vous qui connaissez tous nos projets, vous qui savez que, ce soir même, j'ai acheté, près du Temple, une maison dont les caves vont être fouillées pour nous conduire jusqu'à la reine, vous ne comprenez pas que la rencontre du citoyen Maurice Lindey soit un miracle de la Providence ?

GENEVIÈVE.

Un miracle ?...

DIXMER.

Sans doute..: N'est-ce pas un miracle qu'hier, au moment où cette patrouille vous arrêtait, il se soit trouvé là un jeune homme brave, dévoué, et joignant à ces qualités assez de puissance pour vous arracher aux mains de vos persécuteurs ? Si ce n'est point un miracle, madame, quel nom donnerez-vous à cette rencontre ?

GENEVIÈVE.

Monsieur, je vous jure, par ce que j'ai de plus sacré au monde, que j'ai vu hier au soir M. Maurice pour la première fois, et cette nuit pour la seconde ; je vous jure qu'avant l'heure où il fut attiré par mes cris, je ne l'avais ni aperçu ni rencontré ; je vous jure, enfin, qu'il m'était et qu'il m'est encore parfaitement inconnu !...

DIXMER.

Eh bien, je ne discuterai plus sur le mot, et je reviendrai au fait... Je disais donc que c'est un grand bonheur que nous nous trouvions, grâce à vous, madame, en relation avec un homme jouissant d'une réputation de patriotisme aussi reconnue que celle de M. Maurice Lindey, d'un homme, enfin, par lequel nous pouvons nous faire ouvrir toutes les portes qui se ferment obstinément devant nous.

GENEVIÈVE.

Eh ! monsieur, faites vis-à-vis de ce jeune homme telles instances qu'il vous plaira, je ne m'y oppose point !...

DIXMER.

Oh ! moi, madame, vous sentez que je n'y tenterai même pas ; je doute trop de mon influence !...

GENEVIÈVE.

Et vous croyez à la mienne ?...

DIXMER.

Je crois que, lorsqu'on a risqué pour une femme ce que ce jeune homme a risqué pour vous, l'échafaud hier, le poignard aujourd'hui, on est tout prêt à poursuivre cette route, surtout si cette route est ouverte par une main amie !...

GENEVIÈVE.

Permettez-moi, monsieur, de vous dire que ce moyen...

DIXMER.

Est tout naturel.

GENEVIÈVE.

Pas pour moi, du moins.

DIXMER.

Vous êtes bien opiniâtre, madame !

GENEVIÈVE.

Ai-je le droit de disposer de lui à son insu ; de compromettre son avenir, sa vie peut-être ?...

DIXMER.

Madame, il me semble qu'en temps de révolution, quand le sang coule par les rues, quand on défend une cause aussi sacrée que la nôtre, quand, enfin, on risque sa propre tête pour cette conviction que, si l'on réussit, on sauve tout un peuple ! madame, je le répète, il me semble qu'on ne doit pas être si scrupuleux ; d'ailleurs, je suis un maître tanneur, et non un logicien ; je n'argumente pas, je conspire !... Il faut que nous entrions au Temple !... Ce jeune homme en tient les clefs entre ses mains... Faites qu'il nous en ouvre les portes, et que nous sauvions la reine !...

GENEVIÈVE.

Monsieur, demandez-moi ma vie, demandez-moi mon sang, demandez-moi mon honneur même ; mais ne me demandez pas l'honneur, le sang, la vie d'un homme que je ne connais que par le service qu'il m'a rendu !...

DIXMER.

C'est votre dernier mot ?

GENEVIÈVE.

C'est mon dernier mot.

DIXMER.

Très-bien... (Il appelle.) Amis !... (Trois Hommes approchent.) Madame Dixmer vient de me faire comprendre toute la difficulté qu'il y a à se servir d'un homme comme le citoyen Maurice Lindav... Or, cet homme, après les opinions qu'il nous a manifestées, s'il n'est point notre ami dévoué, devient notre ennemi mortel. Notre avis était de nous en débarrasser, tout à l'heure... J'en reviens à notre avis !... il ne faut pas que le citoyen Maurice Lindav sorte de cette maison.

UN HOMME.

C'est bien.

GENEVIÈVE.

Que dites-vous, monsieur?

DIXMER.

Je dis, madame, que je ne puis sacrifier votre tête, celle du chevalier, la mienne, celle de tous ces braves gens, et une tête bien autrement sacrée encore, à une fausse susceptibilité. Si M. Maurice Linday parle, il nous tue; il mourra sans avoir eu le temps de parler...

GENEVIÈVE.

Monsieur, vous ne commettrez pas un pareil crime...

DIXMER.

Dans dix minutes, madame, il sera mort!...

GENEVIÈVE.

Monsieur, par grâce!...

DIXMER.

Oh! vous me connaissez, madame; à quoi bon des paroles inutiles?... (Aux Hommes.) Allez, et faites comme il est dit.

GENEVIÈVE.

Non, non... Tout ce que vous voudrez, monsieur, tout!...

DIXMER.

Le voici!...

GENEVIÈVE.

Oh!...

DIXMER, à ses Hommes.

Arrêtez, et ne faites rien sans mes ordres ou sans ceux du chevalier.

GENEVIÈVE.

Mon Dieu, je respire!...

DIXMER, à Geneviève.

C'est lui; faites, pour commencer, qu'il reste à souper avec nous ce soir...

GENEVIÈVE.

J'obéirai, monsieur...

SCÈNE VI

LES MÊMES, MAURICE.

DIXMER.

Eh bien, citoyen?...

MAURICE.

Eh bien, je te l'avais dit, ce n'était rien... une égratignure que je ne sens déjà plus et qui, demain, sera guérie...

DIXMER.

Oui ; mais, pour cela, il faut boire à sa guérison...

MAURICE.

Tu dis, citoyen ?...

DIXMER.

Je dis que vous êtes mon hôte, que ceux que vous voyez autour de vous sont de bons enfants, patriotes comme vous, vos ennemis tout à l'heure, et maintenant vos amis. Or, il n'y a de véritable réconciliation que celle qui se fait à table, et, si vous le voulez bien, nous la scellerons ici, à l'endroit même où... comment appellerons-nous cela?... où la querelle a eu lieu... Apportez la table ici; il fait beau, et c'est un plaisir que de respirer ce bon air chargé du parfum des fleurs. N'est-ce pas, madame?...

MAURICE, regardant Geneviève.

Mais c'est qu'en vérité, je crains de vous gêner !...

GENEVIÈVE.

Vous ferez plaisir à M. Dixmer en restant, monsieur...

MAURICE.

Eh bien, soit, je reste. (Bas.) Merci, Geneviève !... merci !...

SCÈNE VII

Les Mêmes, LE CHEVALIER, déguisé.

DIXMER.

Citoyen Maurice, je te présente le citoyen Morand, mon associé !...

MAURICE.

Citoyen Morand, enchanté de faire ta connaissance.

(On apporte la table toute servie et des flambeaux.)

LE CHEVALIER.

Citoyen Maurice, je me joins à mon ami Dixmer pour te prier d'oublier...

MAURICE.

Au contraire, permets-moi de me souvenir...

LE CHEVALIER.

De te souvenir?... Comment cela?...

MAURICE.

Tout à l'heure, six voix me condamnaient à mort, une seule a voté pour la vie et pour la liberté; jamais je n'oublierai le son de cette voix.

DIXMER.

Allons, allons, citoyen Maurice, donne le bras à la citoyenne Dixmer... et à table!...

MAURICE, offrant son bras à Geneviève.

O Geneviève, Geneviève! que je suis heureux!...

LE CHEVALIER, à Dixmer.

Eh bien?...

DIXMER.

Jeudi, nous entrons au Temple!...

ACTE DEUXIÈME

QUATRIÈME TABLEAU

La cour du Temple. — A gauche, la cantine de la veuve Plumeau; à droite, l'escalier qui monte au Temple et l'échoppe de Rocher adossée à cet escalier. Au fond, le jardin fermé par des murailles. Au-dessus de la muraille, les maisons de la rue Porte-Foin. Au lever du rideau, on relève le poste.

SCÈNE PREMIÈRE

DIXMER, en capitaine de la garde nationale, à la tête de SA COMPAGNIE; LE CHEVALIER, en garde national; LA VEUVE PLUMEAU.

DIXMER.

Présentez armes! haut les armes! rompez vos rangs! (Les Gardes nationaux rompent les rangs.) Bonjour, veuve Plumeau!

LA VEUVE PLUMEAU.

Ah! bonjour, citoyen Dixmer!

DIXMER.

Qu'as-tu à nous donner à déjeuner? Voyons; cherche bien dans ta cantine.

LA VEUVE PLUMEAU.

Je n'ai pas grand'chose : c'est la section *Marceau* qui sort d'ici. De vrais gourmands, et ils m'ont tout dévoré ; seulement, ils n'ont pas pu tout boire, et il me reste cinq ou six bouteilles d'un petit vin de Saumur...

DIXMER.

Je le connais ! mais, avec du vin de Saumur, il faut des côtelettes, et, après les côtelettes, un morceau de fromage de Brie.

LA VEUVE PLUMEAU.

On peut te procurer tout cela, citoyen.

DIXMER.

A la bonne heure !

LA VEUVE PLUMEAU.

Seulement, tu comprends, pour ne pas te faire attendre, je serai obligée de prendre tout cela chez le concierge, qui me fait concurrence, de sorte que je payerai un peu plus cher.

DIXMER.

C'est bien, c'est bien. Pendant ce temps, nous allons descendre à la cave, et choisir nous-même notre vin.

LA VEUVE PLUMEAU.

Fais comme chez toi, capitaine, fais comme chez toi.

(Elle sort.)

SCÈNE II

DIXMER, LE CHEVALIER, Gardes nationaux.

DIXMER allume une chandelle.

Descendez vous-même, chevalier ; je vais guetter...

LE CHEVALIER.

Mais peut-être n'aurons-nous pas le temps, si elle ne va que chez le concierge.

DIXMER.

Soyez donc tranquille ; elle nous dit cela pour nous rançonner. Nous avons dix bonnes minutes devant nous. (Le Chevalier descend dans la cave, Dixmer soutient la trappe.) Eh bien ?

LE CHEVALIER.

La cave s'avance dans la direction de la rue de la Corderie, ainsi que nous l'avions prévu...

DIXMER.

Et vous êtes sûr que nos mineurs suivront bien la direction indiquée?...

LE CHEVALIER.

Oui.

DIXMER.

Et que cette direction est exacte?...

LE CHEVALIER.

Rapportez-vous-en à moi.

DIXMER.

Les entendez-vous?

LE CHEVALIER.

Oui, ils approchent, et, dans une heure, l'ouvrage sera assez avancé pour qu'un seul coup de pioche mette en communication la cave et le souterrain.

SCÈNE III

LES MÊMES, LA VEUVE PLUMEAU.

Le Chevalier dépose deux bouteilles sur la table.

LA VEUVE PLUMEAU.

Voilà, citoyen! c'était tout cuit, de sorte que tu n'auras pas la peine d'attendre.

DIXMER.

Merci, la mère! Eh bien, citoyen Morand, as-tu fait ton choix?

LE CHEVALIER.

Oui.

LA VEUVE PLUMEAU, *regardant les bouteilles.*

Allons, allons, vous n'avez pas pris du pire... Seulement, vous avez eu un tort, c'est de n'en point prendre assez...

DIXMER.

Dame, nous sommes deux ; une bouteille chacun...

LA VEUVE PLUMEAU.

Et la compagnie Dixmer, elle va donc mourir de la pépie, pendant ce temps-là?

DIXMER.

C'est juste! monte vingt bouteilles et distribue-les en mon nom aux amis... (*La veuve Plumeau descend à la cave.*) Ainsi, tout va bien?

LE CHEVALIER.

A merveille! de mon côté, du moins. Et du vôtre?...

DIXMER.

Dans vingt minutes, vous verrez paraître notre municipal avec Geneviève.

LE CHEVALIER.

Et les œillets?...

DIXMER.

Ils seront apportés par une bouquetière qui nous est dévouée.

LE CHEVALIER.

Et cette bouquetière connaît le Temple?

DIXMER.

C'est Héloïse Tison, la fille du concierge même.

LE CHEVALIER.

Et elle saura reconnaître Maurice?

DIXMER.

On lui a dit: « Celui qui donnera le bras à madame Dixmer. »

(Roulement de tambours.)

LE CHEVALIER.

Oh! oh! qu'est-ce que cela?

DIXMER.

Rien; c'est le général qui nous arrive. A vos rangs, grenadiers!

(Prise d'armes, tambours.)

SCÈNE IV

Les Mêmes, LE GÉNÉRAL et son ÉTAT-MAJOR, à cheval; puis ROCHER.

LE GÉNÉRAL, entrant.

Bravo! belle troupe! belle tenue! Quelle compagnie?...

DIXMER.

Compagnie Dixmer, mon général!

LE GÉNÉRAL.

Quartier du Panthéon! Ça ne m'étonne pas... Tu es un zélé.

DIXMER.

Je ne fais que mon devoir, citoyen général.

LE GÉNÉRAL.
Et tout le monde devrait prendre modèle sur toi. (Commandement; les rangs se rompent.) Vous savez les nouvelles ?
DIXMER.
Général, je vis dans ma tannerie, au milieu d'ouvriers qui ne s'occupent pas de politique; j'obéis avec zèle aux ordres que je reçois ; mais, dans notre quartier désert, les nouvelles arrivent tard.
LE GÉNÉRAL.
Eh bien, apprenez que le chevalier de Maison-Rouge est rentré dans Paris...
DIXMER.
Bah !
LE CHEVALIER, s'approchant.
Et quel homme est-ce que ce chevalier de Maison-Rouge ?
LE GÉNÉRAL.
Un homme de trente à trente-six ans qui en paraît vingt-cinq à peine, de moyenne taille, blond, avec des yeux bleus et des dents superbes. Ah ! si j'eusse été de service au Temple le jour où il s'y est présenté...
LE CHEVALIER.
Qu'aurais-tu donc fait ?
LE GÉNÉRAL.
Ce n'eût pas été long: j'aurais fait fermer toutes les portes du Temple, j'aurais été droit à la patrouille et j'eusse mis la main sur le chevalier de Maison-Rouge en lui disant: « Chevalier, je t'arrête comme traître à la nation... » (Lâchant le Chevalier.) Et je ne l'eusse point lâché, je t'en réponds !
LE CHEVALIER.
Le citoyen général a raison; malheureusement, on n'a pas fait ainsi qu'il dit...
LE GÉNÉRAL, se retournant.
Holà ! citoyens municipaux, pourquoi n'êtes-vous que deux, et quel est le mauvais citoyen qui manque ?
UN MUNICIPAL.
Celui qui manque n'est cependant pas un tiède; c'est le secrétaire de la section Lepelletier, le chef des braves thermopyles, le citoyen Maurice Linday.
LE GÉNÉRAL.
Bien ! je reconnais comme toi le patriotisme du citoyen Maurice Linday; ce qui n'empêche point que, si, dans dix

minutes, il n'est point arrivé, on l'inscrira sur la liste des absents.

LE CHEVALIER.

Avez-vous entendu? Maurice n'est pas arrivé.

DIXMER.

Il arrivera, soyez tranquille... (A la femme Tison, qui paraît sur l'escalier.) Dis donc, citoyenne Tison?

LA FEMME TISON.

Qu'y a-t-il, mon capitaine?

DIXMER.

N'est-ce pas, d'ordinaire, de midi à une heure que la prisonnière va prendre l'air sur la plate-forme?

LA FEMME TISON.

De midi à une heure, justement...

(Elle fredonne l'air de *Malbrouk*.)

DIXMER.

Ah! ah! tu es bien gaie, aujourd'hui, citoyenne Tison.

LA FEMME TISON.

C'est tout simple: ma fille vient de me faire dire qu'elle aurait demain une permission de la commission du Temple pour venir nous voir.

DIXMER.

Bonne femme!

LA FEMME TISON.

Pauvre chère enfant! dire qu'on m'empêche d'embrasser ma fille! (A Rocher, qui est sorti de son échoppe un journal à la main, et qui écoute.) Eh bien, qu'est-ce que tu veux, toi, avec ta méchante figure?

ROCHER.

J'ai à dire... j'ai à dire que ta fille fréquente des aristocrates, et qu'il lui arrivera malheur!

LA FEMME TISON.

Qui est-ce qui a dit cela, qu'Héloïse fréquentait des aristocrates?

ROCHER.

Moi! Avant-hier, je l'ai vue sortir d'un hôtel qui avait des colonnes...

LA FEMME TISON.

Eh bien, qu'est-ce que cela prouve? C'est qu'Héloïse blanchit bien et qu'elle a de belles pratiques...

ROCHER.

Oui; mais prends garde qu'en blanchissant les autres, elle ne devienne trop blanche elle-même; le blanc est une mauvaise couleur par le temps qui court... Entends-tu, citoyenne Tison?... entends-tu?...

LA FEMME TISON.

Qu'elle soit ce qu'elle voudra; mais qu'il ne lui arrive pas malheur par toi ou par un autre, je ne te dis que cela, Rocher...

(Elle s'éloigne.)

SCÈNE V

Les Mêmes, LORIN.

LORIN, entrant.

Bonjour, les amis! bonjour, les citoyens! bonjour, les gardes nationaux! il y en a pour tout le monde... Ah çà! je ne vois pas Maurice. Sorti depuis ce matin!... Comment! pas chez moi, pas chez lui, pas à son poste?... C'est grave! il est arrêté ou amoureux... Qui est chef de poste, s'il vous plaît?

DIXMER.

Moi, citoyen.

LORIN.

Eh bien, citoyen capitaine, peux-tu me dire si le citoyen Maurice Linday, qui devait, comme municipal, être de garde près de la reine, s'est rendu à son poste? Je désirerais lui parler.

DIXMER.

C'est, en effet, son tour de garde, citoyen; mais il n'est pas encore arrivé.

LORIN.

Oh! il arrivera, gardez-vous d'en douter... D'ailleurs, me voici pour le remplacer; j'ai mon écharpe dans ma poche. Eh! mais ce que j'aperçois là-bas, c'est cette brave canaille de Rocher, celui que j'ai si joliment houspillé l'autre nuit; je suis curieux de savoir s'il me reconnaîtra.

ROCHER, à part, le regardant de travers.

Oh! oh! voilà un de mes muscadins du faubourg Jacques; qu'est-ce qu'il vient donc faire ici?

4.

LORIN, lisant l'inscription placée sur l'échoppe de Rocher.

« ROCHER, *sapeur, inspecteur, loue journaux patriotes, et veille au salut de la nation.* » Citoyen Rocher, salut et fraternité !

ROCHER.

Ou la mort...

LORIN.

Merci !

ROCHER.

Qu'est-ce que tu veux ?

LORIN.

Tu loues des journaux, citoyen Rocher... Je m'ennuie ; loue-moi un journal.

ROCHER.

Je ne tiens pas les feuilles aristocrates.

LORIN.

Qu'est-ce qui t'en demande ?

ROCHER.

Oh ! je sais bien ce que tu aimes, va...

LORIN.

Dis donc, dis donc, si tu me prends pour un aristocrate, nous allons encore nous fâcher...

ROCHER.

Comment, encore ?... Est-ce que je te connais, moi ?

LORIN.

Eh bien, si tu ne me connais pas, raison de plus pour être poli, citoyen Cerbère... Tu vois comme je suis gentil avec toi...

ROCHER, à part.

Capon, va ! il sent ma force à cette heure...

LORIN.

Toi qui es si bon patriote, tu ne dois lire qu'un excellent journal ; loue-moi le journal que tu tiens...

ROCHER.

Je lis le journal que je veux, et je n'ai pas besoin de ta monnaie... Je suis libre et incorruptible, entends-tu ?

(Il lit.)

LORIN, regardant de près.

Dis donc, Rocher, qu'est-ce que ça te fait de me louer ton journal ?

ROCHER.

Je te dis que je le lis...

LORIN.

Eh bien, tu le lis à l'envers ; moi, je le lirai à l'endroit, ça ne te gênera pas.

ROCHER.

Ah çà ! dis donc, méchant aristocrate, est-ce que tu vas venir me crosser comme l'autre nuit ?

LORIN.

Tiens ! je t'ai donc crossé l'autre nuit ? J'avais cru que tu ne me connaissais pas...

ROCHER.

C'est qu'ici je te ferais arrêter, mauvais ci-devant.

LORIN.

Tu ferais arrêter un thermopyle, toi ?

ROCHER.

Je n'ai qu'à dire ce que tu fais la nuit, méchant girondin !

LORIN.

Ce que je fais la nuit, c'est tout naturel : je rosse le citoyen Rocher, dit le Sapeur, dit le...

ROCHER, furieux.

Ah ! brigand ! dans l'exercice de mes fonctions...

(Il tire son sabre.)

LORIN, se retourne et lui applique un coup de pied en le poussant dans son échoppe.

Eh ! nous y sommes tous deux, dans l'exercice de nos fonctions ! Va dans ta niche, citoyen inspecteur, et, si tu veilles à ton salut autant qu'à celui de la nation, rengaîne ton grand sabre, ou je te coupe les oreilles avec...

ROCHER.

Oh ! massacre !

SCÈNE VI

Les Mêmes, MAURICE, donnant le bras à GENEVIÈVE.

LORIN, apercevant Maurice.

Ah ! enfin, voilà Maurice... Tiens, une femme... Il n'est qu'amoureux...

MAURICE, au Chevalier et à Dixmer.

Bonjour, Dixmer ! bonjour, citoyen Morand ! (Au Général.) Excusez-moi, général, si je suis en retard ; on m'a retenu ce matin à la section plus longtemps que de coutume.

LE GÉNÉRAL.

N'est-ce pas plutôt cette belle citoyenne?

MAURICE.

Général, la femme du citoyen Dixmer.

LE GÉNÉRAL.

Elle est fort jolie... (S'approchant.) Bonjour, citoyenne.

GENEVIÈVE, saluant.

Bonjour, citoyen général.

LORIN, qui s'est approché de Maurice.

Enfin ! te voilà, c'est bien heureux... L'amour fait, ce me semble, du tort à l'amitié ! N'importe !... présente-moi à ta compagnie.

(Maurice présente Lorin à Geneviève, à Dixmer et au Chevalier.)

MAURICE.

Je vous présente mon cher et brave Lorin... un ami au cœur d'or et qui n'a qu'un seul défaut, celui de toujours réciter des vers en forme de devises ; ce qui fait tort à la poésie en général et à son ami en particulier.

LORIN.

Mon cher, ce que tu dis est bien prosaïque, et ce n'est pas devant les dames que tu auras raison contre la poësie.

GENEVIÈVE.

Et vous m'avez assez parlé de la bravoure et de la générosité de M. Lorin, pour qu'il ait toujours raison avec moi.

LE GÉNÉRAL, à Geneviève, qu'il n'a cessé de regarder.

Que viens-tu faire ici, belle patriote?

LE CHEVALIER.

Je vais te dire, général... Il y a huit jours, en dînant avec la citoyenne et le citoyen Maurice, il m'est arrivé de dire que, dans mes nombreux voyages... citoyen général, j'ai beaucoup voyagé... que, dans mes nombreux voyages, il y avait deux choses que je n'avais jamais vues, un roi et un dieu... Alors, le citoyen Maurice nous a offert de nous faire voir la reine.

LE GÉNÉRAL.

Et tu as accepté?...

LE CHEVALIER.

Avec empressement.

LE GÉNÉRAL.

Tu as bien fait.

MAURICE.

Ainsi, tu permets, citoyen général?

LE GÉNÉRAL.

Parfaitement: tu veux que la citoyenne et le citoyen puissent entrer au donjon pour y voir les prisonnières? C'est chose facile! (A Dixmer.) Capitaine, il faut placer les factionnaires; je leur dirai qu'ils peuvent laisser passer ta femme sous la conduite du municipal Maurice.

LORIN.

Veux tu que je t'accompagne, général? (A Maurice.) Je vais te remplacer; toi, fais le service auprès de la beauté.

SCÈNE VII

Les Mêmes, HÉLOISE.

HÉLOÏSE.

Qui est-ce qui veut de beaux bouquets, des bouquets d'œillets qui embaument?... Qui est-ce qui veut des œillets?

LE FACTIONNAIRE.

On ne passe pas...

DIXMER, au Chevalier.

Héloïse Tison! Courage! tout va bien.

LE FACTIONNAIRE.

On ne passe pas...

LORIN, sur l'escalier.

Il y a exception pour les œillets et pour les roses; laisse entrer.

LE FACTIONNAIRE.

Tu prends cela sur toi?

LORIN.

Sur moi, parfaitement.

HÉLOÏSE, bas, à Dixmer.

Ma mère n'est pas là?

DIXMER.

Non.

MAURICE.

Ah! les magnifiques œillets! Voyez donc, Geneviève.

HÉLOÏSE.

Oh! mon beau municipal, achète un bouquet à la jolie citoyenne! Elle est habillée de blanc; voilà des œillets d'un rouge superbe ; elle mettra le bouquet sur son cœur, et, comme son cœur est bien près de ton habit bleu, vous aurez à vous deux les couleurs nationales.

MAURICE.

Eh bien, oui. je t'en achète.

GENEVIÈVE.

Maurice, quelle folie !

MAURICE, jetant un assignat sur l'éventaire d'Héloïse.

Tiens, voilà pour toi...

HÉLOÏSE.

Cinq livres ! merci cinq fois, mon beau municipal ! (S'éloignant.) Qui veut des œillets qui embaument ?... qui veut des œillets ?

DIXMER, bas, à Héloïse.

Sortez, voilà votre mère.

(Héloïse s'enfuit.)

LA FEMME TISON, venant du fond.

Il me semble avoir entendu la voix de ma fille. Hélas ! non, ce n'est pas elle. (Se rapprochant de Maurice.) Eh bien, citoyen municipal, tu amènes donc ici de la société ?

MAURICE.

Oui, ce sont des amis qui n'ont jamais vu la prisonnière.

LA FEMME TISON.

Eh bien, ils seront à merveille derrière le vitrage.

LE CHEVALIER.

Certainement que nous serons à merveille.

GENEVIÈVE.

Seulement, nous aurons l'air de ces curieux cruels, qui viennent, de l'autre côté d'une grille, jouir des tourments d'un prisonnier.

LA FEMME TISON.

Que ne les mettez-vous sur le chemin de la tour, vos amis... puisque la femme s'y promène aujourd'hui avec sa sœur et sa fille.

GENEVIÈVE.

La citoyenne a raison. Si vous pouviez, d'une façon quelconque, me placer sur le passage de la prisonnière, cela me répugnerait moins que de la regarder derrière un vitrage. Il me semble que cette manière de voir les prisonnières est humiliante à la fois pour elles et pour nous.

MAURICE.

Bonne Geneviève, vous avez toutes les délicatesses... Soyez tranquille, il sera fait comme vous le désirez.

LA FEMME TISON.

Trois heures sonnent. Il est temps, allons, allons ! si tu veux placer tes amis, citoyen Maurice, viens, suis-moi.

MAURICE.

Venez, Morand ! nous allons la voir... Eh bien, qu'avez-vous ?

LE CHEVALIER.

Moi ? Rien ! je vous suis.

(Roulement de tambours; on prend les armes; on ferme les portes; on relève les postes.)

GENEVIÈVE.

Que de précautions pour garder trois femmes, mon Dieu !

LE CHEVALIER.

Oui ; si ceux qui tentent de les faire évader étaient à notre place, et voyaient ce que nous voyons, je crois que cela les dégoûterait du métier.

(Ils montent l'escalier.)

GENEVIÈVE.

En effet, je commence à croire qu'elles ne se sauveront pas.

MAURICE.

Et moi, je l'espère !

(Ils s'apprêtent à gravir l'escalier.)

SCÈNE VIII

Les Mêmes, hors MAURICE, GENEVIÈVE et LE CHEVALIER.

LE GÉNÉRAL, à haute voix.

Ouvrez, là-haut ! la promenade est permise.

LORIN, descendant l'escalier.

C'est fait, général. (A Maurice, qui est à moitié de l'escalier.) Tu peux monter.

ROCHER, à la fenêtre.

Ah ! ah ! c'est bien ! c'est bien !

(Il tire un crayon de sa poche et prend des notes.)

LORIN, le regardant.

Ah çà ! toi qui lis à l'envers, tu sais donc écrire à l'endroit maintenant? Parole d'honneur, il note! c'est Rocher le Censeur.

ROCHER.

Bon, bon! on dit que tu as laissé entrer des étrangers dans le donjon, et cela sans la permission de la Commune. Prends garde, si c'est vrai!

LORIN.

Brute, va!

SCÈNE IX

Les Mêmes, ARTÉMISE, puis LA VEUVE PLUMEAU.

ARTÉMISE, à qui la Sentinelle refuse la porte.

Je vous dis que j'ai une foule de raisons pour entrer : d'abord, je suis déesse, ou peu s'en faut, et les déesses entrent partout; ensuite, je suis un peu cousine de la veuve Plumeau, et je viens lui demander à déjeuner; troisièmement, je suis... Qu'est-ce que je suis donc au citoyen Lorin? Je ne sais pas trop comment vous dire cela, sentinelle. Mais, tenez, le voilà! il va vous le dire lui-même... Citoyen Lorin?...

LORIN.

Artémise, chère amie! (A la Sentinelle.) Laisse passer Sa Divinité.

ARTÉMISE.

Merci, citoyen!

LA VEUVE PLUMEAU.

Tiens, c'est toi, chère enfant?

ARTÉMISE.

Moi-même, et fort essoufflée, comme vous voyez; j'ai tant couru!

LORIN.

A quel propos courûtes-vous, chère amie?

ARTÉMISE.

Imagine-toi, citoyen, qu'en remontant le quai pour venir ici, je vois une bouquetière... Ah! mon Dieu! c'est à peine si je puis parler...

LORIN.

Remettez-vous, déesse... Vous avez donc vu une bouquetière?...

ARTÉMISE.

Une marchande d'œillets, qui, au lieu de vendre ses bouquets, les jetait dans la Seine, par-dessus le pont. Cette manière de débiter sa marchandise m'étonne ; je la regarde attentivement, plus attentivement encore, et qui est-ce que je reconnais, déguisée en bouquetière ? Mon amie Héloïse Tison !

LORIN.

Rue des Nonaindières, 24, celle qui est cause que tu arrives trop tard aux rendez-vous que tu donnes, déesse ?

ARTÉMISE.

Justement ! Je me demande pourquoi Héloïse, de blanchisseuse qu'elle était, s'est faite bouquetière, et, comme je ne puis rien me répondre de satisfaisant, je me décide à le lui demander à elle-même. Je l'appelle, elle tourne la tête ; je lui fais un signe, elle me reconnaît ; je lui crie de m'attendre, elle se sauve ; je cours après elle, je vais la rejoindre, quand, au coin de la rue Sainte-Avoie, bonsoir... plus d'Héloïse ! disparue !

LORIN.

Déesse, cela vous apprendra à sortir sans vos ailes. Et, maintenant, que peut-on vous offrir ?

ARTÉMISE.

De la limonade, de l'orgeat... tout ce que vous voudrez ; mais quelque chose à boire.

LORIN.

Vous entendez, veuve Plumeau. (A Artémise.) Pardon, voici Maurice ; je lui dis deux mots et suis tout à vous.

(Artémise entre dans la cantine.)

SCÈNE X

Les Mêmes, MAURICE, GENEVIÈVE et LE CHEVALIER ; DIXMER, arrivant d'un autre côté.

DIXMER, bas, en regardant sa femme.

Elle n'a plus le bouquet.

LORIN.

Eh bien, citoyenne, l'as-tu vue ?

GENEVIÈVE.

Ah ! oui, grâce au citoyen Maurice ; et maintenant, je vivrais cent ans, que je la verrais toujours.

LORIN.
Et comment la trouves-tu ?
GENEVIÈVE.
Bien belle !
MAURICE.
Et toi, citoyen Morand ?
LE CHEVALIER.
Bien pâle !
MAURICE.
Dites donc, Geneviève, est-ce que ce serait de la reine, par hasard, que Morand serait amoureux?
GENEVIÈVE, tressaillant.
Oh ! quelle folie !
DIXMER.
Il commence à se faire tard, Geneviève, il est temps de rentrer.
MAURICE.
Si madame veut accepter mon bras jusqu'à la porte de sortie ?
DIXMER.
A bientôt, Geneviève ! Au revoir, citoyen Maurice !

(Maurice, Geneviève, Lorin et Artémise sortent.)

SCÈNE XI

DIXMER, LE CHEVALIER, LA FEMME TISON, ROCHER, puis LORIN, MAURICE, LE GÉNÉRAL, ETC.

LE CHEVALIER.
Bientôt quatre heures !
DIXMER.
J'entre dans la cantine ; vous, veillez !
LE CHEVALIER, à la femme Tison, qui s'assied au pied de l'escalier.
Eh bien, qu'avez-vous, pauvre femme ?
LA FEMME TISON.
J'ai que je suis furieuse.
LE CHEVALIER.
Pourquoi ?
LA FEMME TISON.
Parce que tout est injustice dans ce monde. Vous êtes bourgeois, vous venez ici pour un jour seulement, et l'on vous

permet de vous y faire visiter par de jolies femmes qui donnent des bouquets, et, moi qui niche perpétuellement dans le colombier, on m'empêche de voir ma pauvre Héloïse.

LE CHEVALIER, lui donnant un assignat.

Tenez, bonne Tison, prenez et ayez courage.

LA FEMME TISON.

Un assignat de dix livres! c'est gentil de ta part, citoyen... Mais j'aimerais mieux une papillote qui eût enveloppé les cheveux de mon enfant.

LE CHEVALIER, montant l'escalier.

Pauvre femme! et sa fille, là, tout à l'heure...

ROCHER, arrivant.

Ah çà! décidément, tu veux donc te faire guillotiner, citoyenne?

LA FEMME TISON.

Et pourquoi cela?

ROCHER.

Comment! tu reçois de l'argent des gardes nationaux pour faire entrer les aristocrates chez la prisonnière.

(Pendant ce temps, Maurice est revenu; il s'arrête pour écouter.)

LA FEMME TISON.

Tais-toi, tu es fou!

ROCHER.

Ce sera consigné au procès-verbal.

LA FEMME TISON.

Allons donc! ce sont des amis du citoyen Maurice, un des meilleurs patriotes qui existent.

ROCHER.

Des conspirateurs, te dis-je! D'ailleurs, la Commune sera informée et elle jugera.

LA FEMME TISON.

Allons, espion de police, tu vas me dénoncer?

ROCHER.

Parfaitement; à moins que tu ne te dénonces toi-même.

LA FEMME TISON.

Mais quoi dénoncer? que veux-tu que je dénonce?

ROCHER.

Ce qui s'est passé, donc!

LA FEMME TISON.

Mais puisqu'il ne s'est rien passé!

ROCHER.

Où étaient les aristocrates?

LA FEMME TISON.

Là-haut, sur l'escalier.

ROCHER.

Quand la prisonnière est montée?

LA FEMME TISON.

Oui.

ROCHER.

Et ils se sont parlé?

LA FEMME TISON.

Ils se sont dit deux mots.

ROCHER.

Deux mots, tu vois! D'ailleurs, ça sent l'aristocrate, ici.

LA FEMME TISON.

C'est-à-dire que ça sent l'œillet.

ROCHER.

L'œillet? pourquoi l'œillet?

LA FEMME TISON.

Parce que la citoyenne en avait un bouquet qui embaumait.

ROCHER.

Mais non, elle n'en avait pas quand je l'ai vue sortir.

LA FEMME TISON.

C'est-à-dire qu'elle n'en avait plus.

ROCHER.

Et pourquoi n'en avait-elle plus?

LA FEMME TISON.

Parce qu'elle l'avait donné à la reine.

ROCHER.

Tu vois bien que tu dis *la reine!* Femme Tison, la fréquentation des aristocrates te perd. Un bouquet! ils lui donnent des bouquets... Eh bien, sur quoi est-ce donc que j'ai marché là?

LA FEMME TISON.

Eh! justement sur un œillet qui sera tombé du bouquet de la citoyenne au moment où elle montait.

ROCHER.

Et tu dis que la prisonnière a pris le bouquet des mains de la citoyenne?

MAURICE, *paraissant.*

Elle ne l'a pas pris ; c'est moi qui le lui ai donné, entends-tu, Rocher ?

ROCHER.

C'est bien, on voit ce qu'on voit, on sait ce qu'on sait.

MAURICE.

Et moi, je sais une chose, et je vais te la dire : c'est que tu n'as rien à faire ici, et que ton poste de mouchard est là-bas ! Ainsi, à ton poste, mouchard, ou je t'y traîne de ma main.

(Lorin et le Général accourent, suivis de Soldats.)

ROCHER.

A moi ! au secours ! Ah ! tu menaces ! ah ! tu m'appelles mouchard ! (Il froisse l'œillet et y trouve un billet.) Qu'est-ce que cela ?

MAURICE.

Quoi ?

ROCHER.

Un billet... un billet dans l'œillet... Ah ! ton ami Lorin dit que je ne sais pas lire ; attends, attends !

(On se groupe autour de lui.)

LE GÉNÉRAL.

Qu'y a-t-il ?

ROCHER.

Il y a, que j'ai trouvé un billet dans l'œillet, et que je cherche mes lunettes pour le lire.

LE GÉNÉRAL.

Donne. (Il lit.) « Aujourd'hui, à quatre heures, demandez à descendre au jardin, attendu que l'ordre est donné de vous accorder cette faveur sitôt que vous la désirerez. Après avoir fait trois ou quatre tours, approchez-vous de la cantine, et demandez à la femme Plumeau la permission de vous asseoir chez elle. Là, au bout d'un instant, feignez de vous trouver plus mal et de vous évanouir ; alors, on écartera tout le monde, afin que l'on puisse vous porter secours, et vous resterez avec votre sœur et votre fille. Aussitôt, la trappe de la cave s'ouvrira ; précipitez-vous toutes les trois par cette ouverture, et vous êtes sauvées. »

(Dixmer et le Chevalier écoutent chacun à l'extrémité du théâtre.)

ROCHER.

Un complot! un complot!... j'ai découvert un complot!... A moi! à moi, les patriotes du Temple!

LE GÉNÉRAL, à Maurice, qui écarte la foule pour arriver jusqu'à lui.

De quoi s'agit-il, Maurice?

MAURICE.

Citoyen général, je suis prêt à donner toutes les explications nécessaires; mais, avant toute chose, je demande à être arrêté...

LE GÉNÉRAL.

Arrêté, et pourquoi?

MAURICE.

Parce que c'est moi qui ai donné le bouquet à la reine.

LE GÉNÉRAL.

Citoyen Maurice, tiens-toi à la disposition de la Commune.

LORIN.

Maurice accusé, à propos d'un œillet? Ah! la bouquetière qui jette ses fleurs par-dessus le pont! rue des Nonaindières, 24.

(Il sort; on entend sonner quatre heures.)

LE GÉNÉRAL.

Quatre heures! l'instant fixé pour l'enlèvement... Capitaine Dixmer, aux armes! Citoyen municipal, fermez les portes de la tour! (A un autre.) Vous, gardez cette cantine. Grenadiers, à vos rangs! canonniers, à vos pièces! Capitaine, avec cinquante hommes sur cet escalier.

(Mouvement des troupes; commandements militaires; roulements de tambours; les canons viennent se mettre en batterie.)

DIXMER.

Eh bien, chevalier, que faut-il faire?

LE CHEVALIER.

Rien... Dieu ne l'a pas voulu.

LE GÉNÉRAL.

Maintenant, Maurice, à la section.

TOUS.

A la section!

CINQUIÈME TABLEAU

La section du Temple. — Une chambre prise en large dans les trois premiers plans du théâtre. Au milieu, la tribune des orateurs. A gauche, le fauteuil et le bureau du Président; des gradins garnis de spectateurs, et surtout de femmes. Une foule de Sectionnaires entrent au son du tambour.

SCÈNE PREMIÈRE

Le Président, un Perruquier, MAURICE, Peuple.

LE PRÉSIDENT.
Comment t'appelles-tu?
LE PERRUQUIER.
Caïus Pousignon.
LE PRÉSIDENT.
Où demeures-tu?
LE PERRUQUIER.
Rue de la Calandre, n° 7.
LE PRÉSIDENT.
Que fais-tu?
LE PERRUQUIER.
Je suis perruquier.
LE PRÉSIDENT.
Quel gage as-tu donné à la Révolution?
LE PERRUQUIER.
Je paye exactement mes impôts.
LE PRÉSIDENT.
Tu ne fais que ton devoir... Après?
LE PERRUQUIER.
Je monte exactement ma garde chaque fois que je reçois mon billet.
LE PRÉSIDENT.
Le beau mérite!... Si tu ne la montais pas, on t'enverrait en prison... Après?
LE PERRUQUIER.
Eh bien, après?
LE PRÉSIDENT.
Viens-tu souvent à la section?

LE PERRUQUIER.

J'y viendrais avec bien du plaisir, citoyen, si les affaires de mon commerce...

LE PRÉSIDENT.

Qu'est-ce que c'est que cela, les affaires de ton commerce? Les affaires de la nation avant tout! Que demandes-tu?

LE PERRUQUIER.

Je viens solliciter la faveur d'être reçu membre de la société populaire.

LE PRÉSIDENT.

Tu es ambitieux!... mais n'importe, les bons patriotes ont droit à tout... Es-tu bon patriote?...

LE PERRUQUIER.

Oh! cela, je m'en vante.

LE PRÉSIDENT.

C'est ce que nous allons voir.

UN SECTIONNAIRE.

Oui, c'est ce que nous allons voir... Je demande la parole.

LE PRÉSIDENT.

Approche, jeune patriote.

LE SECTIONNAIRE.

Citoyen président, demande-lui un peu ce qu'il a fait pour être pendu en cas de contre-révolution.

LE PRÉSIDENT.

Tu as entendu la demande?

LE PERRUQUIER.

Certainement, je l'ai entendue.

LE PRÉSIDENT.

Eh bien, réponds-y... Qu'as-tu fait?... Voyons.

LE PERRUQUIER.

Ce que j'ai fait? D'abord, j'étais à la prise de la Bastille.

LE SECTIONNAIRE.

Oui, il était perruquier du gouverneur, ce n'est pas étonnant qu'il y fût.

LE PERRUQUIER.

J'étais aux Tuileries le 10 août.

LE SECTIONNAIRE.

Oui, comme valet de chambre d'un ci-devant marquis.

LE PRÉSIDENT.

Et qu'as-tu fait aux Tuileries, au 10 août?

LE PERRUQUIER.

J'ai tué... je crois que... j'ai tué... ou blessé un satellite des tyrans.

LE SECTIONNAIRE, montant aussi à la tribune.

Eh bien, je vais aider ta mémoire... Tu ne l'as ni tué ni blessé, ce satellite du tyran; tu l'as poussé dans une allée de la rue de l'Échelle, en refermant la porte sur lui, pour qu'ensuite il pût se sauver tranquillement.

(Rumeurs dans l'assemblée.)

LE PRÉSIDENT.

Est-ce vrai?

LE PERRUQUIER.

Écoutez-moi, mon cher monsieur.

(Cris, tumulte, explosion.)

UN SECTIONNAIRE.

Il a dit *monsieur*, c'est un traître, un ci-devant.

(Pousignon disparaît dans la tribune.)

LE SECTIONNAIRE.

Et il a continué de coiffer les aristocrates; veux-tu dire que non?... C'est toi qui coiffais Barnave et Gensonné.

LE PERRUQUIER.

Pardon ! ils sont devenus des aristocrates depuis, à ce qu'il paraît; mais, à l'époque où je les coiffais, ils étaient encore de bons patriotes...

CRIS.

Jamais!... jamais! C'est un girondin... A bas les girondins! à mort les girondins!

SCÈNE II

Les Mêmes, ROCHER, LA FEMME TISON.

Envahissement du Peuple.

ROCHER.

Oui! oui! à mort les girondins!... Mais ce n'est pas de cela qu'il s'agit... Aux armes, citoyens! la patrie est en danger...

LE PRÉSIDENT.

La patrie est en danger?... Qu'y a-t-il, citoyen Rocher?

LE PERRUQUIER.

Je crois que je ne ferais pas mal de profiter de ce que la patrie est en danger.

(Il s'esquive.)

UN MEMBRE.

Eh bien, eh bien, où va-t-il?

ROCHER.

Laisse-le aller, nous le retrouverons ; il est connu : Caïus Pousignon, perruquier, rue de la Calandre ; mais je vous apporte mieux que cela pour le moment.

LE PRÉSIDENT.

Citoyen Rocher, tu as dit que la patrie était en danger?

ROCHER.

Oui ; mais j'étais là, et je l'ai sauvée !

CRIS.

Vive Rocher ! vive Rocher !

ROCHER, modestement.

Merci !

UN MEMBRE.

Je vote pour qu'on décerne au brave Rocher les honneurs de la séance.

MAURICE, des tribunes.

Attendez au moins que vous sachiez ce qu'il a fait.

ROCHER.

Ah ! tu es là, toi ?

MAURICE.

Pourquoi pas ?

ROCHER, au Président.

Je te dénonce le traître, citoyen. Le citoyen Maurice Linday est un traître, un aristocrate, un ci-devant.

LE PRÉSIDENT.

Maurice Linday, le secrétaire de la section Lepelletier?

MAURICE.

Laisse-le donc dire, citoyen.

ROCHER.

Oui, oui, un traître, ainsi que le citoyen Lorin, autre aristocrate.

LE PRÉSIDENT.

qui les accuse?

ROCHER.

La femme Tison, ici présente. (A la femme Tison.) Monte à la tribune et accuse-les.

LA FEMME TISON.

Que je monte?...

ROCHER.

Oui, accuse, accuse, si tu veux qu'on te rende ta fille.

LA FEMME TISON.

Alors, j'accuse.

LE PRÉSIDENT.

Et qui accuses-tu?

LA FEMME TISON.

Le citoyen Maurice Linday...

ROCHER, bas.

Et le citoyen Lorin.

LA FEMME TISON.

Et le citoyen Lorin. (Bas.) Me rendra-t-on ma fille?

ROCHER.

Oui, oui, accuse.

LE PRÉSIDENT.

Et de quoi les accuses-tu?

ROCHER.

De complot; ils ont tenté de faire évader la prisonnière du Temple.

MAURICE.

Citoyen Rocher, laisse donc parler la citoyenne accusatrice.

ROCHER.

Tu n'as pas la parole... Dis-lui qu'il n'a pas la parole, citoyen.

LE PRÉSIDENT.

Femme Tison, quel est le complot que tu viens dénoncer à la section?

LA FEMME TISON.

Le complot?

ROCHER.

Oui... le complot de l'œillet, tu sais bien.

LA FEMME TISON.

Le complot de l'œillet... c'est cela...

LE PRÉSIDENT.

Eh bien, achève...

MAURICE.

Citoyen président, tu vois que la pauvre femme est à moitié folle, et que, quoique soufflée par cet excellent patriote Rocher, elle pourrait bien manquer de mémoire... Si tu veux, je vais te le dire, le complot, moi...

ROCHER.

Citoyen, impose donc silence au traître... Tu n'as pas la parole, girondin !

LES SECTIONNAIRES.

Si !... si !... Non !... non !... Qu'il parle !... qu'il parle !...

(Tumulte effroyable.)

LE PRÉSIDENT, se couvrant.

Silence !... (Il agite la sonnette. — Profitant du silence.) La parole est au citoyen Maurice Linday, pour raconter le complot...

TOUS.

Bravo ! bravo ! bravo !

MAURICE.

Eh bien, on a trouvé tout un plan d'évasion dans un œillet...

LE PRÉSIDENT.

Alors, il y a complot ?...

MAURICE.

Certainement.

ROCHER.

Il avoue... Tu vois qu'il avoue, citoyen.

LE PRÉSIDENT.

Et par qui l'œillet avait-il été apporté ?

MAURICE.

Par une femme qui a été instrument, mais qui, à coup sûr, n'est pas complice.

ROCHER.

Elle a donné un œillet à la prisonnière... un œillet dans lequel il y avait une lettre. (A la femme Tison.) Accuse donc toi, puisque tu es venue pour accuser.

LE PRÉSIDENT.

Et qui avait conduit cette femme au Temple ?

MAURICE.

Moi, citoyen.

ROCHER.

Lui ! vous voyez !

MAURICE.

Oui, moi.

LE PRÉSIDENT.

Comment l'appelles-tu?

MAURICE.

C'est la citoyenne Dixmer. Son mari est capitaine dans la garde civique, et connu pour son patriotisme dans tout le quartier Victor.

ROCHER.

Oui, fameux patriote! sa femme demande à voir la prisonnière.

MAURICE.

Non, c'est moi qui, en dînant chez elle, lui ai proposé de la conduire au Temple, où elle n'était jamais entrée...

LE PRÉSIDENT.

Mais, alors, la citoyenne Dixmer s'est munie de fleurs, et le bouquet a été fait d'avance?

MAURICE.

Pas du tout; car c'est encore moi-même qui ai acheté ces fleurs à une bouquetière qui est venue nous les offrir dans la cour du Temple.

LE PRÉSIDENT.

Mais, depuis le moment où le bouquet a été acheté jusqu'à celui où la citoyenne Dixmer s'est trouvée en face de la prisonnière, on a pu glisser un billet dans les fleurs.

MAURICE.

Impossible, citoyen; je n'ai pas quitté un seul instant la citoyenne Dixmer, et, pour glisser un billet dans chacune des fleurs, — car remarquez que chaque œillet, à ce que dit Rocher, devait contenir un billet pareil, — il eût fallu au moins une demi-journée.

LE PRÉSIDENT.

Alors, à ton avis, citoyen, il n'y a donc pas de complot?

MAURICE.

Si fait... et je suis même le premier à l'affirmer et à le croire;... seulement, ce complot ne vient ni de moi ni de mes amis : aussi ne devons-nous pas en rester là, citoyen président, et faut-il chercher la bouquetière?...

ROCHER.

Ah! oui, la bouquetière! la bouquetière! Elle ne se retrouvera pas! Je vous en préviens d'avance, c'est un complot formé par une société de ci-devant qui se rejettent la balle les uns aux autres, comme des lâches qu'ils sont. Vous avez bien vu, d'ailleurs, que le citoyen Lorin avait décampé quand on s'est présenté chez lui... Eh bien, il ne se retrouvera pas plus que la bouquetière !

SCÈNE III

Les Mêmes, LORIN.

LORIN.

Tu en as menti, Rocher ! Il se retrouvera, car le voici ! Place à moi, place !

(Il va s'asseoir près de Maurice. Maurice sourit et lui tend la main.)

LES TRIBUNES.

Bravo ! bravo !

LORIN.

Eh bien, qu'ont-ils donc à applaudir, là-haut ?

ROCHER.

Citoyens, je demande que la citoyenne Tison soit entendue ; je demande qu'elle parle ; je demande qu'elle accuse !

LORIN.

La femme Tison !... Oh ! citoyens, avant que cette femme accuse, avant qu'elle ait dit un mot devant vous, je demande que la jeune bouquetière qui vient d'être arrêtée, et qu'on va amener ici, soit entendue !

ROCHER.

Non, non ! c'est encore quelque faux témoin ! quelque partisan des aristocrates !... D'ailleurs, la citoyenne Tison brûle du désir d'éclairer la justice.

LES SECTIONNAIRES.

Oui, oui, la déposition de la citoyenne Tison ! oui, qu'elle dépose !

LE PRÉSIDENT.

Un instant !... Citoyen municipal, n'as-tu rien à dire, d'abord ?

MAURICE.

Non, citoyen ; sinon qu'avant d'appeler lâche et traître un homme comme moi, Rocher aurait dû attendre d'être mieux instruit.

ROCHER.

Tu dis? tu dis?...

LORIN.

Que tu seras cruellement puni, tout à l'heure, quand tu vas voir ce qui va arriver.

ROCHER.

Et que va-t-il donc arriver ?

LORIN.

Citoyen, je demande encore une fois que la jeune fille qui vient d'être arrêtée soit entendue, avant qu'on fasse parler cette pauvre femme.

ROCHER.

Tu ne veux pas qu'elle parle, parce qu'elle sait la vérité !...

LORIN.

La malheureuse ! elle ne sait pas qui elle accuse, on lui a soufflé sa déposition.

ROCHER.

Entends-tu, citoyenne, entends-tu?... On dit là-bas que tu es un faux témoin !

LA FEMME TISON.

Moi, un faux témoin ? Attends ! attends !...

LORIN.

Oh ! citoyen, par pitié... non-seulement ordonne à cette malheureuse de se taire, mais éloigne-la d'ici !

ROCHER.

Ah ! tu as peur ?... Eh bien, moi, je requiers la déposition de la citoyenne Tison !...

LES SECTIONNAIRES.

Oui, oui, la déposition !

(Rumeurs au dehors.)

LE PRÉSIDENT.

Informez-vous quel est ce bruit.

UN GENDARME.

C'est une jeune femme qu'on amène.

LORIN, à Maurice.

C'est elle ?

MAURICE.

Oui... Oh ! la malheureuse ! elle est perdue !

LES SECTIONNAIRES.

La bouquetière ! la bouquetière ! c'est la bouquetière !...

ROCHER.

Je demande, avant toute chose, la déposition de la femme Tison. Tu lui as ordonné de déposer : eh bien, il faut qu'elle dépose !

(Bruit et cris des tribunes.)

LE PRÉSIDENT.

Femme Tison, tu as la parole !...

LA FEMME TISON.

Citoyen, ce sont tous des aristocrates... Ils sont venus, comme ça, une société tout entière, pour voir la prisonnière... tandis qu'à moi, on me défend de voir ma fille... Et puis il est entré une bouquetière qui n'avait pas le droit d'entrer, puisque la consigne était donnée à la porte de ne laisser entrer personne. C'est le citoyen Lorin et le citoyen Maurice qui lui ont permis d'entrer.... Elle avait des bouquets; dans ces bouquets, il y avait des billets... Ce sont tous aristocrates... excepté pourtant le citoyen Morand, qui est un bon enfant; car il m'a donné un assignat de dix livres. Aussi, lui, je ne l'accuse pas ; mais j'accuse le citoyen Lorin, j'accuse le citoyen Maurice, j'accuse la bouquetière... Ce sont des traîtres à la nation !... j'accuse ! j'accuse !...

ROCHER.

Bien ! bien !... Il y sauteront tous !

LA FEMME TISON, à Rocher.

Et on me rendra mon Héloïse ?

ROCHER.

Oui, sois tranquille !

LA FEMME TISON.

Bon !

LE PRÉSIDENT.

Maintenant, la bouquetière !

VOIX DES TRIBUNES.

La bouquetière ! la bouquetière !

LE CHEVALIER, dans la foule.

Oh ! c'est affreux !...

SCÈNE IV

Les Mêmes, HÉLOISE.

HÉLOÏSE, relevant son voile.

Me voici, citoyen président !

LA FEMME TISON.

Héloïse ! ma fille !... Toi, ici ?...

HÉLOÏSE.

Oui, ma mère.

TOUS.

Sa fille ! sa fille !

LA FEMME TISON.

Et pourquoi es-tu ici... entre deux gendarmes ?

HÉLOÏSE.

Parce que je suis accusée, ma mère.

LA FEMME TISON.

Toi ! accusée !... et par qui ?

HÉLOÏSE.

Par vous... Je suis la bouquetière.

VOIX DES TRIBUNES.

Sa fille !... Oh ! la malheureuse !... la malheureuse !...

LA FEMME TISON, tombant à genoux.

Mon Dieu !

LE PRÉSIDENT.

Comment t'appelles-tu ?

HÉLOÏSE.

Héloïse Tison, citoyen.

LE PRÉSIDENT.

Quel âge as-tu ?

HÉLOÏSE.

Dix-neuf ans.

LE PRÉSIDENT.

Où demeures-tu ?

HÉLOÏSE.

Rue des Nonaindières, 24.

LE PRÉSIDENT.

Est-ce toi qui as vendu au citoyen municipal Linday, que voici sur ce banc, un bouquet d'œillets ce matin ?

HÉLOÏSE.

Oui, citoyen, c'est moi.

LA FEMME TISON.

Que dit-elle !

LE PRÉSIDENT.

Pourquoi offrais-tu ces œillets au citoyen Maurice ?

HÉLOÏSE.

Parce que je savais qu'il les offrirait à la citoyenne Dixmer, et que je savais que la citoyenne Dixmer devait voir la reine.

LE PRÉSIDENT.

La citoyenne Dixmer savait-elle que ces fleurs continssent des billets?

HÉLOÏSE.

Elle ne savait rien.

LE PRÉSIDENT.

Et la prisonnière?

HÉLOÏSE.

Rien non plus.

LE PRÉSIDENT.

Mais, alors, comment présumais-tu que le bouquet lui tomberait entre les mains?

HÉLOÏSE.

Hélas! pauvre femme!... il y avait si longtemps qu'elle n'avait pas vu de fleurs, que je présumais bien qu'en voyant celles-là, elle en demanderait une!

LE PRÉSIDENT.

Et les choses se sont passées comme tu l'avais prévu?

HÉLOÏSE.

Oui.

LE PRÉSIDENT.

Et quels sont tes complices?

HÉLOÏSE.

Je n'en ai pas.

LE PRÉSIDENT.

Comment! tu as fait le complot à toi toute seule?

HÉLOÏSE.

Si c'est un complot, je l'ai fait à moi toute seule, oui!

LE PRÉSIDENT.

Mais le citoyen Maurice savait-il que ces fleurs continssent des billets?

HÉLOÏSE.

Le citoyen Maurice est municipal, le citoyen Maurice pouvait voir la reine en tête-à-tête, à toute heure du jour et de la nuit; s'il eût eu quelque chose à dire à la reine, il n'avait pas besoin d'écrire, puisqu'il pouvait parler....

LE PRÉSIDENT.

Et tu ne connaissais pas le citoyen Maurice?

HÉLOÏSE.

Je le connaissais pour l'avoir vu venir au Temple, du temps

où j'y étais avec ma pauvre mère; mais je ne le connaissais pas autrement que de vue.

LE PRÉSIDENT.

Et le citoyen Lorin?

HÉLOÏSE.

Je ne le connais pas du tout, lui; et, ce matin, je l'ai vu pour la première fois.

LORIN, à Rocher.

Vois-tu, misérable!... vois-tu ce que tu as fait!... Ah! citoyens, ne voyez-vous pas que cette enfant a été poussée, égarée?

LE PRÉSIDENT, à Héloïse.

Mais qui a pu te séduire et t'attirer ainsi au parti de la prisonnière?

HÉLOÏSE.

Personne... Elle était douce et bonne, on la faisait souffrir, je me suis dit : « Avant d'être reine, elle est femme, et il me semble que, si je puis sauver cette femme, je ferai une bonne action. »

LE PRÉSIDENT.

Tu n'as rien à dire autre chose pour ta défense?

HÉLOÏSE.

Non.

LE PRÉSIDENT.

Tu sais à quoi tu t'exposes?

HÉLOÏSE.

Oui.

LE PRÉSIDENT.

Tu espères peut-être en ta jeunesse et en ta beauté?

HÉLOÏSE.

Je n'espère qu'en Dieu.

LE CHEVALIER.

Noble fille!

LORIN.

J'espère aussi, moi!... car je suis sûr que le tribunal révolutionnaire découvrira la vérité.

LE PRÉSIDENT.

Citoyen Maurice Linday!... citoyen Hyacinthe Lorin!... vous êtes libres, la Commune reconnaît votre innocence, et rend justice à votre civisme!... (Applaudissements.) Gendarmes, conduisez la citoyenne Héloïse à la prison de la section!

LA FEMME TISON.

Ma fille! ma fille!

(Elle tombe évanouie.)

HÉLOÏSE.

Adieu, ma mère!... Je vous pardonne!...

MAURICE.

Oh! c'est affreux! J'aimerais presque autant mourir que d'être absous à ce prix!

LORIN.

Il ne peut y avoir un juge capable de condamner cette enfant! Viens, viens!

SCÈNE V

LA FEMME TISON, évanouie sur les marches de la tribune;
LE CHEVALIER, DIXMER.

Le Chevalier s'approche de la femme Tison, tandis que Dixmer garde la porte.

LA FEMME TISON, revenant à elle.

Oh! mon Dieu! mon Dieu!

LE CHEVALIER.

Eh bien, tu es contente, malheureuse? Tu as tué ton enfant!

LA FEMME TISON.

Tué mon enfant? tué mon enfant?... Non! non! il n'est pas possible!

LE CHEVALIER.

Cela est ainsi, cependant, car ta fille est arrêtée!

LA FEMME TISON.

Oui, oui, arrêtée!... Je me le rappelle! Et on l'a conduite...?

LE CHEVALIER.

A la Conciergerie.

LA FEMME TISON.

Range-toi!... Et laisse-moi passer!

LE CHEVALIER.

Où vas-tu?

LA FEMME TISON.

A la Conciergerie.

LE CHEVALIER.

Qu'y vas-tu faire?

LA FEMME TISON.

La voir encore.

LE CHEVALIER.

On ne te laissera pas entrer...

LA FEMME TISON.

On me laissera bien coucher sur la porte! vivre là! dormir là!... J'y resterai jusqu'à ce qu'elle sorte... et je la verrai, au moins, encore une fois!

LE CHEVALIER.

Et si quelqu'un te promettait de te rendre ta fille?

LA FEMME TISON.

Que dites-vous?

LE CHEVALIER.

Je te demande... en supposant qu'un homme te propose de te rendre ta fille... si tu ferais ce que cet homme te dirait de faire?

LA FEMME TISON.

Tout pour ma fille! tout pour mon Héloïse! tout! tout! tout!

LE CHEVALIER.

Écoute: c'est Dieu qui te punit.

LA FEMME TISON.

Et de quoi?

LE CHEVALIER.

Des tortures que tu as infligées à une pauvre mère comme toi.

LA FEMME TISON.

De qui veux-tu parler? que veux-tu dire?

LE CHEVALIER.

Je veux dire que, par tes révélations et tes brutalités, tu as souvent conduit la prisonnière à deux doigts du désespoir, où tu marches toi-même en ce moment... Eh bien, Dieu te punit, en envoyant à la mort cette fille que tu aimes tant.

LA FEMME TISON.

Vous avez dit qu'il y avait un homme qui pouvait la sauver? Où est cet homme? que veut cet homme?... Voyons, que veut-il? que demande-t-il?

LE CHEVALIER.

Cet homme veut que tu cesses de persécuter la reine, que

tu lui demandes pardon des outrages que tu lui as faits, et que, si tu t'aperçois que cette femme, qui, elle aussi, a une fille qui souffre, qui pleure, qui se désespère, par une circonstance impossible, par quelque miracle du ciel, est sur le point de se sauver, au lieu de t'opposer à sa fuite, tu y aides de tout ton pouvoir.

LA FEMME TISON.

Écoute, citoyen... C'est toi qui es cet homme !

LE CHEVALIER.

Eh bien ?

LA FEMME TISON.

C'est toi qui promets de sauver mon enfant ? Me le promets-tu ? t'y engages-tu ? me jures-tu ?

LE CHEVALIER.

Tout ce qu'un homme peut faire pour sauver une femme, je le ferai pour sauver ta fille !

LA FEMME TISON.

Il ne peut pas la sauver ! il ne peut pas la sauver !... Il mentait lorsqu'il promettait de la sauver !

LE CHEVALIER.

Fais ce que tu pourras pour la reine, et je ferai ce que je pourrai pour ta fille !

LA FEMME TISON.

Eh ! que m'importe la reine, à moi ?... C'est une mère qui a une fille, voilà tout !... Mais, si l'on coupe la tête à quelqu'un, ce ne sera point à sa fille, ce sera à elle !... Qu'on me mène à l'échafaud, à condition qu'il ne tombera pas un cheveu de la tête de ma fille... et j'irai à l'échafaud en chantant !... Mourir ! mourir ! la belle affaire, pardieu !... Ah ! ah ! ah !...

(Elle commence des éclats de rire qu'elle termine par des sanglots.)

DIXMER.

Venez, venez, chevalier ! Il n'y a rien à faire avec cette femme.

LA FEMME TISON, l'arrêtant.

Ah ! tu ne t'éloigneras point comme cela !... On ne vient pas dire à une mère : « Fais ce que je veux, et je sauverai ton enfant, » pour lui dire après : « Peut-être !... » Voyons, la sauveras-tu ?

LE CHEVALIER.

Oui.

LA FEMME TISON.

Quand cela?

LE CHEVALIER.

Le jour où on la conduira de la Conciergerie à l'échafaud.

LA FEMME TISON.

Et pourquoi attendre?... Pourquoi pas ce soir? pourquoi pas cette nuit? pourquoi pas à l'instant même?

LE CHEVALIER.

Parce que je ne le puis pas.

LA FEMME TISON.

Oh! tu vois bien!... tu vois bien que tu ne peux pas!... Mais, moi, je peux!

LE CHEVALIER.

Que peux-tu?

LA FEMME TISON.

Je peux persécuter la prisonnière, comme tu l'appelles! Je peux surveiller la reine, comme tu dis, aristocrate que tu es! Je peux entrer à toute heure, jour et nuit, dans sa prison!... Et je ferai tout cela!... Quant à ce qu'elle se sauve, ah! nous verrons, nous verrons bien, puisqu'on ne veut pas sauver ma fille, si elle se sauvera, elle!... La prisonnière a été reine, je le sais bien! et Héloïse Tison n'est qu'une pauvre fille, je le sais bien encore!... Mais, sur la guillotine, nous sommes tous égaux! Tête pour tête, veux-tu?

LE CHEVALIER.

Eh bien, soit! sauve la reine, je sauve ta fille.

LA FEMME TISON.

Jure!

LE CHEVALIER.

Je le jure!

LA FEMME TISON.

Sur quoi?

LE CHEVALIER.

Dis toi-même.

LA FEMME TISON.

As-tu une fille?

LE CHEVALIER.

Non.

LA FEMME TISON.

Eh bien, sur quoi veux-tu jurer, alors?

LE CHEVALIER.

Je le jure sur Dieu!

LA FEMME TISON.

Bah! tu sais bien qu'ils ont dit qu'il n'y avait plus de Dieu.

LE CHEVALIER.

Je le jure par la tombe de mon père!

LA FEMME TISON.

Ne jure point par une tombe, cela lui porterait malheur!... Ah! mon Dieu! mon Dieu! quand je pense que, dans trois jours, moi aussi, je jurerai peut-être par la tombe de ma fille!... Ah! ma fille! ma pauvre Héloïse!

(Elle s'agenouille, à demi évanouie.)

DIXMER.

Il n'y a rien à faire avec cette femme. Elle est folle.

LE CHEVALIER.

Non, elle est mère.

DIXMER.

Venez, venez, venez.

(Ils s'éloignent.)

LA FEMME TISON, revenant à elle.

Où allez-vous?... Allez-vous sauver mon Héloïse? Attendez-moi, alors, je vais avec vous! Mais attendez-moi! attendez-moi donc!...

(Elle sort, courant après eux.)

ACTE TROISIÈME

SIXIÈME TABLEAU

L'appartement de Maurice.

SCÈNE PREMIÈRE

MAURICE, seul, à moitié couché sur un canapé.

Je m'y perds!... Il y a quelque abîme au fond de tout ceci! Geneviève mourante lorsque j'arrive chez elle... Geneviève en délire... appelant tour à tour Héloïse Tison et le chevalier de Maison-Rouge... Oui, sans doute, je comprenais bien la terreur de la pauvre femme quand elle a appris qu'innocemment, sans le savoir elle-même, elle avait servi d'intermédiaire dans toute cette intrigue... quand elle a su qu'Héloïse Tison avait été condamnée à mort... quand elle a appris enfin que ce caprice qu'elle avait eu de voir la prisonnière avait failli me coûter la tête... Mais, en me revoyant, tout était dit ! mais, en apprenant de ma bouche même que j'étais sauvé, elle n'avait plus rien à craindre... A demain... Elle m'a remis à demain... Demain, je la verrai seule... Demain, je saurai tout... (A Agésilas, qui entre.) Eh bien, que veux-tu, toi?

SCÈNE II

AGÉSILAS, MAURICE.

AGÉSILAS.

Ah citoyen ! citoyen !

MAURICE.

Eh bien ?

AGÉSILAS.

En voilà une fameuse, de conspiration...

MAURICE.

Encore ?

AGÉSILAS.

Oh ! si tu entendais ce qu'on dit... Ça fait dresser les cheveux sur la tête.

MAURICE.

Et que dit-on ?

AGÉSILAS.

Des ramifications, des ramifications !... Il y en avait !

MAURICE.

Et jusqu'où allaient ces ramifications ?

AGÉSILAS.

Partout ! d'abord, la fille Tison ; ensuite, la femme d'un tanneur, la citoyenne... la citoyenne... Ah ! je ne me rappelle plus son nom !

MAURICE.

Dixmer ?

AGÉSILAS.

La citoyenne Dixmer, c'est cela... Il paraît qu'elle avait séduit un municipal.

MAURICE.

Un municipal !... On dit cela ?

AGÉSILAS.

A telle enseigne, que le municipal a été conduit à la section, où, à force d'intrigues, les aristocrates ont fait prononcer son acquittement.

MAURICE.

Et dit-on le nom de ce municipal?

AGÉSILAS.

On ne me l'a pas dit à moi, du moins.

MAURICE.

Eh bien, tu le diras aux autres : ce municipal, c'est Maurice Linday.

AGÉSILAS.

Comment ! toi, citoyen ! toi le complice du chevalier de Maison-Rouge?

MAURICE.

Eh ! que diable le chevalier de Maison-Rouge a-t-il à faire dans tout cela?

AGÉSILAS.

Eh ! oui ! eh ! oui !... c'était le chevalier de Maison-Rouge qui menait tout.

MAURICE, à part.

Maison-Rouge !... Maison-Rouge, dont Geneviève a prononcé deux ou trois fois le nom... C'est à en devenir fou !...

(Bruit dans la rue.)

AGÉSILAS.

Tiens ! qu'est-ce que c'est que cela ? (Il va à la fenêtre.) On dirait comme une troupe qui passe... Ah ! c'est une patrouille ! Ah ! votre ami Lorin la commande. (Faisant un signe de la tête.) Il demande si nous sommes chez nous... Oui, oui, oui... monte citoyen Lorin...

MAURICE.

Monte-t-il ?

AGÉSILAS.

Le voici.

MAURICE.

C'est bien, laisse-nous.

AGÉSILAS.

Comment, que je vous laisse ?

MAURICE.

Sans doute...

AGÉSILAS.

C'est bon ! je l'appelle pour qu'il vienne causer avec nous, et tu me renvoies...

SCÈNE III

MAURICE, LORIN, AGÉSILAS.

LORIN, entrant.

Bonsoir, Maurice ! bonsoir, Agésilas !

AGÉSILAS.

A la bonne heure, lui !...

(Il prend une chaise.)

LORIN.

Mon cher Agésilas, tu es bien aimable, mais va-t'en !

AGÉSILAS.

Décidément, je ne pouvais y échapper...

SCÈNE IV

MAURICE, LORIN.

LORIN.

Enfin, c'est toi ! Morbleu ! ce n'est pas sans peine que je te rejoins.

Mais, puisque je retrouve un ami si fidèle...

MAURICE.

Que viens-tu donc faire par ici en patrouille?...

LORIN.

Ce que je viens faire par ici en patrouille?... Eh bien, je vais te le dire ; mon ami, il s'agit tout simplement de rétablir sur sa première base notre réputation ébranlée !... J'ai appris, aujourd'hui, à la section, deux grandes nouvelles.

MAURICE.

Lesquelles ?

LORIN.

La première, c'est que nous commençons, malgré notre acquittement triomphal, à être mal vus, toi et moi...

MAURICE.

Je le sais; après?

LORIN.

La seconde, c'est que toute la conspiration à l'œillet a été conduite par le chevalier de Maison-Rouge.

MAURICE.

Je le sais encore.

LORIN.

Ah! tu le sais encore?

MAURICE.

Oui.

LORIN.

Alors, passons à une troisième nouvelle... Tu ne la sais pas, celle-là, j'en suis sûr : c'est que nous allons prendre, ce soir, le chevalier de Maison-Rouge.

MAURICE.

Prendre le chevalier de Maison-Rouge?

LORIN.

Oui!

MAURICE.

Tu t'es donc fait gendarme?

LORIN.

Non; mais je suis patriote... Un patriote se doit à sa patrie... Or, ma patrie est abominablement ravagée par ce chevalier de Maison-Rouge, qui entasse complots sur complots... Et, la patrie m'ordonnant, à moi, de la débarrasser du susdit chevalier, qui la gêne... j'obéis à la patrie.

MAURICE.

C'est égal, Lorin, il est singulier que tu te charges d'une pareille commission...

LORIN.

Je ne m'en suis pas chargé... On m'en a chargé!... D'ailleurs, je dois dire que je l'eusse briguée, la commission. Il nous faut un coup éclatant pour nous réhabiliter, attendu que, pour nous, la réhabilitation, c'est la vie... Aussi, je suis venu te prendre en passant.

MAURICE.

Pour quoi faire?

LORIN.

Pour te mettre à la tête de l'expédition.

MAURICE.

Et qui m'a désigné?

LORIN.

Le général.

MAURICE.

Mais qui m'avait indiqué au général?

LORIN.

Moi!... Ainsi donc, en avant, marche!...

La Victoire, en chantant, nous ouvre la barrière.

MAURICE.

Mon cher Lorin, je suis désespéré, mais je ne me sens pas le moindre goût pour cette expédition... Tu diras que tu ne m'as pas rencontré.

LORIN.

Impossible!... tous nos hommes savent que tu étais chez toi, puisqu'ils ont vu Agésilas me faire signe.

MAURICE.

Eh bien, tu diras que tu m'as rencontré, mais que je n'ai pas voulu être des vôtres...

LORIN.

Impossible encore...

MAURICE.

Et pourquoi cela?

LORIN.

Parce que, cette fois, tu ne serais plus seulement ce qu'on t'accuse d'être : un tiède... mais tu deviendrais un suspect... Et tu sais ce qu'on en fait, des suspects : on les conduit sur la place de la Révolution, et, là, on les invite à saluer la statue de la Liberté; seulement, au lieu de la saluer avec le chapeau, ils la saluent avec la tête...

MAURICE.

Eh bien, Lorin, il arrivera ce qu'il pourra.

LORIN.

Comment?

MAURICE.

Oui, cela va te paraître étrange, peut-être ; mais, sur mon âme, je suis dégoûté de la vie.

(Il s'assied.)

LORIN.

Bon!... nous sommes en bisbille avec notre bien-aimée, et cela nous donne des idées mélancoliques!... Allons, bel Amadis, redevenons un homme... et, de là, nous passerons citoyen!... Moi, au contraire, je ne me sens jamais meilleur patriote que lorsque je suis en brouille avec la citoyenne Artémise... A propos, Sa Divinité la déesse Raison te dit des millions de choses gracieuses... Elle a été nommée déesse ce matin... à trois cents voix de majorité !

MAURICE.

Tu lui feras mes compliments, Lorin.

LORIN.

C'est tout ?

MAURICE.

Oui.

LORIN.

Tu ne viens pas ?

MAURICE.

Non.

LORIN.

Maurice, tu te perds.

MAURICE.

Eh bien, je me perds... D'ailleurs, qui vous dit que le chevalier de Maison-Rouge soit, en effet, le chef de la conspiration du souterrain ?

LORIN.

On le présume.

MAURICE.

Ah! vous procédez par induction ?

LORIN.

Pour moi, c'est une certitude.

MAURICE.

Comment arranges-tu tout cela ? Voyons, car enfin...

LORIN.

Écoute bien.

MAURICE.

J'écoute.

LORIN.

A peine ai-je entendu crier : « Grande conspiration découverte par le citoyen Rocher... » cette canaille de Rocher ! il est partout, le misérable !... que j'ai voulu juger de la vérité par moi-même. Or, on parlait d'un souterrain...

MAURICE.

Existe-t-il, seulement ?

LORIN.

S'il existe ?... Je l'ai vu, vu de mes yeux, vu, ce qui s'appelle vu !... Tiens ! pourquoi ne siffles-tu pas ?

MAURICE.

Parce que les circonstances me paraissent un peu graves pour plaisanter.

LORIN.

Eh bien, mais de quoi plaisante-t-on, si l'on ne plaisante pas des choses graves ?

MAURICE.

Tu dis donc que tu as vu ?...

LORIN.

Je répète que j'ai vu le souterrain, que je l'ai parcouru, et qu'il correspondait de la cave de la citoyenne Plumeau à une maison de la rue de la Corderie, n° 14 ou 16, je ne me rappelle plus bien.

MAURICE.

Il me semble qu'alors ceux que l'on eût dû arrêter d'abord étaient les habitants de cette maison de la rue de la Corderie...

LORIN.

C'est ce que l'on aurait fait aussi, si l'on n'eût pas trouvé la maison parfaitement dénuée de locataires.

MAURICE.

Mais, enfin, cette maison appartenait à quelqu'un.

LORIN.

Oui, à un nouveau propriétaire ; mais personne ne le connaissait : on savait que la maison avait changé de maître depuis huit ou dix jours, voilà tout... Les voisins avaient bien entendu du bruit ; mais, comme la maison était vieille, ils avaient cru qu'on travaillait aux réparations. Quant à l'autre propriétaire, il avait quitté Paris... A qui s'en prendre ?... J'arrive sur ces entrefaites. « Pardieu ! dis-je au général en le tirant à part, vous voilà bien embarrassés ! — C'est vrai, me répondit-il, nous le sommes ! — Cette maison a été vendue, n'est-ce pas? — Oui... — Vendue par-devant notaire? — Oui. — Eh bien, il faut chercher chez tous les notaires de Paris, afin de savoir lequel a vendu cette maison, et se faire communiquer l'acte ; on verra dessus le nom et le domicile de l'acheteur... — A la bonne heure, c'est un conseil cela ! s'écria le général ; et voilà un homme que l'on accuse d'être mauvais patriote !... Lorin ! Lorin ! je te réhabiliterai, ou le diable me brûle ! » Bref, ce qui fut dit fut fait : on chercha le notaire, on retrouva l'acte, le nom et le domicile de l'acquéreur... Alors, le général m'a tenu parole, et m'a accordé la faveur d'aller arrêter le coupable ; je partage avec toi cette faveur.

MAURICE.

Et cet homme, c'est le chevalier de Maison-Rouge ?

LORIN.

Non, son complice seulement.

MAURICE.

Ce n'est pas le chevalier de Maison-Rouge ?

LORIN.

Non, te dis-je ; mais on l'a reconnu, suivi et perdu dans les environs du domicile de notre propriétaire de la rue de la Corderie... Viens avec nous, viens !

MAURICE.

Mais, encore une fois, non !

LORIN.

Réfléchis.

MAURICE.

Mes réflexions sont faites.

LORIN.

Je ne t'ai pas tout répété.

MAURICE.

Tout quoi ?

LORIN.

Tout ce qu'a dit le général.

MAURICE.

Que t'a-t-il dit ?

LORIN.

Quand je t'ai désigné pour le chef de l'expédition, il m'a dit : « Prends garde à Maurice ! »

MAURICE.

A moi ?

LORIN.

A toi... « Maurice, a-t-il ajouté, va bien souvent dans ce quartier-là ! »

MAURICE.

Dans quel quartier ?

LORIN.

Dans celui de Maison-Rouge.

MAURICE.

Et dans quel quartier demeure donc Maison-Rouge ?

LORIN.

Vieille rue Jacques.

MAURICE.

Comment, vieille rue Jacques ?

LORIN.

C'est là que loge l'acheteur de la maison de la rue de la Corderie.

MAURICE.

Oh ! mon Dieu !

LORIN.

Qu'as-tu ?

MAURICE.

Rien... Et cet acheteur ?

LORIN.

Un maître tanneur, je crois.

MAURICE.

Son nom ?

LORIN.

Dixmer.

MAURICE.

Dixmer ? Lorin, je vais avec vous.

LORIN, à part.

Oh ! je savais bien que tu viendrais, quand je te nommerais Dixmer. (Haut.) A la bonne heure !

MAURICE.

Agésilas !

AGÉSILAS, paraissant.

Citoyen ?

MAURICE.

Mon sabre, mes pistolets !... Le chevalier dans la maison de Dixmer !... Viens, Lorin !...

(Il s'élance hors de l'appartement.)

SEPTIÈME TABLEAU

Le jardin de Dixmer (nuit). Le pavillon plus grand. La serre dans la coulisse.

SCÈNE PREMIÈRE

DIXMER ET LE CHEVALIER, près de la porte du fond ; GENEVIÈVE, dans le pavillon, la tête entre ses deux mains.

DIXMER.

Heureusement, mon nom seul est sur l'acte de vente de la maison qui avoisine le Temple ; je suis donc seul compromis ; sans cela, je ne consentirais jamais à vous quitter d'une minute. Je vous recommande Geneviève !...

LE CHEVALIER.

Soyez tranquille ; d'ailleurs, nous-mêmes, dans une heure, nous serons loin d'ici !...

DIXMER.

Demain, toute la journée à Charenton, chez le vicomte !...

LE CHEVALIER.

Très-bien !...

DIXMER.

Et puis je ne m'éloigne d'ici qu'à la dernière extrémité.

LE CHEVALIER.

Adieu !...

(Dixmer sort par la porte du fond.)

SCÈNE II

LE CHEVALIER, entrant dans le pavillon ; GENEVIÈVE.

LE CHEVALIER, s'arrêtant derrière elle.

Geneviève !...

GENEVIÈVE.

Mon ami !...

LE CHEVALIER.

Vous êtes forte, n'est-ce pas ?

GENEVIÈVE.
Oh! mon Dieu! vous me faites peur.
LE CHEVALIER.
Appelez toute votre force à votre aide... On est sur les traces de votre mari...
GENEVIÈVE.
Eh! qu'est-il devenu?...
LE CHEVALIER.
Sauvé!... Des adieux l'eussent retenu trop longtemps près de vous. D'ailleurs, nous allons le rejoindre!...
GENEVIÈVE.
Où cela?
LE CHEVALIER.
Où l'on rejoint les exilés... Nul ne peut le dire!...
GENEVIÈVE.
Et nous partons?...
LE CHEVALIER.
Le temps de brûler quelques papiers, voilà tout... J'entre dans cette chambre... Faites vos préparatifs, Geneviève.

(Il sort.)

SCÈNE III

GENEVIÈVE, seule.

Oh! mon Dieu, partir ainsi, sans le voir! Si je lui écrivais... Mais par qui lui faire porter cette lettre? Il est déjà bien assez compromis... grâce à moi! Oh! que va-t-il se passer?... que va-t-il dire?... Moi qui lui avais donné rendez-vous pour demain! il va croire que mon amour n'était qu'un calcul! il va croire que je ne l'ai attiré ici que pour le perdre!... Oh! j'eusse dû résister!... Mon Dieu, Maurice! Maurice!...

SCÈNE IV

GENEVIÈVE, dans le pavillon; MAURICE, apparaissant au-dessus du mur; LORIN, de l'autre côté du mur.

MAURICE.
C'est bien, gardez les entrées; placez six hommes sûrs, à

la sortie du pavillon, les autres dans les encoignures des portes ; surtout, n'allez pas dégarnir les passages, et ne venez pas sans que je vous appelle ; moi, je vais sauter par-dessus le mur et veiller dans le jardin.

LORIN.

A merveille, et, s'il en est besoin, de l'intérieur, tu nous ouvriras.

MAURICE.

Oui, d'autant plus que, d'ici, je vois tout ce qui se passe.

LORIN.

Tu connais donc la maison?

MAURICE, avec hésitation.

Autrefois, j'ai voulu l'acheter... Allez!... allez!...

LORIN.

Eh bien, attends donc!...

MAURICE.

Quoi?

LORIN.

Et le mot d'ordre?

MAURICE.

C'est juste!...

LORIN.

Œillet et Souterrain. Arrête tous ceux qui ne te diront pas ces deux mots, laisse passer tous ceux qui te les diront, voilà la consigne!...

MAURICE.

Merci!

(Il saute dans le jardin.)

SCÈNE V

MAURICE, dans le jardin ; GENEVIÈVE, dans le pavillon ; puis
LE CHEVALIER.

C'est bien ici!... Ainsi, elle me trompait! tout son amour n'était qu'une feinte, qu'un moyen d'arriver à son but. Pauvre insensé que j'étais!... Ah! il y a de la lumière dans ce pavillon... Que fait-elle?...

(Il cherche à voir au travers des persiennes.)

LE CHEVALIER, de la chambre voisine.

Tout est brûlé. Êtes-vous prête, Geneviève?

GENEVIÈVE.

Oh! mon Dieu!... il faut donc partir?...

LE CHEVALIER.

Il le faut!...

GENEVIÈVE.

Oh! je ne pourrai jamais!...

MAURICE.

Quelqu'un avec Geneviève... Ce n'est pas la voix de Dixmer.

LE CHEVALIER.

Du courage, ma sœur!

GENEVIÈVE.

Oh! vous ne savez pas tout ce que je souffre à quitter cette maison, à m'éloigner de Paris.

LE CHEVALIER.

Nous allons retrouver Dixmer!...

GENEVIÈVE.

Mon mari, lui qui m'a abandonnée... qui me laisse ici... seule...

LE CHEVALIER.

Seule... avec moi ?

GENEVIÈVE.

Seule avec mon désespoir... avec une pensée qui me dévore, qui me tue.

LE CHEVALIER.

Geneviève, cette exaltation m'effraye... Il s'agissait, pour Dixmer, de la vie!...

GENEVIÈVE.

De la vie... Et pour moi, mon Dieu!... Tenez, le cri de douleur qui s'échappe enfin de ma poitrine, c'est le cri de la conscience... Cependant, non, je n'ai rien à me reprocher; mais mon mari...

LE CHEVALIER.

Oui, je le sais, il aurait dû vous épargner, il aurait dû penser qu'une femme...

GENEVIÈVE.

Oh! il a été bien coupable et bien lâche!

LE CHEVALIER.

Geneviève, vous, si indulgente, si résignée, reprocher avec tant d'amertume à Dixmer les angoisses que vous avez subies pour notre cause!...

GENEVIÈVE.

Oh! ce n'est pas cela que je lui reproche!...

LE CHEVALIER.

A-t-il donc d'autres torts envers vous?...

GENEVIÈVE.

Quoi! vous n'avez pas compris? Vous n'avez donc rien vu : mes luttes, mes combats, mes larmes, ma résistance, enfin?...

LE CHEVALIER.

Votre résistance?...

GENEVIÈVE.

Eh bien, à vous, mon ami, à vous, mon frère, je veux tout dire... Sachez donc...

MAURICE, repoussant la fenêtre et s'élançant dans l'appartement.

Oh! c'est trop souffrir!...

GENEVIÈVE, poussant un cri.

Quelqu'un!...

LE CHEVALIER, appuyant deux pistolets sur la poitrine de Maurice.

Un pas de plus, vous êtes mort.

GENEVIÈVE, reconnaissant Maurice.

Maurice!...

MAURICE, croisant les bras.

Monsieur, vous êtes le chevalier de Maison-Rouge?...

LE CHEVALIER.

Et quand cela serait?...

MAURICE.

C'est que, si cela est, vous êtes un homme brave et, par conséquent, calme... et je vais vous dire deux mots...

LE CHEVALIER.

Parlez!...

MAURICE.

Vous pouvez me tuer; mais vous ne me tuerez pas avant que j'aie poussé un cri, ou plutôt, je ne mourrai point sans l'avoir poussé... Si je pousse ce cri, trois cents hommes qui cernent cette maison l'auront réduite en cendres avant dix minutes; ainsi, abaissez vos pistolets, et écoutez ce que je vais dire à madame!...

LE CHEVALIER.

A Geneviève?...

GENEVIÈVE.

A moi?...

MAURICE.

Vous souvenez-vous, madame, qu'un jour, je vous ai exprimé mon étonnement, et, pourquoi ne pas l'avouer? mon inquiétude en voyant l'assiduité de M. Morand auprès de vous?... Vous rappelez-vous ce que vous m'avez répondu, madame?...

GENEVIÈVE.

Je vous ai dit, Maurice, que je n'aimais pas M. Morand.

MAURICE.

Je vois, maintenant, que vous aviez dit vrai : en effet, vous n'aimez pas M. Morand.

GENEVIÈVE.

Maurice, écoutez-moi !...

MAURICE.

Je n'ai rien à entendre, madame; vous m'avez trompé !...

LE CHEVALIER.

Trompé ?...

MAURICE.

Vous avez brisé d'un seul coup tous les liens qui scellaient mon cœur au vôtre.

LE CHEVALIER.

Ils s'aimaient !

MAURICE.

Vous avez dit que vous n'aimiez pas M. Morand ; mais vous n'avez pas dit que vous en aimiez un autre !...

LE CHEVALIER.

Monsieur, que parlez-vous de Morand, ou plutôt, de quel Morand parlez vous ?...

MAURICE.

De Morand, l'associé de Dixmer.

LE CHEVALIER.

Eh ! monsieur, Morand et le chevalier de Maison-Rouge ne font qu'un. Morand est devant vous !

MAURICE.

Ah ! en effet... je comprends, vous n'aimiez pas Morand, madame, puisque Morand n'existe pas !... Mais le subterfuge, pour être plus adroit, n'en est pas moins méprisable !...

LE CHEVALIER.

Monsieur...

MAURICE.

Veuillez me laisser causer un instant avec madame, veuillez

même assister à cet entretien ; il ne sera pas long, je vous en réponds...

GENEVIÈVE.

Chevalier, je vous en prie...

MAURICE.

Ainsi, vous, Geneviève, vous !... vous m'avez rendu la risée de vos amis, l'exécration des miens ; vous m'avez fait servir, aveugle que j'étais, à tous vos complots ; vous avez tiré de moi l'utilité qu'on tire d'un instrument ! Écoutez, c'est une action infâme ! mais vous en serez punie !... car monsieur que voilà va me tuer sous vos yeux ! mais, avant cinq minutes, il sera là, lui aussi, gisant à vos pieds !... ou, s'il vit, ce sera pour porter sa tête sur l'échafaud !...

GENEVIÈVE.

Lui, mourir ? lui porter sa tête sur l'échafaud ?... Vous ne savez donc pas, Maurice, que, lui, c'est mon protecteur, c'est mon frère ; que je donnerais ma vie pour la sienne ; que, s'il meurt, je mourrai ?

MAURICE, se retournant vers le Chevalier.

Allons, monsieur, il faut me tuer ou mourir...

LE CHEVALIER.

Pourquoi cela ?

MAURICE.

Parce que, si vous ne me tuez pas, je vous arrête.

(Il étend la main.)

LE CHEVALIER.

Je ne vous disputerai pas ma vie, monsieur. Tenez...

(Il jette ses pistolets.)

MAURICE.

Et pourquoi ne vous défendez-vous pas ?

LE CHEVALIER.

Parce que ma vie ne vaut pas la peine que j'éprouverais à tuer un galant homme !

GENEVIÈVE.

Oh ! vous êtes toujours bon, grand et généreux, chevalier !

LE CHEVALIER.

Tenez, monsieur, je rentre dans ma chambre ; je vous jure que ce n'est pas pour fuir ; c'est pour cacher un portrait qui, si je suis pris, ne doit pas, ne peut pas être trouvé sur moi.

MAURICE.

Un portrait?... Prétexte!

LE CHEVALIER.

Allons, monsieur, je sais que vous êtes mon ennemi ; mais je ne doute pas, moi, que vous ne soyez un cœur franc et loyal ! je me confierai à vous jusqu'à la fin.

(Il lui montre un portrait.)

MAURICE.

La reine !

GENEVIÈVE.

Rappelez-vous cette demande que vous m'avez faite, en riant, au Temple, Maurice : « Est-ce que ce serait de la reine que Morand est amoureux ? »

MAURICE.

Oh ! mon Dieu !

LE CHEVALIER.

J'attends vos ordres, monsieur ; si vous persistez à vouloir mon arrestation, vous frapperez à cette porte... quand il sera temps que je me livre. Je ne tiens plus à la vie, du moment que cette vie n'est plus soutenue par l'espérance que j'avais...

(Il sort.)

SCÈNE VI

GENEVIÈVE, MAURICE.

GENEVIÈVE, se laissant glisser à genoux.

Pardon, Maurice, pardon pour tout le mal que je vous ai fait !... pardon, pour mes tromperies !... pardon, au nom de vos souffrances et de mes larmes !... car, je vous le jure, j'ai bien pleuré !... j'ai bien souffert !... Mon mari est parti... je ne sais pas si je le reverrai jamais... Et, maintenant, un seul ami me reste... non pas un ami, un frère... et vous allez me le tuer !... Pardon, Maurice, pardon !...

MAURICE.

Que voulez-vous ! il y a de ces fatalités-là... Tout le monde joue sa vie à cette heure... Le chevalier de Maison-Rouge a joué comme les autres... Il a perdu... Maintenant, il faut qu'il paye !

GENEVIÈVE.

C'est-à-dire qu'il meure?

MAURICE.

Oui!...

GENEVIÈVE.

Et c'est vous qui me dites cela, vous, Maurice?...

MAURICE.

Ce n'est pas moi, c'est la fatalité!...

GENEVIÈVE.

La fatalité n'a pas prononcé son dernier mot, puisque vous pouvez le sauver, vous!...

MAURICE.

Aux dépens de ma parole, et, par conséquent, de mon honneur!... Je comprends, Geneviève.

GENEVIÈVE.

Fermez les yeux, Maurice!... Voilà tout ce que je vous demande, et ma reconnaissance...

MAURICE.

Je fermerais inutilement les yeux, madame ; il y a un mot d'ordre donné... un mot d'ordre sans lequel personne ne peut sortir ; car, je vous le répète, la maison est cernée!...

GENEVIÈVE.

Et vous le savez, ce mot d'ordre?...

MAURICE.

Sans doute que je le sais.

GENEVIÈVE.

Maurice!...

MAURICE.

Eh bien?...

GENEVIÈVE.

Mon ami, mon cher Maurice!... ce mot d'ordre, dites-le moi, il me le faut!...

MAURICE.

Geneviève, Geneviève!... qui êtes-vous donc?... et quelle puissance croyez-vous avoir conquise sur moi, pour me venir dire : « Maurice, sois sans honneur, sans parole; trahis ta cause, tes opinions; mens, renie?... » Que m'offrez-vous, Geneviève, en échange de tout cela... vous qui me tentez ainsi?...

GENEVIÈVE.

Oh! Maurice, Maurice!... sauvez-le... et, ensuite, demandez-moi ma vie!...

MAURICE.

Geneviève, écoutez-moi!... J'ai un pied dans le chemin de l'infamie... Pour y engager l'autre, je veux du moins avoir une bonne raison contre moi-même... Geneviève, jurez-moi que vous n'aimez pas le chevalier de Maison-Rouge.

GENEVIÈVE.

J'aime le chevalier de Maison-Rouge comme un frère, comme un ami, pas autrement, je vous le jure!...

MAURICE.

Mais, moi, Geneviève, m'aimez-vous?

GENEVIÈVE.

Maurice!...

MAURICE.

Si je fais ce que vous me demandez, abandonnerez-vous parents, amis, patrie, pour fuir avec le traître?...

GENEVIÈVE.

Maurice, Maurice...

MAURICE.

Abandonnerez-vous tout cela?... Oh! répondez vite, nous n'avons pas de temps à perdre!...

GENEVIÈVE.

Oh! mon Dieu! mon Dieu!...

MAURICE, avec rage.

Elle hésite!... elle hésite!...

GENEVIÈVE.

Non, non, je n'hésite pas, Maurice; sauvez le chevalier! sauvez-le... et puis ordonnez!...

MAURICE.

Oh! pas ainsi! ne jure pas ainsi, ou je n'accepte pas ton serment! Ce n'est pas un sacrifice, ce n'est pas du désespoir que je veux, c'est ton amour.

GENEVIÈVE.

Eh bien, je t'aime, Maurice, je t'aime! mais sauve-le! je mourrai avec toi, je mourrai pour toi, mais sauve-le!... sauve-le!...

MAURICE, allant à la porte de la chambre.

Madame, le chevalier est libre... Qu'il prenne le costume du tanneur Morand... Je lui rends sa parole... Voici les mots de passe: *OEillet et Souterrain*... Allez les lui porter vous-même!...

GENEVIÈVE, s'élançant dans le cabinet.

Oh! merci!...

SCÈNE VII

MAURICE, LORIN.

On frappe à la porte du jardin.

MAURICE.

Je puis ouvrir maintenant.

(Maurice va ouvrir; Lorin paraît sur le perron.)

LORIN.

Eh bien?

MAURICE.

Vous le voyez, je suis à mon poste!...

LORIN.

Et personne n'a tenté de forcer la consigne?...

MAURICE.

Personne!...

LORIN.

Bien!... (A la porte du fond, qu'il ouvre.) Entrez, vous autres; par ici, la chambre est là. Veillez bien sur les fenêtres, et, si quelqu'un tentait de s'évader, faites feu... Bien... (Il entre et revient.) Personne!... personne!... il n'est pas dans ce pavillon!

MAURICE, balbutiant.

Il se sera échappé!

LORIN.

Impossible! il est rentré il y a une heure, personne ne l'a vu sortir, les issues sont gardées, et il n'a pas le mot de passe. Il se cache peut-être dans la chambre de la citoyenne...

TOUS.

Entrons!...

MAURICE.

Citoyens, respectez la chambre d'une femme!...

LORIN.

On respectera la femme; on visitera la chambre!...

MAURICE.

Alors, laissez-moi passer le premier...

LORIN.

Passe, tu es capitaine.

MAURICE, entrant chez Geneviève.

Venez, citoyenne! ne craignez rien, vous êtes sous ma sauvegarde... Partie aussi!..

TOUS.

Partie?

LORIN.

Courez tous, fouillez la maison, saccagez, brûlez! mais, morts ou vifs, retrouvez-les... (Tous courent dans la direction de la rue.) Maurice, comment se fait-il qu'ils aient pu passer?...

MAURICE.

Malheur à moi, qui ne les ai pas tués tous les deux!

(Lorin entraîne Maurice.)

HUITIÈME TABLEAU

La chambre de Maurice.

SCÈNE PREMIÈRE

LORIN, MAURICE, AGÉSILAS.

AGÉSILAS, à Maurice.

Citoyen Maurice!...

MAURICE.

C'est bien!...

AGÉSILAS.

C'est que je voulais te dire...

MAURICE.

Plus tard...

AGÉSILAS.

Que, pendant ton absence...

MAURICE.

Morbleu!...

AGÉSILAS.

C'est bien, citoyen, c'est bien!...

SCÈNE II

MAURICE, LORIN.

MAURICE.

Eh bien, maintenant que nous voilà seuls, parle; qu'avais-tu à me dire?

LORIN.

Écoute, cher ami; sans exorde, sans périphrase, sans commentaire, je te dirai une chose: c'est que tu te perds, ou plutôt, c'est que nous sommes perdus!

MAURICE.

Comment cela?... qu'y a-t-il?...

LORIN.

Il y a, tendre ami, qu'il existe certain arrêté du comité de salut public qui déclare traître à la patrie quiconque entretient des relations avec les ennemis de ladite patrie... Hein! connais-tu cet arrêté?

MAURICE.

Sans doute.

LORIN.

Tu le connais?

MAURICE.

Oui.

LORIN.

Eh bien, il me semble que tu n'es pas mal traître à la patrie. Qu'en dis-tu? comme dit Manlius, dans la tragédie du citoyen Lafosse...

MAURICE.

Lorin!

LORIN.

Sans doute; à moins que tu ne regardes toutefois comme idolâtrant la patrie ceux qui donnent le logement, la table et le lit à M. le chevalier de Maison-Rouge, lequel n'est point un exalté républicain, à ce que je suppose, et n'est pas accusé, pour le moment, d'avoir fait les journées de septembre!...

MAURICE.

Lorin, je ne te comprends pas.

LORIN.

Maurice, tu vas comprendre. Te rappelles-tu cette chambre de la rue Saint-Jacques?

MAURICE.

Où nous n'avons trouvé personne ?

LORIN.

Qu'un portrait.

MAURICE.

Eh bien ?

LORIN.

Un portrait de femme !

MAURICE.

Après ?

LORIN.

Après ? Cette femme était la même que tu tenais au bras dans la cour du Temple, et qui a donné l'œillet à la reine; ce qui fait, mon cher ami, que tu me parais avoir été... ou être encore, un peu trop ami de l'ennemie de la patrie !... Allons, allons, ne te révolte pas; en vérité, tu es comme feu Encelade : tu remuerais une montagne quand tu te retournes. Je te le répète donc, ne te révolte pas, et avoue tout bonnement que tu étais en relations avec ces aristocrates.

MAURICE.

Eh bien, que t'importe :...

LORIN.

Cela m'importe infiniment, cher ami ! Oh ! si nous vivions dans une de ces températures de serre chaude, température honnête, où, selon les règles de la botanique, le baromètre marque invariablement seize degrés, je te dirais : « Mon cher Maurice, c'est élégant, c'est comme il faut, soyons un peu aristocrates de temps en temps, cela fait bien, cela sent bon. » Mais nous cuisons aujourd'hui dans cinquante ou cinquante-cinq degrés de chaleur... la terre brûle !... de sorte que, lorsqu'on n'est que tiède, par cette chaleur-là, on semble froid... que, lorsqu'on est froid, on est suspect, et que, quand on est suspect, on est mort...

MAURICE.

Eh bien, donc, qu'on me tue, et que cela finisse ! aussi bien, je suis las de la vie, je te l'ai déjà dit.

LORIN.

Je ne suis pas encore assez convaincu pour te laisser faire ta volonté sur ce point-là... Puis, lorsqu'on meurt aujourd'hui, il faut mourir républicain, tandis que, toi, tu mourrais aristocrate !

MAURICE.

Oh! oh! tu vas trop loin, cher ami!

LORIN.

J'irai plus loin encore; car je te préviens que, s'il m'est complétement démontré que tu te fais réellement aristocrate...

MAURICE.

Tu me dénonceras?...

LORIN.

Non, non, non; je t'enfermerai dans quelque cave, et je te ferai chercher au son du tambour comme un objet égaré... Puis je proclamerai que les aristocrates, sachant ce que tu leur réservais, t'ont séquestré, martyrisé, affamé, de sorte que, comme le prévôt Élie de Beaumont, M. de Latude et autres, lorsqu'on te retrouvera, l'orchestre des Quinze-Vingts te donnera des aubades; au coin de chaque rue, on chantera tes souffrances sur l'air *Te bien aimer, ô ma tendre Zélie*; et enfin, tu seras couronné de fleurs par toutes les dames de la halle et les chiffonniers de la section Victor. Ainsi dépêche-toi de redevenir bon patriote, ou ton affaire est claire.

MAURICE.

Lorin, Lorin, je sens que tu as raison; mais je suis entraîné, je glisse sur la pente... M'en veux-tu, parce que la fatalité m'entraîne?

LORIN.

Je ne t'en veux pas; mais je te querelle. Que diable! rappelle-toi un peu les scènes que Pylade faisait journellement à Oreste; ces modèles des amis se querellaient du matin au soir.

MAURICE.

Tiens, Lorin, abandonne-moi, tu feras mieux.

LORIN.

Niais, va!

MAURICE.

Alors, laisse-moi aimer, être fou à mon aise. Mon ami, mon ami, tu ne sais pas ce que cette femme me coûte!...

LORIN.

Eh! je m'en doute bien. Tiens, Maurice, faisons des motions, étudions l'économie politique, demandons la loi agraire, devenons théosophes, magnétiseurs, charlatans, ivrognes même! mais, pour l'amour de Jupiter, ne soyons pas amoureux... N'aimons que la liberté, ou la raison!...

MAURICE.

Merci, mon pauvre Lorin, j'apprécie ton dévouement; mais le moyen de me consoler, vois-tu, c'est de me laisser tout entier à ma douleur. O Geneviève!... Geneviève!...

LORIN.

Eh bien?

MAURICE.

Je ne l'aurais pas crue capable d'une pareille trahison!...

LORIN.

Maurice,

> Souvent femme varie;
> Bien fol est qui s'y fie!

Médite ces deux vers, Maurice : ils sont d'un tyran qui aimait beaucoup les femmes, et qui est mort pour les avoir trop aimées.

MAURICE.

Bonsoir, Lorin!...

LORIN.

Allons, décidément, tu me chasses? Bonsoir! je vais me débarrasser de tout cela; mais je reviendrai; souviens-toi que je veux tout savoir... Il me faut une confidence entière, et, si, comme j'en ai peur, tu t'es fourré dans quelque guêpier, je trouverai bien le moyen de te sauver... Aie confiance en moi.

> Est-il quelque malheur que l'amitié n'efface!...

Au revoir! au revoir!...

MAURICE.

Bonsoir!... (Lorin sort. — Seul.) Brave garçon!... Geneviève, ce Maison-Rouge... fuir avec lui! elle, me trahir, quand je les sauvais!... Oh! si je la retrouve, je la tuerai!...

SCÈNE III

MAURICE, AGÉSILAS.

AGÉSILAS, s'assurant que Lorin est sorti, et allant fermer la porte.

Voyons, citoyen Maurice, es-tu plus calme? peut-on te parler?

MAURICE.

Que me veux-tu ?

AGÉSILAS.

Il faut bien que je réponde quelque chose à la petite dame qui t'attend !

MAURICE.

Je ne connais personne, et, si tu as reçu quelqu'un, tu as eu tort !...

AGÉSILAS.

Oh ! citoyen, la pauvre citoyenne était déjà bien triste ; ce que tu dis là va la mettre au désespoir !...

MAURICE.

Mais enfin quelle est cette femme ?

AGÉSILAS.

Citoyen, je n'ai pas vu son visage ; elle t nveloppée d'une mante, et elle pleure, voilà tout ce que e ais...

MAURICE.

Elle pleure ?... Où est-elle ?

SCÈNE IV

Les Mêmes, GENEVIÈVE, qui ouvre la porte et paraît.

MAURICE.

Geneviève !... vous, Geneviève ! (A Agésilas.) Veille à cette porte ; que personne n'entre, pas même Lorin. (Agésilas sort.) Oh ! Geneviève, Geneviève ! suis-je donc fou, mon Dieu ?...

SCÈNE V

MAURICE, GENEVIÈVE.

GENEVIÈVE.

Non, non, vous avez toute votre raison, mon ami !... Je vous ai promis d'abandonner amis, parents, famille, si vous sauviez le chevalier de Maison-Rouge : vous l'avez sauvé, me voici !...

MAURICE.

Geneviève, Geneviève, ce n'est donc qu'une promesse accomplie !... Geneviève, vous ne m'aimez donc pas ?...

GENEVIÈVE.

Mon Dieu ! celui qu'on croyait le meilleur sera-t-il toujours égoïste ?...

MAURICE.

Égoïste ! Geneviève, que voulez-vous dire ?...

GENEVIÈVE.

Mais vous ne comprenez donc pas, mon ami ?... Mon mari en fuite, mon frère proscrit, ma maison en flammes, tout cela dans une nuit...

MAURICE.

Ainsi, vous êtes venue, vous voilà !... vous ne me quitterez plus !...

GENEVIÈVE.

Où serais-je allée ?... ai-je un abri, un asile, un protecteur autre que celui qui a mis un prix à sa protection ?... Oh ! furieuse et folle, Maurice, j'ai franchi le pont Neuf... et, en passant je me suis arrêtée pour voir l'eau sombre bruire à l'angle des arches... Cela m'attirait, me fascinait !... « Là, pour toi, me disais-je, pauvre femme, là, est un abri !... là est le repos inviolable !... là est l'oubli !... »

MAURICE.

Geneviève, Geneviève, vous avez dit cela ? Vous ne m'aimez point ?...

GENEVIÈVE.

Je l'ai dit, je l'ai dit, et pourtant je suis venue !...

MAURICE.

Geneviève, ne pleurez plus !... Un mot, un seul ! dites-moi que ce n'est point la violence de mes menaces qui vous a amenée ici ; dites-moi que, quand même vous ne m'eussiez point vu ce soir, en vous trouvant isolée, sans asile, vous y fussiez venue... et acceptez le serment que je vous fais, de vous délier du serment que je vous ai forcée de faire !...

GENEVIÈVE.

Généreux !... O mon Dieu !... je vous remercie... il est généreux !...

MAURICE.

Geneviève, voulez-vous être chez un frère seulement... et que ce frère s'éloigne les mains jointes, franchisse le seuil sans retourner la tête ? Eh bien, dites un mot, faites un signe !... et vous allez me voir m'éloigner, et vous serez seule, et vous serez libre ; mais, au contraire, Geneviève, et cela sera plus juste, je vous jure !... voulez-vous vous souvenir que je vous ai tant aimée, que j'ai, pour cet amour, trahi tous les miens ; que je me suis rendu odieux et vil à moi-même ? voulez-vous songer à tout ce que l'avenir nous garde de bonheur, à la force et à l'énergie qu'il y a dans notre jeunesse... et dans notre amour, pour défendre ce bonheur qui commence ?... (Il s'agenouille.) O Geneviève, toi qui es un ange de bonté, veux-tu, dis, veux-tu rendre un homme si heureux, qu'il ne regrette plus la vie, et qu'il ne désire plus le bonheur éternel ?... Alors, au lieu de me repousser, souris-moi, Geneviève ! laisse-moi appuyer ta main sur mon cœur, penche-toi vers celui qui t'aspire de toute sa puissance, de tous ses vœux, de toute son âme !... Geneviève ! mon amour ! ma vie ! Geneviève, ne reprends pas ton serment !...

GENEVIÈVE, détournant la tête.

Mon ami !...

MAURICE.

Oh ! tu pleures, Geneviève... tu pleures ! Rassure-toi ; non, non, jamais je n'imposerai l'amour à une douleur dédaigneuse !... jamais mes lèvres ne se souilleront d'un baiser qu'attristerait une seule larme de regret !

(Il veut s'éloigner.)

GENEVIÈVE.

Oh ! ne m'abandonne pas, Maurice ; je n'ai que toi seul au monde !...

MAURICE.

Merci, merci, Geneviève ! Eh bien, alors, écoute, mon amour !... pas un instant à perdre ! écoute : je connais toutes les délicatesses de ton cœur ; il doit t'en coûter de rester en France, n'est-ce pas ?

GENEVIÈVE.

Oh ! il me semble qu'en quittant la France, je n'aurais plus de remords... qu'en vivant sous d'autres cieux, j'oublierais...

MAURICE.

Geneviève, nous quitterons Paris ce soir, et, dans trois jours, la France. Geneviève, rien ne me coûtera, je ne dirai point pour te faire heureuse, mais calme, tranquille ; partons !... ce soir !... à l'instant !

GENEVIÈVE.

Oui ; mais comment fuir ?... comment quitter Paris ? On

n'échappe point facilement aujourd'hui aux poignards du 2 septembre !...

MAURICE.

Geneviève, Dieu est pour nous, et je vais t'en donner une preuve; écoute! Une bonne action que j'ai voulu faire, à propos de ce 2 septembre, dont tu parlais tout à l'heure, va porter sa récompense aujourd'hui. J'avais le désir de sauver un pauvre prêtre qui avait étudié avec moi; j'allai trouver Danton, et, sur sa demande, le comité de salut public signa un passe-port pour ce malheureux et pour sa sœur. Ce passe-port, Danton me le remit; mais le malheureux prêtre, au lieu de le venir chercher chez moi, comme je le lui avais recommandé, a été s'enfermer à l'Abbaye, où il est mort !...

GENEVIÈVE.

Et ce passe-port ?...

MAURICE.

Il est là, le voici, je l'ai toujours; il vaut un million, il vaut plus que cela, Geneviève : il vaut la vie !... il vaut l'amour !... il vaut le bonheur !

GENEVIÈVE.

Mon Dieu ! mon Dieu ! soyez béni ! Mais, Maurice, il ne faut pas qu'on sache que nous partons...

MAURICE.

Personne ne le saura. Je cours chez Lorin ; il a un cabriolet; moi, j'ai un cheval. C'est tout ce qu'il nous faut pour gagner Abbeville ou Boulogne. Toi, reste ici, Geneviève, et prépare toutes choses pour le départ; nous avons besoin de peu de bagages. En Angleterre, nous achèterons ce qui nous manquera. Je vais donner à Agésilas une commission qui l'éloigne ; ce soir, Lorin lui explique notre départ, et, demain, nous sommes déjà loin. Je pourrais bien, en passant au comité, me faire donner quelque mission pour Abbeville... Mais pas de supercherie, n'est-ce pas, Geneviève ?... Gagnons notre bonheur au risque de notre vie !...

GENEVIÈVE.

Oh! oui, oui, mon ami !... et nous réussirons !...

(Maurice, en remettant le passe-port dans son portefeuille, laisse tomber un bouquet.)

GENEVIÈVE.

Qu'est-ce que ce bouquet, Maurice?

MAURICE.

Geneviève, hier, comptant te voir, j'avais acheté ces violettes pour te les donner; mais il s'est passé tant d'événements, que le pauvre bouquet s'est fané sur mon cœur.

GENEVIÈVE.

Donne-le-moi, Maurice, puisqu'il était pour moi... Ah!...

MAURICE.

Qu'as-tu?...

GENEVIÈVE.

Toutes les fois que je vois ou respire une fleur, je pense cette pauvre Héloïse.

MAURICE.

Hélas! pensons à nous, chère amie!... et laissons les morts de quelque parti qu'ils soient, dormir dans la tombe que leur dévouement leur a creusée!... Je pars.

GENEVIÈVE.

Reviens vite.

MAURICE.

En moins d'une demi-heure, je suis de retour.

GENEVIÈVE.

Mais, si ton ami n'est pas chez lui...?

MAURICE.

Son domestique y sera... D'ailleurs, j'y puis prendre tout ce qu'il me plaît, même en son absence!...

GENEVIÈVE.

Maurice!...

MAURICE.

Bon courage, Geneviève!... Dans une demi-heure, nous partons!...

(Il sort.)

SCÈNE VI

GENEVIÈVE, seule.

Oh! oui, oui, il a raison : dans une demi-heure, nous partons; et, une fois hors de France... une fois à l'étranger... il me semble que mon crime, qui est bien plutôt celui de la fatalité que le mien, cessera d'être aussi lourd à mon cœur!... Allons, allons, que m'a-t-il dit?... « Voyons, apprête tout pour le départ... » Cher Maurice!... il pense donc que je

connais cet appartement? il lui semble donc que je l'ai
habité?... Ah! mais, si son domestique, si ce bon Agésilas
n'est pas encore parti, il va me dire... Il me semble que j'entends des pas dans la chambre voisine... C'est lui sans doute...
Agésilas, venez, je vous prie!... Grand Dieu!...

SCENE VII

GENEVIÈVE, DIXMER.

DIXMER, entrant.

Me voici, madame!

GENEVIÈVE.

Dixmer!

DIXMER.

Eh bien, qu'avez-vous donc, ma chère, et qu'y a-t-il?...
Est-ce ma présence qui produit sur vous un si singulier
effet?...

GENEVIÈVE.

Je me meurs!...

DIXMER.

Bon! me croyiez-vous donc trépassé, que je vous semble
être un fantôme?...

GENEVIÈVE.

Ah! Maurice, Maurice!... A moi! à mon secours!...

DIXMER.

Oui, ma chère, c'est bien moi; peut-être me croyiez-vous
loin de Paris?... Vous étiez dans l'erreur, j'y suis resté. Il y
a plus, je ne me suis pas éloigné de la maison, et j'ai vu les
troupes l'entourer. Alors, j'ai été me poster sur le pont, pensant que, fugitifs ou prisonniers, tout passerait par là. En
effet, au bout d'une heure, je vous ai vue au bras du chevalier; j'allais vous aborder quand vous vous êtes séparée de
lui; je vous ai suivie; vous êtes entrée dans cette maison,
que j'ai reconnue pour celle de Maurice; dès lors, j'étais parfaitement tranquille sur votre sort, d'autant plus tranquille,
qu'un instant après, j'ai vu rentrer Maurice lui-même. J'ai
pensé que j'avais le temps de changer de costume, de me déguiser un peu, et que je vous retrouverais ici... En vérité,
Geneviève, je suis sûr que vous avez beaucoup souffert, vous,

si bonne royaliste, d'être forcée de venir demander ainsi protection à un fanatique républicain.

GENEVIÈVE.

Mon Dieu, mon Dieu, ayez pitié de moi !...

DIXMER.

Maintenant donc, rassurez-vous ! je suis aussi en sûreté que peut l'être un conspirateur. J'ai sur moi tout l'or que j'ai pu rassembler; dame, vous comprenez, ces précautions sont nécessaires. Un proscrit ne circule pas aussi facilement qu'une jolie femme... et je n'avais pas le bonheur, moi, de connaître une républicaine ardente qui pût me cacher à tous les yeux.

GENEVIÈVE.

Monsieur, monsieur, ayez pitié de moi; vous voyez bien que je me meurs !...

DIXMER.

D'inquiétude, je comprends cela; mais consolez-vous, me voilà, je reviens, nous ne nous quitterons plus...

GENEVIÈVE.

Oh ! vous allez me tuer; merci, alors !

DIXMER.

Vous tuer ? et pourquoi donc vous tuer ?... En vérité, Geneviève, il faut que le chagrin de notre séparation vous ait fait perdre l'esprit. Tuer une femme innocente ? Allons donc !...

GENEVIÈVE.

Monsieur, monsieur, je vous le demande à mains jointes, tuez-moi plutôt que de me torturer par de pareilles railleries ! Non, je ne suis pas innocente !... je suis criminelle !... oui, je mérite la mort... Tuez-moi, monsieur, tuez-moi !...

DIXMER.

Alors, vous avouez que vous méritez la mort ?...

GENEVIÈVE.

Oui, oui.

DIXMER.

Et que, pour expier je ne sais quel crime dont vous vous accusez, vous subirez cette mort sans vous plaindre ?...

GENEVIÈVE.

Frappez, frappez, monsieur; je ne pousserai pas un cri, et, au lieu de la maudire, je bénirai la main qui me frappera !...

DIXMER.

Non, madame !...

GENEVIÈVE.

Monsieur, que ferez-vous donc?...

DIXMER.

Vous poursuivrez le but vers lequel nous tendions quand nous avons été interrompus dans notre route, le chevalier et moi!... Qu'est-il devenu, lui? Je l'ignore; vous l'ignorez aussi, n'est-ce pas?... vous n'avez pas eu de temps à donner à l'amitié... Mais ce que nous eussions fait ensemble, je le ferai seul. La reine vient d'être transférée à la Conciergerie ; j'y puis pénétrer librement, à l'aide d'une commission de greffier, que je me suis procurée à prix d'or; mais le rôle le plus dangereux sera pour vous...

GENEVIÈVE.

Merci, monsieur.

DIXMER.

Ne vous hâtez pas de me remercier... Mon plan est sûr, vous le connaîtrez quand il en sera temps; qu'il vous suffise de savoir qu'il est écrit que vous devez mourir; vous mourrez donc : seulement, pour vous et pour moi, vous tomberez coupable !... pour tous, vous tomberez martyre; madame, je vous punirai en vous immortalisant.

GENEVIÈVE.

Laissez-moi faire une prière alors.

DIXMER.

Une prière?

GENEVIÈVE.

Oui...

DIXMER.

A qui?...

GENEVIÈVE.

Peu vous importe, puisque vous me tuez !...

DIXMER.

C'est vrai... Priez!...

GENEVIÈVE, à genoux.

Maurice, Maurice, pardonne-moi !... Je ne m'attendais pas à être heureuse; mais j'espérais te rendre heureux; Maurice, je t'enlève un bonheur qui faisait ta vie; pardonne-moi, mon bien-aimé!...

(Elle coupe une mèche de ses cheveux et lie avec cette mèche le bouquet de Maurice.)

DIXMER.

Eh bien, madame, êtes-vous prête?...

GENEVIÈVE.

Déjà?

DIXMER.

Oh! prenez votre temps, madame!... je ne suis pas pressé, moi. D'ailleurs, Maurice ne tardera probablement pas à rentrer, et je serai charmé de le remercier de l'hospitalité qu'il vous a donnée...

GENEVIÈVE, baisant le bouquet et le posant sur la table.

C'est fini, monsieur, je suis prête.

DIXMER.

Venez, alors!...

GENEVIÈVE.

Me voilà, monsieur... Adieu, Maurice!... adieu!...

ACTE QUATRIÈME

NEUVIÈME TABLEAU

La Conciergerie. — D'un côté, le greffe; de l'autre, l'antichambre occupée par les Gendarmes, gardiens de la Reine. Au fond, un paravent sépare cette antichambre de la cellule de la prisonnière. A droite, une grande fenêtre grillée donnant sur la cour de la Conciergerie.

SCÈNE PREMIÈRE

LE GREFFIER de la Conciergerie, écrivant dans la pièce de gauche, GILBERT et DUFRESNE; GENDARMES, dans le compartiment à droite.

GILBERT.

C'est bien, je ne fumerai plus jamais.

(Il casse sa pipe.)

DUFRESNE.

Que fais-tu donc?

GILBERT.

Ce que je fais, tu le vois bien ; n'entends-tu pas qu'elle me dit que la fumée du tabac l'a empêchée de dormir toute la nuit ?

DUFRESNE.

Eh bien ?...

GILBERT.

Eh bien, possible qu'elle soit condamnée à mort ; mais à quoi bon la faire souffrir, en attendant, cette femme ?... Nous sommes des soldats, et non pas des bourreaux comme Rocher.

DUFRESNE.

C'est un peu aristocrate, ce que tu fais là !...

GILBERT.

Aristocrate, parce que je ne continue pas d'enfumer la prisonnière ?... Allons donc ! Vois-tu, moi, je connais mon serment à la patrie et la consigne de mon brigadier, voilà tout ; or, voici ma consigne : « Ne pas laisser évader la prisonnière, ne laisser pénétrer personne auprès d'elle, écarter toute correspondance qu'elle voudrait nouer ou entretenir, et mourir à mon poste. » Voilà ce que j'ai promis, et je le tiendrai... Vive la nation !... Ceux qui ne seront pas contents, tant pis !...

(Il se met à la fenêtre de la cour.)

DUFRESNE.

Ce que je t'en dis, c'est de peur que tu ne te compromettes, voilà tout...

SCÈNE II

Les Mêmes, RICHARD, DIXMER, LE CHEVALIER, GENEVIÈVE.

RICHARD.

Citoyen greffier, voici ton confrère du ministère de la guerre qui vient, de la part du citoyen ministre, pour relever quelques écrous militaires.

LE GREFFIER.

Ah ! citoyen, tu arrives un peu tard : je pliais bagage.

DIXMER.

Pardonne-moi, cher confrère... Tu permets que ma femme attende ?

LE GREFFIER.

Comment donc!... Assieds-toi, citoyenne.

(Il lui offre une chaise.)

GENEVIÈVE.

Merci, monsieur.

DIXMER.

Je te priais donc de me pardonner d'être venu si tard ; mais nous avons tant de besogne là-bas, que nos courses ne peuvent se faire qu'à nos moments perdus, et nos moments perdus, à nous, ce sont ceux où les autres mangent et dorment.

LE GREFFIER.

C'est bien. Avez-vous vos pouvoirs?

DIXMER.

Les voici.

(Le Greffier les examine.)

LE CHEVALIER, en guichetier, à la fenêtre grillée.

Dis donc, citoyen, as-tu du feu?

GILBERT.

Pour quoi faire?

LE CHEVALIER.

Pour allumer ma pipe, donc!

GILBERT.

Volontiers, mais à la condition que tu iras fumer au fond de la cour.

LE CHEVALIER.

Est-ce que la pipe te fait mal, par hasard?

GILBERT.

Justement.

(Il revient à la table et allume un morceau de papier.)

DUFRESNE.

Qu'est-ce que c'est donc que ce citoyen-là?

GILBERT.

Quel citoyen?

DUFRESNE.

Celui qui demande du feu.

GILBERT.

Eh! c'est le nouveau guichetier, le neveu de Gracchus, qui est entré en fonctions depuis ce matin.

DUFRESNE.

Bon! je ne l'avais pas encore vu...

LE CHEVALIER, au Gendarme qui lui donne du feu.

Merci!

(Il envoie quelques bouffées de tabac.)

LE GREFFIER, à Dixmer.

A merveille! vous êtes parfaitement en règle, cher confrère, et vous pouvez maintenant commencer quand vous voudrez... Avez-vous beaucoup d'écrous à relever?

DIXMER.

Une centaine!

LE GREFFIER.

Vous ne finirez pas ce soir, je suppose?...

DIXMER.

Non, j'en relèverai seulement le plus que je pourrai.

LE GREFFIER.

En ce cas, citoyen, je vais te donner les registres; tu n'as pas besoin de moi pour relever tes écrous, n'est-ce pas?

DIXMER.

Non, pas précisément.

LE GREFFIER.

Alors, je vais souper.

DIXMER.

Va!...

LE GREFFIER, frappant à la porte.

Dis donc, citoyen Gilbert!

GILBERT.

Eh bien?

LE GREFFIER.

Je m'en vais!

GILBERT, ouvrant la porte et la refermant tout de suite.

C'est bon...

LE GREFFIER.

Attendez donc...

GILBERT, ouvrant la porte.

Quoi?

LE GREFFIER.

C'est que j'ai là le citoyen greffier de la guerre, qui veut relever des écrous militaires pour son ministre, et il reste, lui!

GILBERT.

C'est bon... Qu'il me prévienne seulement quand il s'en ira.

DIXMER, regardant à travers la porte.

Le plan était exact; la porte de la prisonnière à gauche, la fenêtre en face...

LE GREFFIER.

Bonne nuit, citoyen gendarme !...

GILBERT.

Bonne nuit !...

LE CHEVALIER, revenant à la fenêtre.

Pourvu qu'on n'entende pas le bruit que fait la prisonnière en sciant le barreau de sa fenêtre... Bon ! il y en a un qui dort; j'occuperai l'autre.

(Il appelle Gilbert, qui vient causer avec lui aux barreaux.)

LE GREFFIER.

Bien du plaisir, confrère !...

DIXMER.

C'est bien du courage qu'il faut dire...

LE GREFFIER.

Voyez-vous, quand vous voudrez vous en aller, vous n'aurez rien à faire qu'à prévenir les gendarmes, comme j'ai fait...

DIXMER.

Bon !

LE GREFFIER.

A demain !

DIXMER.

A demain.

SCÈNE III

DIXMER, GENEVIÈVE, GILBERT, DUFRESNE.

DIXMER.

Venez ici; voici l'heure venue de vous parler, madame; écoutez-moi !...

GENEVIÈVE.

Je vous écoute.

DIXMER.

Vous devez préférer une mort utile à votre cause, une mort

qui vous fasse bénir de tout votre parti, à une mort ignominieuse et toute de vengeance ?

GENEVIÈVE.

Oui, monsieur.

DIXMER.

Je me suis, comme vous l'avez vu, refusé le plaisir de me faire justice, en épargnant vous et votre amant... Mais, quant à votre amant, vous devez comprendre, vous qui me connaissez, que, si j'ai attendu, c'est pour trouver mieux !

GENEVIÈVE.

Je suis prête, monsieur ; pourquoi ce préambule ?... Vous me tuez, vous avez raison ; j'attends la mort, voilà tout.

DIXMER.

Je continue... J'ai prévenu la reine en lui faisant passer un billet dans son pain... Elle aussi doit se tenir prête... Cependant, il est possible que Sa Majesté fasse quelque objection... mais vous la forcerez !

GENEVIÈVE.

Donnez vos ordres, monsieur, et je les exécuterai.

DIXMER.

Tout à l'heure, je vais heurter à cette porte ; un des gendarmes ouvrira ; avec ce poignard, je le tuerai.

GENEVIÈVE.

Oh ! mon Dieu !...

DIXMER.

Au moment où je frappe, vous vous élancez dans la seconde chambre, c'est-à-dire dans celle de la reine... Il n'y a pas de porte, il n'y a qu'un paravent ; tandis que je tue le second soldat, vous changez d'habits avec Sa Majesté... Alors, je prends le bras de la reine, et je passe le guichet avec elle, tandis que vous demeurez à sa place.

GENEVIÈVE.

Bien, monsieur...

DIXMER.

On vous a vue entrer avec ce mantelet noir ; mettez votre mantelet à Sa Majesté, et drapez-le comme vous avez l'habitude de le draper sur vous-même.

GENEVIÈVE.

Je ferai ainsi que vous dites, monsieur...

DIXMER.

Et maintenant, il me reste à vous pardonner, et à vous remercier, madame !...

GENEVIÈVE, secouant la tête.

Je n'ai besoin ni de votre pardon ni de votre remerciment. Ce que je fais, ou plutôt, ce que je vais faire, effacerait un crime, et je n'ai commis qu'une faiblesse... Encore, cette faiblesse, vous m'avez forcée de la commettre... Je m'éloignais de lui... ou plutôt, je l'avais éloigné de moi, vous m'avez repoussée entre ses bras, de sorte que vous êtes, à la fois, l'instigateur, le juge et le bourreau !... C'est donc à moi de vous remercier de m'ôter la vie !... puisque la vie me serait insupportable, séparée de l'homme que j'aime uniquement.

DIXMER.

C'est bien, madame ; êtes-vous prête ?...

GENEVIÈVE.

Je vous l'ai dit, monsieur, j'attends...

DIXMER.

Dans une minute, alors...

(Il rassemble ses papiers, va écouter à la porte et revient.)

GILBERT.

Dis donc, citoyen Dufresne !... Dormeur éternel !...

DUFRESNE, se réveillant.

Tiens, c'est drôle ! je rêvais qu'on voulait enlever la prisonnière...

LE CHEVALIER.

Bon ! et comment cela ?...

DUFRESNE.

On lui avait fait passer une lime, elle sciait ses barreaux, et, dans mon rêve, j'entendais... c'est drôle ! j'entendais le bruit de la lime !...

LE CHEVALIER, haussant la voix.

Dans tous les cas, si elle veut se sauver, il est temps, attendu qu'il vient d'être décidé, aujourd'hui même, qu'on va lui faire son procès...

DIXMER.

Avez-vous besoin que je vous réitère mes instructions, madame ?

GENEVIÈVE.

Merci ; je sais ce que j'ai à faire...

DIXMER.

Alors, adieu! car, selon toute probabilité, nous ne nous reverrons plus en ce monde...

(Il lui tend la main.)

GENEVIÈVE, lui touchant le bout des doigts.

Adieu, monsieur !...

GILBERT.

Eh bien, en effet, c'est drôle!... on dirait qu'on entend le bruit d'une lime.

(Dixmer frappe à la porte.)

LE CHEVALIER.

Eh! non, vous voyez bien!... on frappe à la porte de l'autre côté, voilà tout...

GILBERT.

On frappe?

LE CHEVALIER.

Oui.

DUFRESNE.

C'est le greffier du ministre de la guerre, qui s'en va.

GILBERT.

C'est bien, c'est bien !... Va, citoyen greffier, va!...

DIXMER.

C'est qu'avant de m'en aller, je voudrais te parler, citoyen gendarme.

GILBERT.

A moi ou à mon camarade?...

DIXMER.

A l'un ou à l'autre...

GILBERT.

Vas-y, Dufresne; cela te réveillera...

DUFRESNE.

Que veux-tu, citoyen?

DIXMER.

Ne peut-on pas te parler? est-ce défendu?...

DUFRESNE.

Non.

LE CHEVALIER.

Mon Dieu, que va-t-il donc se passer? C'est la voix de Dixmer.

GILBERT.

Tu dis?...

LE CHEVALIER.

Rien!...

DUPRESNE. Il ouvre la porte, et reçoit un coup de poignard.

Ah! scélérat!... ah! brigand!...

DIXMER, à Geneviève.

Passez, passez!...

(Geneviève passe rapidement et s'élance dans la chambre de la Reine.)

GILBERT.

Ah!

(Il veut s'élancer au secours de son compagnon.)

LE CHEVALIER, le saisissant à travers les barreaux.

Un instant!... à nous deux!...

(Le Gendarme et Dixmer luttent; Dixmer entraîne le Gendarme dans le premier compartiment.)

GILBERT.

Au secours!... à l'assassin!...

(Il tire son sabre et l'enfonce dans la poitrine du Chevalier.)

LE CHEVALIER.

Ah!... (Il tombe.) Vive la reine!

(Gilbert s'élance contre la porte, qu'il repousse au moment où Dixmer vient de tuer l'autre Gendarme et va entrer.)

GENEVIÈVE, auprès du paravent.

Madame, au nom du ciel! ne perdez pas un instant, prenez cette mante!... Sortez!... sortez!...

GILBERT, refermant la porte.

Il est trop tard (à Geneviève, qui regarde), et vous êtes prisonnière, ma belle enfant!...

DIXMER.

Allons, encore une tentative avortée! nous sommes maudits!

(Il se sauve par la porte du Concierge.)

GILBERT, à la fenêtre.

Au secours! à l'aide! au secours!

(Roulement de tambours. Gardes, Guichetiers, flambeaux à la fenêtre. On relève le corps du Chevalier.)

GENEVIÈVE, tombant à genoux.

O mon Dieu! j'espère que l'expiation sera plus grande que la faute!...

ACTE CINQUIÈME

DIXIÈME TABLEAU

La salle du Tribunal révolutionnaire.

SCÈNE PREMIÈRE

Foule dans l'auditoire, DIXMER, au fond ; LORIN et MAURICE, à droite ; LE PRÉSIDENT, L'ACCUSATEUR PUBLIC, LES JURÉS, UN HUISSIER, UN GREFFIER, GENDARMES, ACCUSÉS, TOUT L'APPAREIL DU TRIBUNAL.

Au lever du rideau, les députés de la Gironde sont au banc des accusés. Le fauteuil de fer est occupé par celui des Girondins du premier tableau qui n'a pas voulu fuir.

LES ACCUSÉS, *chantant en chœur.*

Par la voix du canon d'alarmes,
La France appelle ses enfants.
« Allons, dit le soldat, aux armes !
C'est ma mère, je la défends.
Mourir pour la patrie,
C'est le sort le plus beau, le plus digne d'envie ! »

LE PRÉSIDENT.

Silence, accusés ! la séance est reprise... Accusés, que vous reste-t-il à dire pour votre défense ?

LE PRINCIPAL ACCUSÉ.

Rien, sinon que nous n'avons pas commis le crime de trahison, dont vous nous accusez ; que nous nous sommes tout au plus trompés... Nous avons rêvé une autre liberté que celle que vous nous donnez aujourd'hui... En luttant courageusement contre vos idées, nous avons cru, et nous croyons encore être de bons citoyens ; nous ne sommes pas condamnés, nous sommes vaincus.

LE PRÉSIDENT.

Il me semble, cependant, que le complot est avéré... Vous avez voulu sauver l'ex-reine ; bien plus, vous avez coopéré à la tentative d'enlèvement que l'on a essayée sur elle à la Conciergerie ; or, un complot, c'est un crime.

LE PRINCIPAL ACCUSÉ.

Jamais nous n'avons rien fait contre la volonté du vrai peuple français ; tous nous avons agi au grand jour... Si nous sommes des rebelles, vous avez la force, anéantissez-nous.

LE PRÉSIDENT.

Ah ! tu prétends être un bon Français, et tu proclames une pareille doctrine?... Sache-le bien, conspirer, c'est agir en mauvais citoyen, c'est commettre un crime. Ne te flatte donc pas d'un tel espoir. Quand les ennemis de la République montent sur l'échafaud, ils meurent comme les criminels vulgaires... C'est-à-dire qu'ils meurent déshonorés... Aux voix, citoyens...

LE PRINCIPAL ACCUSÉ.

Citoyen président, tu oublies que des hommes comme nous, s'ils ne sont pas maîtres de leur vie, sont toujours maîtres de leur mort.

LE PRÉSIDENT, après avoir recueilli les voix.

Les témoins entendus, les accusés ouïs en leur défense, le tribunal révolutionnaire les condamne à la peine de mort... (Au principal Accusé.) Ah ! tu pâlis, citoyen.

LE PRINCIPAL ACCUSÉ.

Non ! je meurs...

UN AUTRE GIRONDIN.

Et vous avez beau dire, il meurt pour la patrie...

(L'Accusé ouvre son habit et montre sa poitrine ensanglantée ; il tombe sur le fauteuil. Cris, tumulte. Les autres Accusés entourent leur ami ; un Gendarme arrache de la main de ce dernier un compas ensanglanté qu'il montre au Président. Tous entonnent le refrain du chœur : *Mourir pour la patrie !*)

MAURICE, se cachant le visage de ses mains.

Mon Dieu !

LORIN.

Vois-tu, ces hommes, Maurice, ils ont commencé comme nous, ils ont aimé la Révolution à ce point qu'ils donnent encore leur vie pour elle... seulement, ils se sont égarés dans leur route... L'amour a aveuglé les uns, l'ambition a entraîné les autres, le cœur a failli à la plupart, et ils ont glissé dans le terrible chemin, dans le chemin sanglant, où nul ne se relève parmi ceux qui tombent... Regarde, Maurice : ils vont mourir, et ils se disent au dernier moment : « Sommes-nous en effet de mauvais citoyens ? »

(Pendant ce temps, on emmène les Girondins, qui chantent, en s'éloignant, la reprise du chœur.)

MAURICE.

Oh !

(Les Accusés ont été remplacés ; la femme Tison occupe le fauteuil de fer.)

L'HUISSIER.

Le citoyen accusateur public contre la femme Tison.

LE PRÉSIDENT.

Femme Tison, dis-nous quelle raison t'a fait crier : « Vive la reine ! » en pleine rue.

LA FEMME TISON.

Je n'ai pas de raisons à te donner. Je venais de voir passer ma pauvre Héloïse... je venais de lui dire adieu... j'ai crié : « Vive la reine !... » et voilà.

LE PRÉSIDENT.

Mais pourquoi as-tu crié ?

LA FEMME TISON.

Parce que nous sommes une famille de conspirateurs... Il n'y a pas besoin de tant d'explications, il me semble. On fait mourir ceux qui crient : « Vive la reine ! » J'ai crié : « Vive la reine !... » qu'on me fasse mourir !

LE PRÉSIDENT, consultant les Jurés.

L'accusée ayant avoué son crime, le tribunal révolutionnaire condamne la femme Tison à la peine de mort.

LA FEMME TISON.

Merci, mon président... Ah ! ma pauvre Héloïse, je ne serai donc pas longtemps sans te revoir.

LE PRÉSIDENT.

Gendarmes, emmenez la condamnée !...

UNE VOIX DE FEMME.

Pauvre femme ! il paraît que c'est du désespoir.

DEUXIÈME VOIX.

On lui a pris sa fille, à ce qu'elle dit.

PREMIÈRE VOIX.

Sa fille ! quelle fille ?

DEUXIÈME VOIX.

Tu sais bien, la bouquetière ! C'était sa fille.

L'HUISSIER.

Le citoyen accusateur public contre la citoyenne Geneviève Dixmer.

MAURICE.

Mon ami, mon ami, c'est elle...

LORIN.

Allons, du courage !

MAURICE.

Oh ! la voilà ! la voilà !

SCÈNE II

Les Mêmes, GENEVIÈVE, amenée par DEUX Gendarmes.

GENEVIÈVE.

Maurice ! il est là !

DIXMER, à part.

Elle ne m'a pas vu, moi.

LE PRÉSIDENT.

Tes noms, prénoms et qualités ?

GENEVIÈVE.

Geneviève de Montfleury, femme Dixmer.

LE PRÉSIDENT.

Tu es accusée d'avoir pénétré violemment dans la Conciergerie, afin de sauver la prisonnière qui y est renfermée.

GENEVIÈVE.

J'ai, en effet, pénétré dans la Conciergerie... Mais je suis une femme, et n'ai pu, par conséquent, y pénétrer violemment.

LE PRÉSIDENT.

Écris, citoyen greffier. (A Geneviève.) Reconnais-tu avoir été surprise aux genoux de la captive, la suppliant de changer de vêtements avec toi ?

GENEVIÈVE.

Je reconnais cela, car c'est la vérité.

LE PRÉSIDENT.

Raconte-nous tes plans et tes espérances.

GENEVIÈVE.

Une femme peut concevoir une espérance ; mais une femme ne peut pas faire un plan du genre de celui que vous me reprochez.

LE PRÉSIDENT.
Comment te trouvais-tu là, alors?...
GENEVIÈVE.
Parce que je ne m'appartenais pas, et que l'on me poussait...
LE PRÉSIDENT.
Qui te poussait?
GENEVIÈVE.
Un homme qui m'avait menacée de mort si je n'obéissais pas.

(Elle regarde Dixmer.)

DIXMER.
Ah! je me trompais : elle sait que je suis là.
LE PRÉSIDENT.
Mais, pour échapper à cette mort dont on te menaçait, tu affrontais la mort qui devait résulter pour toi d'une condamnation.

GENEVIÈVE.
Lorsque j'ai cédé, le fer était sur ma poitrine ; je me suis courbée sous la violence présente.
LE PRÉSIDENT.
Pourquoi n'appelais-tu pas à l'aide? Tout bon citoyen t'eût défendue...
GENEVIÈVE.
Hélas! monsieur, celui qui pouvait m'entendre n'était pas près de moi.
LE PRÉSIDENT.
Dis-nous le nom de tes instigateurs...
GENEVIÈVE.
Il n'y en a qu'un seul...
LE PRÉSIDENT.
Lequel?
GENEVIÈVE.
Mon mari!
LE PRÉSIDENT.
Cet homme déguisé en guichetier qui a été tué par le gendarme Gilbert, et qui est mort en criant : « Vive la reine! » était-ce ton mari?
GENEVIÈVE.
Non!

LE PRÉSIDENT.

Qui était-ce?

GENEVIÈVE.

Le cadavre est entre vos mains, c'est à vous de le reconnaître.

LE PRÉSIDENT.

Alors, ton mari est celui qui s'est sauvé par la porte de la Conciergerie, celui avec lequel tu étais entrée?...

GENEVIÈVE.

Oui.

LE PRÉSIDENT.

Il vit?

GENEVIÈVE.

Il vit.

LE PRÉSIDENT.

Connais-tu sa retraite?

GENEVIÈVE.

Je la connais.

LE PRÉSIDENT.

Indique-la.

GENEVIÈVE.

Il a pu être infâme, mais je ne suis point lâche; ce n'est point à moi de dénoncer sa retraite, c'est à vous de la découvrir.

MAURICE, bas, à Lorin.

Oh! j'ai bien envie de le dénoncer en me dénonçant moi-même...

LORIN.

Tais-toi, tu es fou.

LE PRÉSIDENT.

Ainsi, tu refuses de guider nos recherches?

GENEVIÈVE.

Je crois que je ne puis le faire sans me rendre aussi méprisable aux yeux des autres qu'il l'est aux miens.

LE PRÉSIDENT.

Y a-t-il des témoins?

L'HUISSIER.

Il y a le gendarme Gilbert.

L'ACCUSATEUR.

Inutile, puisqu'elle avoue tout.

LE PRÉSIDENT.

Tu avoues donc, citoyenne, être entrée à la Conciergerie avec ton mari, et avoir été surprise aux pieds de la prisonnière, la suppliant de fuir, tandis que ton mari assassinait le gendarme Dufresne?

GENEVIÈVE.

Je ne puis nier ce qui est; seulement, je répéterai ce que j'ai dit, j'ai été forcée.

LE PRÉSIDENT.

Et tu refuses d'indiquer la retraite de ton mari?

GENEVIÈVE.

Je refuse...

L'ACCUSATEUR.

Prononce, citoyen président, prononce.

LE PRÉSIDENT.

La cause entendue, et l'accusée ayant avoué son crime, le tribunal révolutionnaire condamne la citoyenne Montfleury, femme Dixmer, à la peine de mort.

MAURICE.

Les tigres!

(Le Greffier paraît tomber en faiblesse.)

LE PRÉSIDENT, au Greffier.

Qu'as-tu?

LE GREFFIER.

Je souffre!

LE PRÉSIDENT.

En effet, tu es pâle et l'on dirait que tu vas te trouver mal.

LE GREFFIER.

Ce n'est rien, j'ai besoin d'air.

LE PRÉSIDENT.

Huissier! appelez un des greffiers supplémentaires!... (Au Greffier.) C'est bien, retire-toi...

DIXMER.

Ce pauvre greffier! il a craint qu'on ne le crût notre complice.

LE GREFFIER, sortant.

Dixmer!

DIXMER.

Chut!

XI.

LORIN.

Dixmer était ici ; le misérable a laissé condamner sa femme sans rien dire... Attends, attends.

LE PRÉSIDENT.

Emmenez la condamnée !

GENEVIÈVE, les yeux au ciel.

Adieu, Maurice...

MAURICE.

Non pas adieu. Au revoir !...

LE PRÉSIDENT.

Huissier, appelez une autre cause.

L'HUISSIER.

L'accusateur public contre le citoyen Dixmer, contumace.

ONZIÈME TABLEAU

Une berge sous le pont Notre-Dame.

SCÈNE PREMIÈRE

LE GREFFIER, DIXMER.

DIXMER.

Allons, allons, va toujours.

LE GREFFIER.

Mais où me conduis-tu ?

DIXMER.

Je te l'ai déjà dit, je désire causer un instant avec toi ; marche ! marche !

LE GREFFIER.

Que peux-tu avoir à me dire ?... Je ne te connais pas, je ne suis pas ton complice, moi.

DIXMER.

La, bien ; tu peux t'arrêter maintenant... Nous serons à merveille sur cette berge.

LE GREFFIER.

Alors, voyons, nous y sommes, parle vite.

DIXMER.

Oui... On exécute à quatre heures?

LE GREFFIER.

Comme toujours.

DIXMER.

Eh bien, je désire la voir une dernière fois.

LE GREFFIER.

Où cela?

DIXMER.

Dans la salle des morts... où l'on enferme les condamnés qui attendent quatre heures.

LE GREFFIER.

Tu oseras entrer là?

DIXMER.

Pourquoi pas, si je suis sûr d'en sortir?

LE GREFFIER.

Sûr d'en sortir... et comment?

DIXMER.

Avec une carte. N'entre-t-on pas dans la salle des morts et n'en sort-on pas avec une carte?

LE GREFFIER.

Si fait!

DIXMER.

Eh bien, voilà tout! il ne s'agit que de se procurer cette carte...

LE GREFFIER.

Oui; mais...

DIXMER.

Rien n'est plus facile, quand on a des amis...

LE GREFFIER.

Que veux-tu dire?

DIXMER.

Je veux dire, citoyen greffier, que ces cartes...

LE GREFFIER.

Eh bien, ces cartes...?

DIXMER.

C'est justement toi qui les signes, comme greffier de la Conciergerie...

LE GREFFIER.

Oui, mais sur un ordre du président du tribunal révolutionnaire.

DIXMER.

Bah! y regarderas-tu de si près avec moi? Allons, bon! voilà encore que tu vas te trouver mal...

LE GREFFIER.

Mais tu me demandes ma tête, citoyen!

DIXMER.

Eh! non, je te demande une carte, voilà tout!

LE GREFFIER.

Prends garde! je te fais arrêter, malheureux!

DIXMER.

Fais; mais, à l'instant même, je te dénonce comme mon complice... et, au lieu de me laisser aller tout seul dans la fameuse salle, tu m'accompagneras...

LE GREFFIER.

Oh! scélérat!

DIXMER.

Il n'y a pas de scélérat là dedans... J'ai besoin de parler à ma femme, et je te demande une carte pour arriver jusqu'à elle...

LE GREFFIER.

Mais je n'en ai pas, moi, de cartes!

DIXMER.

Qu'à cela ne tienne! J'en ai, moi.

LE GREFFIER.

Où les as-tu prises?

DIXMER.

Pardieu! dans le tiroir de la table; j'ai vu là des cartes toutes préparées, et j'ai dit : « Tiens, cela peut me servir un jour. »

LE GREFFIER.

Mais je n'ai pas d'encre, pas de plume!

DIXMER.

Oh! j'avais prévu que je te trouverais comme cela, dans quelque coin où tu manquerais de tout, et j'ai pris mes précautions... Voici des plumes et de l'encre...

LE GREFFIER.

Voyons, attends! Ne pourrait-on arranger les choses d'une façon qui ne me compromît point?

DIXMER.

Je ne demande pas mieux, si c'est possible...

LE GREFFIER.

C'est on ne peut plus possible...

DIXMER.

Explique-moi cela.

LE GREFFIER.

Il y a deux portes à la salle des morts.

DIXMER.

Je sais cela.

LE GREFFIER.

Eh bien, entre par la porte des condamnés; par celle-là, il ne faut pas de carte... et, quand tu auras parlé à ta femme, tu m'appelleras et je te ferai sortir.

DIXMER.

Pas mal! seulement, il y a une certaine histoire qui court la ville.

LE GREFFIER.

Laquelle?

DIXMER.

L'histoire d'un pauvre bossu qui, croyant entrer aux archives, est entré dans la salle dont nous parlons. Or, comme il était entré par la porte des condamnés, au lieu d'y entrer par la grande porte; comme il n'avait point de carte pareille à celle que je te demande, pour faire constater son identité, une fois entré, on n'a plus voulu le laisser sortir, et on lui a soutenu que, puisqu'il était entré par la porte des autres condamnés, c'est qu'il était condamné comme les autres... Il a eu beau protester, appeler, jurer; personne ne l'a cru, personne n'est venu à son aide, personne ne l'a fait sortir. De façon que, malgré ses protestations, ses serments, ses cris, l'exécuteur lui a coupé les cheveux d'abord, et la tête ensuite... L'anecdote est-elle vraie, citoyen greffier? Tu dois savoir cela mieux que personne, toi...

LE GREFFIER.

Hélas! oui, elle est vraie.

DIXMER.

Eh bien, tu vois qu'avec de pareils antécédents, je serais un fou d'entrer sans carte dans ce coupe-gorge.

LE GREFFIER.

Mais puisque je serai là, je te dis...

DIXMER.

Et si l'on t'appelle, si tu es occupé ailleurs, si tu m'oublies?...

LE GREFFIER.

Mais puisque je te jure...

DIXMER.

Non, cela te compromettrait, on te verrait me parler... enfin, cela ne me convient pas ! j'aime mieux une carte ; signe donc ! Eh ! mon Dieu, est-ce si difficile, de signer?...

LE GREFFIER.

Puisque tu le veux...

DIXMER.

Tu as dit le mot, je le veux !

LE GREFFIER, signant.

Tiens !

DIXMER.

Attends, pendant que tu tiens ta plume.

LE GREFFIER.

Que veux-tu dire ?

DIXMER.

Signe-moi une seconde carte.

LE GREFFIER.

Et pour quoi faire, mon Dieu ?

DIXMER.

Parce qu'il se pourrait qu'à la suite de cette conversation, il me prît l'envie d'emmener ma femme, et...

LE GREFFIER.

Donne donc...

(Il signe.)

DIXMER.

Merci !

LE GREFFIER.

Ne me suis pas ; laisse-moi, au moins, m'éloigner seul !... qu'on ne me voie pas avec toi.

DIXMER.

Oh ! quant à cela, je ne demande pas mieux...

LE GREFFIER, s'éloignant.

Miséricorde ! si j'en reviens, je serai bien heureux !

SCÈNE II

DIXMER, puis LORIN.

DIXMER.

C'est bien. (Il met les cartes dans son portefeuille.) Et, maintenant, j'ai sa mort ou sa vie entre mes mains ; je la juge à mon tour, je la condamne à vivre.

LORIN.

Pardon, citoyen Dixmer.

DIXMER.

Que me veux-tu ?

LORIN.

Causer un instant avec toi.

DIXMER.

Je n'ai pas le temps.

LORIN.

Je suis véritablement désespéré, car il faut que je te parle.

DIXMER.

Qui es-tu ?

LORIN.

Tu ne me reconnais pas, citoyen Dixmer ?

DIXMER.

Non.

LORIN.

Ou tu ne veux pas me reconnaître ; c'est tout un. Eh bien, je vais te dire qui je suis... Je suis le citoyen Lorin, qui t'a été présenté, un jour, dans la cour du Temple... Te le rappelles-tu ?

DIXMER.

Non.

LORIN.

Oh ! je vais te dire deux mots qui aideront ta mémoire. J'ai été présenté par le citoyen Maurice Linday, lequel donnait le bras à la citoyenne Dixmer... Ah ! tu te rappelles, n'est-ce pas ?

DIXMER.

Oui ; voyons, que me veux-tu ?

LORIN.

Je veux te dire que, depuis ce jour, je ne t'ai point perdu de vue, citoyen Dixmer.

DIXMER.

Eh bien ?

LORIN.

Eh bien, en te voyant compromettre un brave patriote comme Maurice, et abuser de l'amour insensé qu'il portait à une femme, je me suis dit en parlant de toi : « En vérité, voilà un malhonnête homme ! »

DIXMER.

Citoyen !

LORIN.

Attends !... En te voyant fuir et abandonner ta femme, que tu avais poussée en avant pour te cacher derrière elle, je me suis dit : « Sur mon âme, voilà un lâche coquin ! »

DIXMER.

Monsieur !

LORIN.

Attends donc! je ne suis pas au bout... En te voyant tout à l'heure au tribunal suivre les progrès de la mort sur le visage de cette pauvre martyre qu'on nomme Geneviève, et, lorsqu'elle fut condamnée, demeurer froidement à ta place, au lieu de t'avancer et de dire au tribunal : « Citoyens, vous voyez bien que cette pauvre femme est innocente, que c'est moi qui ai tout fait, et que, par conséquent, c'est moi qui dois mourir, et elle qui doit vivre !... » en voyant que tu ne faisais point cela, et que, tout au contraire, c'est toi qui allais vivre et elle qui allait mourir, je me suis dit : « Ah ! sur Dieu, voilà un misérable assassin, il faut que je le tue ! »

DIXMER.

Ce vous sera chose facile, monsieur ; car je n'ai jamais refusé une proposition du genre de celle que vous me faites... Ainsi, quand vous voudrez, demain, ce soir même, nous nous rencontrerons...

LORIN.

Citoyen Dixmer, c'est chose fort difficile que de se rencontrer par le temps qui court, et, puisque nous nous rencontrons, et que le lieu, vous en conviendrez, semble choisi tout exprès pour la circonstance (tirant son sabre), j'espère que vous aurez l'obligeance de ne pas me faire attendre.

DIXMER.

Je suis désespéré de te refuser, citoyen Lorin ; mais, dans ce moment, j'ai autre chose à faire.

LORIN.

Eh bien, cette autre chose, c'est justement ce que je ne veux pas que tu fasses; car, cette autre chose, c'est quelque nouvelle infamie.

DIXMER.

Si tu veux te battre avec moi, citoyen Lorin, il faudra cependant que tu attendes mon bon plaisir.

LORIN.

Et pourquoi attendrai-je?

DIXMER.

Dame, à moins que tu ne m'assassines...

LORIN.

Et je ne ferais que te rendre ce que tu as voulu faire à Maurice.

DIXMER.

Maurice s'était introduit la nuit dans une maison qui n'était pas la sienne, Maurice escaladait un mur comme fait un voleur; si Maurice eût été tué en escaladant ce mur, nul n'avait rien à dire; je lui ai fait grâce, cependant.

LORIN.

Ah! tu appelles cela faire grâce, toi?... Tu vois un pauvre jeune homme fou d'amour, suivant une femme à laquelle il a sauvé la vie au risque de sa tête, et je puis dire de la mienne; croyant avoir le droit de suivre cette femme, car cette femme pouvait être libre... et, au lieu de lui dire bravement, loyalement : « Citoyen Maurice, il n'y a rien à faire ici pour toi... Cette femme est la mienne, je l'aime, elle m'aime; tu l'as sauvée de l'échafaud, je te sauve du poignard, nous sommes quittes; et maintenant, que tout soit fini entre nous, car tu es un patriote pur, et moi, je suis un royaliste enragé... Adieu! » Au lieu de lui dire cela, tu le retiens, tu le caresses, tu lui ouvres ta maison, quoiqu'il soit patriote, quoiqu'il aime ta femme, car ce patriote, son patriotisme peut t'être utile!... car cet amant, son amour peut te servir!... Et, tandis que tu les pousses en avant tous deux, l'un avec l'aveuglement d'un insensé, l'autre avec la résignation d'une martyre, accomplissant, j'en suis certain, non pas une grande action politique, mais quelque basse vengeance particulière, tandis que tu livres l'une à l'échafaud, l'autre au désespoir, toi, tu fuis; toi, tu te caches; toi, tu t'enfonces dans l'ombre, et, de là, tu regardes souriant, pareil au mauvais esprit,

9.

ton œuvre infernale s'accomplir!... Heureusement, Dieu a permis que je fusse là, moi, que je ne te perdisse pas de vue, que je te suivisse... De sorte que me voilà, Dixmer, me voilà sur ta route sanglante, barrant le chemin et te disant : « Assez comme cela, tu n'iras pas plus loin!... » Ah ! je te tiens ici comme tu tenais Maurice, et je serai moins généreux que toi : je ne te ferai pas grâce.

DIXMER.

Oui ; mais Maurice était bâillonné, garrotté ; il ne pouvait crier, appeler à l'aide, et je puis faire tout cela, monsieur, moi qui ne veux pas me battre maintenant.

LORIN.

Appelle, Dixmer ; je te nommerai, et tout sera dit...

DIXMER.

Tu me dénoncerais ?...

LORIN.

Tu voulais bien tout à l'heure, toi qui es coupable, dénoncer ce pauvre greffier, qui est innocent... Oh ! j'étais là, derrière cette arche, j'ai tout entendu, et tu m'as indiqué comment il fallait s'y prendre.

DIXMER.

Eh bien, soit ! je te jure que, ce soir, où tu voudras, à l'arme que tu voudras...

LORIN.

Pardon, mais, ce soir, tu n'auras peut-être plus sur toi ces deux cartes que vient de te signer le greffier, et que je t'ai vu remettre là...

DIXMER.

Tu veux ces cartes ?

LORIN.

Oui.

DIXMER.

Tu ne les auras qu'avec ma vie.

LORIN.

Je le sais bien.... Voilà justement pourquoi je veux te tuer.

DIXMER.

Et que veux-tu faire de ces cartes ?...

LORIN.

Entrer avec dans la chambre des morts, et dire à Geneviève : « Prenez mon bras, madame, vous êtes libre... » Et la chose finira comme dans les pièces du citoyen Demoustier, où le crime est puni et la vertu récompensée.

DIXMER.

Ah! c'est cela que tu veux?...

LORIN.

Oui, en vérité, pas autre chose.

DIXMER.

Et si, au contraire, c'est moi qui te tue?

LORIN.

Alors, la chose finira comme dans les pièces du citoyen Chénier, où le crime est récompensé et la vertu punie; mais je ne crois pas que cela finisse ainsi.

DIXMER.

Ciel et terre! c'est ce que nous allons voir!

LORIN.

Voyons... (Ils se battent. Lorin parle en parant.) Et puis, tu me comprends, citoyen Dixmer... toi, mort, Geneviève est libre; alors, l'homme que tu lui as dit d'aimer...

DIXMER.

Touché!

LORIN.

Ah! tu appelles cela touché, toi?... Tu vas voir comme on touche, Dixmer...

DIXMER.

Touche donc!

LORIN.

Attends, j'ai encore quelque chose à te dire... Alors, l'homme que tu lui as dit d'aimer, elle l'aime sans remords, et, au lieu de mourir sur l'échafaud, ou de vivre face à face avec toi, ce qui est bien pis... Geneviève vit heureuse... Geneviève... (Se fendant.) Tiens, voilà comme on touche!

DIXMER, tombant.

Ah!

LORIN.

Touché!... touché à mort!

DIXMER.

Eh bien, oui... mais elle mourra avec moi...

(Il se relève, prend son portefeuille, et s'avance vers la rivière.)

LORIN, jetant son sabre et saisissant le portefeuille.

Non pas, elle vivra sans toi, au contraire... (Il prend les deux

cartes dans le portefeuille et le rejette près du cadavre. Trois heures sonnent.)
Trois heures ! il était temps !...

DOUZIÈME TABLEAU

La salle des morts, à la Conciergerie.

SCÈNE PREMIÈRE

LA FEMME TISON, GENEVIÈVE, Condamnés.

LA FEMME TISON.

Pourquoi donc pleurent-ils tous ?... Ah ! oui, c'est qu'on ne leur a pas pris leur enfant, à eux ; c'est qu'ils ne vont pas rejoindre leur enfant. Ah ! pauvre chère Héloïse, je ne pleure pas, moi, va...

GENEVIÈVE.

Oh ! mon Dieu, mon Dieu, donnez-moi la force...

LA FEMME TISON.

Oui, je comprends, celle-là est jeune, celle-là est belle, celle-là regrette quelque chose sur la terre. Allez, consolez-vous, mon enfant ; si c'est votre mère que vous regrettez, elle viendra vous rejoindre bientôt.

GENEVIÈVE.

Ah ! pauvre femme, et vous aussi !...

LA FEMME TISON.

Tiens, je te reconnais : c'est toi qui es venue dans la cour du Temple le jour où ma pauvre enfant y est entrée déguisée en bouquetière, et où il m'a semblé que j'avais entendu sa voix. C'est moi qui l'ai accusée... comprends-tu ? une mère qui accuse sa fille, une mère qui tue sa fille... Oh ! mais ce n'est pas moi, c'est cet infâme Rocher !... Et dire qu'avant de mourir, je n'étranglerai pas ce misérable !

GENEVIÈVE.

Mon Dieu ! mon Dieu !...

LA FEMME TISON.

Qu'ils sont longtemps !... C'est trois heures qui viennent de sonner... Et moi qui avais compté quatre. Encore une heure... Allons...

(Elle s'accroupit au pied d'une colonne.)

GENEVIÈVE.

Oh ! traverser tout Paris, arriver là-bas... monter sur l'échafaud sans personne qui vous soutienne que le bras du bourreau !... mourir seule... seule... seule !...

SCÈNE II

Les Mêmes, LORIN, à la grande porte grillée.

LORIN.

Eh ! pardieu ! citoyen factionnaire, tu vois bien que j'ai une carte... et une carte en règle... « Laissez passer le citoyen porteur de la présente. — DURAND, *greffier*. »

LE FACTIONNAIRE.

C'est vrai ; entre, citoyen.

LORIN, reprenant sa carte.

Pardon, pardon, rends-moi ma carte, s'il te plaît !... Je désire entrer, c'est vrai ; mais je désire encore plus sortir. (La porte se referme derrière lui.) Diable !... Ah çà ! voyons, maintenant... où est-elle ?... Je crois que la voici. (Allant à Geneviève et lui touchant l'épaule.) Geneviève !

GENEVIÈVE.

Mon Dieu ! serait-ce déjà... ?

(Elle recule avec effroi.)

LORIN.

Geneviève !

GENEVIÈVE.

Vous ! vous ici, monsieur, dans cette horrible salle !

LORIN.

Geneviève, silence ! pas un mot, pas un signe, pas un geste... Commandez à votre émotion... Que votre visage reste impassible... Écoutez-moi !

GENEVIÈVE

Qu'allez-vous me dire, mon Dieu ! et que se passe-t-il donc ?

LORIN.

C'est de l'espoir que je vous apporte...

GENEVIÈVE.

De l'espoir ?

LORIN.

Oui; Maurice vous attend...

GENEVIÈVE.

Maurice m'attend ?... Mais, monsieur, je suis condamnée...

LORIN.

Vous êtes libre.

GENEVIÈVE.

Libre avec ces grilles, ces verrous, ces sentinelles? Mais voyez donc, ces gens sont-ils libres ; et, s'ils ne le sont pas, comment le serais-je, moi?

LORIN.

Parlez bas, parlez bas!... ou plutôt ne dites rien... laissez-moi parler...

GENEVIÈVE.

Avant toute chose, le reverrai-je?

LORIN.

Tout à l'heure !

GENEVIÈVE.

Alors, je vous écoute...

(Chœur derrière les portes du fond.)

LORIN.

Qu'est-ce que cela?

GENEVIÈVE.

Ce sont les Girondins, qui ont été condamnés en même temps que nous, et à qui on a accordé la permission de se réunir dans un dernier banquet.

LORIN.

Pauvres gens!... Mais revenons à nous... Écoutez bien, Geneviève, notre vie dépend d'un mot mal interprété, mal compris...

GENEVIÈVE.

Notre vie?...

LORIN.

Oui, la mienne, la vôtre, celle de Maurice; car Maurice ne vous survivrait pas. Écoutez donc.

GENEVIÈVE

J'écoute...

LORIN.

On entre ici par deux portes: celle-là, qui donne dans le tribunal et par laquelle vous êtes entrée ; c'est la porte des condamnés à mort.

GENEVIÈVE.

Oui...

LORIN.

L'autre porte, celle-ci, est la porte des visiteurs... Elle donne dans les archives... Par celle-là, on entre... par celle-là, on sort avec les mêmes cartes: Geneviève, je me suis procuré des cartes, entendez-vous? vous allez sortir.

GENEVIÈVE.

Oh! dites-vous vrai?... Oh! merci, mon Dieu!... oh! je l'avoue, je suis jeune... j'aime... je suis aimée... je regrettais la vie... j'avais peur de mourir...

LORIN.

Pas de cris!... votre joie vous trahirait... Voilà pourquoi, au lieu de vous emmener tout de suite, je vous ai préparée par cette longue explication, et, maintenant, rassemblez toutes vos forces, contenez-vous, et venez.

GENEVIÈVE.

Oh! mon Dieu, les jambes me manquent...

LORIN.

Du courage! allons...

GENEVIÈVE.

Et, si nous allions le rencontrer sur notre route?...

LORIN.

Qui?

GENEVIÈVE.

Lui! lui, Dixmer!... lui qui était au tribunal!... lui qui veut ma mort!... lui qui me tue!...

LORIN.

Soyez tranquille, vous n'avez plus rien à craindre de lui.

GENEVIÈVE.

Que dites-vous?

LORIN.

Rien, rien... Venez.

LA FEMME TISON.

Dis donc, citoyenne, est-ce que tu pars la première?... En ce cas, tu reverras ma pauvre Héloïse avant moi, et tu lui diras que je viens...

GENEVIÈVE.

Mon Dieu! mon Dieu! quand je pense que c'est en conspirant avec nous que la pauvre fille...

LORIN.

Venez, venez, Geneviève! nous avons un quart d'heure à peine... et Maurice nous attend.

GENEVIÈVE.

Oui, oui, Maurice... Allons rejoindre Maurice.

(Ils s'apprêtent à frapper à la grille.)

SCÈNE III

Les Mêmes, MAURICE, entrant par la porte opposée.

MAURICE.

Geneviève!... où est Geneviève?

GENEVIÈVE, courant à lui.

Maurice!

LORIN, anéanti.

Maurice, par la porte des condamnés... Le malheureux!... Trois pour deux cartes!

GENEVIÈVE.

Te voilà, mon ami...

MAURICE.

Ne m'attendais-tu pas, Geneviève?... As-tu cru, par hasard, que je te laisserais mourir seule?... Oh! non, non, ma bien-aimée...

GENEVIÈVE.

Mais qu'as-tu fait?

MAURICE.

Ce que j'ai fait? Oh! c'est bien simple: quand j'ai vu que tu étais condamnée, perdue pour moi, j'ai traversé la foule, je me suis élancé sur le fauteuil de fer. « Vous cherchez Maurice Linday depuis trois jours? leur ai-je dit. Le voici: jugez-moi! » Alors, Rocher, qui était là, ce misérable Rocher m'a accusé d'avoir donné l'œillet au Temple... Je n'ai rien répondu... Il m'a accusé de complicité dans la conspiration de la Conciergerie... Je n'ai rien répondu... et l'on m'a condamné à mort... Maintenant, merci de leur jugement et de leur condamnation, puisque leur jugement et leur condamnation nous réunissent. Du courage, Geneviève! le ciel et les hommes, qui n'ont pas voulu que nous ayons une même demeure, n'empêcheront pas que nous ayons un même tombeau ! Me voilà Geneviève, me voilà, pour ne plus te quitter, ni dans ce monde ni dans l'autre !

GENEVIÈVE.

Oh ! mon Dieu ! il m'aimait donc comme je l'aime !

MAURICE.

Et maintenant, tu n'auras plus peur de la mort, n'est-ce pas ? car nous marcherons à la mort ensemble... tu n'auras plus peur de l'échafaud... tu ne trembleras plus sur la route, nous marcherons appuyés l'un à l'autre... et n'ayant qu'un regret, moi du moins, vois-tu, c'est que le fer ne puisse pas trancher nos deux têtes du même coup. Oh ! Geneviève, ma Geneviève, mourir ensemble, nous qui étions condamnés à vivre séparés, ne trouves-tu pas que c'est le suprême bonheur ?

GENEVIÈVE.

Mourir ! mais, mon bien-aimé, nous ne mourrons pas; nous allons vivre, au contraire, et vivre l'un pour l'autre.

MAURICE.

Comment cela ?... Mon Dieu ! mon Dieu ! serait-elle devenue folle ?

LORIN, à part.

En vérité, ce serait dommage de les laisser mourir.

GENEVIÈVE.

Non, non, rassure-toi... Mais parlons bas... Cette porte, tu vois cette porte ?

MAURICE.

Oui.

GENEVIÈVE.

On sort par cette porte...

MAURICE.

Oui, mais avec des cartes...

GENEVIÈVE.

Lorin en a...

MAURICE.

Lorin ?

GENEVIÈVE.

Oui.

MAURICE.

Où est-il? Pas ici, je l'espère?

LORIN.

Si fait, au contraire... Me voilà.

MAURICE.

Toi!... Que veut dire ceci?

LORIN.

C'est tout simple: je connais le citoyen Durand, greffier du Palais, et je lui ai fait signer trois cartes, voilà!

MAURICE.

Trois cartes, Lorin?

LORIN.

Sans doute; j'allais emmener Geneviève et donner ma troisième carte à l'un de ces malheureux... Mais te voilà, je la garde pour moi. Charité bien ordonnée...

MAURICE.

Oh! mon Dieu! cela me semble un rêve... Moi qui avais tout calculé pour la mort... Tiens, Geneviève, vois-tu ce couteau? Si l'échafaud t'avait trop épouvantée, je te tuais de ma main et je me tuais après toi...

GENEVIÈVE.

Ce couteau, Dieu merci, tu n'en as plus besoin. (Elle le jette derrière elle.) Allons...

MAURICE.

Viens, Lorin.

LORIN.

Bon! nous allons sortir tous les trois comme cela... par la même porte, ensemble! pourquoi n'emmenons-nous pas tout le monde?... Allez, allez, je vous rejoins.

MAURICE.

Où cela?

LORIN.

A Abbeville... N'est-ce point à Abbeville que vous comptez vous embarquer pour l'Angleterre?

MAURICE.

Oui.

LORIN.

A merveille, alors!... Va pour Abbeville!... Mais ne vous arrêtez pas en route, notre fuite va faire un bruit de tous les diables... et, si je n'étais pas arrivé, passez en Angleterre sans perdre un instant.

MAURICE.

Mais...

LORIN.

Maurice, Maurice, tu vas nous tuer tous avec tes hésitations... Tiens, voilà les trois quarts qui sonnent...

(Il frappe à la grille.)

LA SENTINELLE, du dehors.

Que veux-tu?

LORIN.

Sortir, pardieu!...

LA SENTINELLE.

Vos cartes?

LORIN, donnant les cartes à Geneviève.

Montrez vos cartes.

GENEVIÈVE.

Les voici.

LA SENTINELLE.

Passez...

MAURICE.

Et toi?

LORIN.

Tout à l'heure; tu m'as bien compris, il faut mettre quelques minutes d'intervalle... Pars le premier, pars!... Au revoir...

MAURICE, lui tendant les bras.

Lorin!

LORIN.

Pas de démonstrations! puisque nous allons nous revoir, elles sont inutiles.

MAURICE.

Rejoins-nous vite...

LORIN.

Sois tranquille.

MAURICE.

Alors, au revoir!

LORIN.

Geneviève, Maurice, mes bons amis!

(Il les serre dans ses bras.)

MAURICE.

Comme tu es ému!...

LORIN.

Moi ? Pas du tout... Va vite ! Allez ! Geneviève, un dernier mot : Soyez heureuse sans remords, vous êtes veuve...

GENEVIÈVE.

Ah !

MAURICE.

Viens, viens !

SCÈNE IV

Les Mêmes, hors MAURICE et GENEVIÈVE.

LORIN.

Partis ! enfin ils sont partis !... Ils traversent le corridor... Je ne les vois plus ! Ah ! pourvu qu'aucun obstacle ne vienne se dresser sur leur route... Il y a si loin d'ici à la porte qui donne sur le quai... On parle bien haut, ce me semble... Quelqu'un les aurait-il reconnus, dénoncés ?... Oh ! j'aurais tué un homme, j'aurais sacrifié ma vie sans les sauver ?... Mon Dieu, ce ne serait pas juste !... Oh ! mon pauvre cœur, ne bats pas si fort... tu m'empêches d'entendre... En ce moment, ils doivent avoir traversé le premier guichet... on leur ouvre la dernière porte... Je n'entends plus rien... C'est fini... libres ! sauvés !... ils sont sauvés ! Oh ! mon Dieu ! mon Dieu ! vous me deviez bien cela.

SCÈNE V

Les Mêmes, ROCHER.

ROCHER, entrant par la porte des condamnés.

Oh ! moi, je n'ai pas besoin de carte... J'entre par toutes les portes, je sors par toutes les portes, on me connaît ici...

LORIN.

Rocher !

ROCHER.

Voyons, voyons ! Eh bien, où sont-ils, ces petits amours, qu'on leur dise adieu ?... Eh ! citoyen Maurice !... Eh ! citoyenne Geneviève !

(Au son de sa voix, la femme Tison relève la tête et rampe jusqu'au couteau, qu'elle ramasse.)

LORIN, à part.

Il va s'apercevoir de leur absence; il va donner l'alarme. (Haut.) Eh bien, que leur veux-tu, au citoyen Maurice et à la citoyenne Geneviève ?

ROCHER.

Tiens ! toi ici ?... Bon ! je croyais n'en trouver que deux, voilà qu'il y en a trois... Abondance de biens ne nuit pas, comme dit le proverbe ; j'ai toute la couvée... Mais où sont-ils donc, les deux autres ?...

LORIN.

Écoute, Rocher, je vais te dire...

ROCHER.

Non pas, non pas, ils sont entrés par la porte des condamnés, ils doivent être ici, il faut qu'ils se retrouvent... à moins que quelque traître ne les ait fait évader.

LORIN.

Rocher, je te dis...

ROCHER.

Ils n'y sont plus ?... Il y a des traîtres ici... mais je vais appeler.

LORIN.

Oh ! le misérable !

ROCHER, secouant les barreaux de la porte.

A l'aide ! à l'aide ! ils se sont enfuis... Courez, courez...

LA FEMME TISON.

Ah ! Rocher... C'est toi qui m'as fait dénoncer ma fille ! Tiens !

(Elle le frappe du couteau.)

ROCHER, tombant.

Je suis mort !... Ah !

LORIN.

Il y a donc une justice au ciel !

(Quatre heures sonnent; les portes s'ouvrent; on voit les Girondins groupés à table, le cadavre de leur compagnon au milieu d'eux.)

LES GIRONDINS, en chœur.

Nous, amis, qui, loin des batailles,
Succombons dans l'obscurité,
Vouons du moins nos funérailles
A la France, à sa liberté !

LORIN.

Citoyens de la Gironde ! place à votre dernier banquet...
Moi aussi, je meurs pour la patrie !

CHŒUR.

Mourir pour la patrie,
C'est le sort le plus beau, le plus digne d'envie!

FIN DU CHEVALIER DE MAISON-ROUGE

HAMLET
PRINCE DE DANEMARK

(SHAKSPEARE'S HAMLET, PRINCE OF DENMARK)

DRAME EN CINQ ACTES (HUIT PARTIES), EN VERS

EN SOCIÉTÉ AVEC M. PAUL MEURICE

Théâtre-Historique. — 15 décembre 1847.

DISTRIBUTION

HAMLET.. MM.	ROUVIÈRE.
LE FANTOME DU PÈRE D'HAMLET................	CRETTE.
CLAUDIUS, roi de Danemark.........................	GEORGES.
POLONIUS, chambellan................................	BARRÉ.
LAERTE, son fils...	ROSNY.
HORATIO...	PRUPIN.
MARCELLUS...	ALEXANDRE.
GUILDENSTERN..	LINGÉ.
ROSENCRANTZ...	ARMAND.
PREMIER FOSSOYEUR..................................	BOILEAU.
DEUXIÈME FOSSOYEUR................................	CASTEL.
UN COMÉDIEN... }	
LE PROLOGUE... }	BEAULIEU.
GONZAGUE... }	
LUCIANUS.. }	BONNET.
UN MOINE... }	
GERTRUDE, reine de Danemark.................... Mmes	PAYRE.
OPHÉLIE, fille de Polonius...........................	PERSON.
BAUTISTA, reine de théâtre.........................	RACINE.
SEIGNEURS, DAMES, COMÉDIENS, ETC.	

ACTE PREMIER

PREMIÈRE PARTIE

La salle d'État, au palais royal d'Elseneur.

SCÈNE PREMIÈRE

LE ROI, LA REINE, entrant; HAMLET, LAERTE, OPHÉLIE, POLONIUS, toute la Cour.

COURTISANS.

Vive le roi !

LE ROI, saluant.

Messieurs, merci.

COURTISANS.

Vive la reine !

LA REINE.

Dieu vous garde, messieurs !

LE ROI.

Je pliais sous la peine
Dont m'accabla la mort d'un frère bien-aimé ;
Mais, aujourd'hui, mon front à vos cris ranimé
Se relève, et, malgré ce coup qui le foudroie,
S'éclaircit aux rayons de la publique joie ;
Car tout chagrin, si grand qu'il soit au cœur blessé,
A son terme ici-bas par la raison fixé.
J'ai donc, d'un cœur joyeux, et qui pourtant soupire,
Pour régner avec moi sur ce puissant empire,
Par votre avis, — avis pour moi plein de douceur ! —
Choisi celle qui fut autrefois notre sœur.
Maintenant que ma main à la sienne est unie
Et que cette union par le prêtre est bénie,
Nous vous remercions, et, si quelqu'un de vous
Réclame grâce ou droit, qu'il s'approche de nous.
A tout juste désir la carrière est ouverte.

POLONIUS, s'avançant.

Sire !

LE ROI.
Ah! Polonius! c'est toi!

POLONIUS.
Mon fils Laërte
Sire, arrive de France...

LE ROI.
Il est le bienvenu ;
C'est un cœur noble et franc, un peu vif, mais connu,
S'il nous revient, du moins, tel qu'il partit naguère,
Pour un bon compagnon — en amour comme en guerre.
Dis-lui que nous aurons grand plaisir à le voir...

POLONIUS.
Oh! sire!

LE ROI, *descendant les degrés du trône.*
Et qu'au souper nous l'attendrons ce soir.

(*S'approchant d'Hamlet, qui, pâle et vêtu de deuil, s'est tenu jusque-là à l'écart.*)

Maintenant, cher Hamlet, pourquoi cet air morose,
Mon cousin et mon fils?

HAMLET.
Sire, laissons la chose
Telle qu'il plut à Dieu de la faire : je suis
Plus que votre cousin et moins que votre fils,
Vous le savez.

LA REINE.
Hamlet!

HAMLET.
Que voulez-vous, ma mère?

LA REINE.
Je veux une douleur moins sombre et moins amère.
Que tes regards, sur nous tournés avec amour,
Ne soient point, depuis l'heure où naît l'aube du jour
Jusqu'à celle où des cieux le crépuscule tombe,
Occupés à chercher à tes pieds une tombe!
Hélas! c'est une loi de la fatalité
Que chacun de nos pas mène à l'éternité.

HAMLET.
Ce que vous dites là, personne ne l'ignore.

LA REINE.

S'il en est donc ainsi, pourquoi paraître encore
Si triste, si souffrant et si chargé d'ennuis?

HAMLET.

Oh! je ne parais pas, moi, madame; — je suis.
Mon cœur, je vous le dis, ignore toute feinte :
Ce n'est pas la couleur dont cette étoffe est teinte,
Ce n'est point la pâleur de mon front soucieux,
Ce ne sont pas les pleurs qui coulent de mes yeux
Qui peuvent témoigner, croyez-le bien, madame,
De l'immortel chagrin qui gémit dans mon âme!
Non, je sais maintenant que deuil, larmes, pâleur,
Peuvent n'être qu'un masque à jouer la douleur.

LE ROI.

Hamlet, soyez certain que, le premier, je loue
D'aussi profonds regrets; mais je crois, je l'avoue,
Que ces funèbres soins qu'au père doit son fils
Au delà du devoir vous les avez remplis.
Il est temps de rêver un avenir prospère :
Celui que vous pleurez perdit aussi son père,
Qui, lui-même, frappé par un coup plus ancien,
Dans un jour de douleur avait perdu le sien.
Le devoir filial sans doute veut, en somme,
Un tribut de regrets; mais ce n'est pas d'un homme,
Ce n'est pas d'un chrétien de se débattre ainsi
Sous la main du Seigneur!

HAMLET.

Sire, merci! merci!

LA REINE.

Hamlet, je joins mes vœux aux vœux de votre père.

HAMLET.

Je vous obéirai, — si je le puis, ma mère.

LE ROI.

Ainsi devait répondre un fils tendre et soumis.
Nous vous remercions, Hamlet. — Et vous, amis,
Vous avez entendu quelle bonne promesse
Le prince nous a faite : ainsi, plus de tristesse!
Venez! la table vide attend nos chants joyeux,
Que la fanfare est prête à reporter aux cieux.

(Sortent le Roi et la Reine, et, derrière eux, les Courtisans et les Gardes.)

SCÈNE II

HAMLET, seul.

Hélas! si cette chair voulait, décomposée,
Se dissoudre en vapeur ou se fondre en rosée!
Ou si l'accord pouvait se rétablir un peu
Entre le suicide et la foudre de Dieu!
Seigneur! Seigneur! Seigneur! qu'elle est lourde, inféconde,
Et qu'elle a de dégoûts, la tâche de ce monde!
Fi de la vie! oh! fi! jardin à l'abandon,
Plein de ronce et d'oubli, de honte et de chardon!
En venir là! quoi! mort depuis deux mois à peine,
Ce roi, qui différait du roi qui nous malmène
Autant que d'un satyre Apollon dieu du jour;
Ce doux roi, pour ma mère épris d'un tel amour,
Qu'il allait s'alarmant si la brise au passage
D'un souffle un peu trop rude atteignait son visage.
Mort! — Oh! non! — Ciel et terre! il est mort cependant!
Oui, leur amour semblait chaque jour plus ardent,
Plus avide... Et voyez, en un mois! chose infâme!
N'y pensons plus. Ton nom, fragilité, c'est femme.
Un mois! a-t-elle usé seulement les souliers
Qu'elle avait quand, pleurant ses pleurs vite oubliés,
Elle a suivi là-bas le corps du pauvre père?
Quoi! cette Niobé n'a plus de pleurs? Misère!
Un animal, enfin, sans raison et sans voix,
Eût gardé sa tristesse, à coup sûr, plus d'un mois.
Honte et terreur! courir si vite à l'adultère!

(Voyant entrer quelqu'un.)

Mais silence, mon cœur! ma langue doit se taire!

SCÈNE III

HAMLET, HORATIO, MARCELLUS, BERNARDO.

HORATIO.

Salut, seigneur!

HAMLET, l'apercevant, avec joie et surprise.

Que vois-je? Horatio! c'est toi!

HORATIO.

Arrivé d'hier soir de Wittemberg.

HAMLET.

Eh quoi !
Sans me l'avoir appris ! Enfin ! c'est toi ! Je t'aime,
Je t'aime, Horatio, mon frère, autre moi-même !
Cher et doux compagnon, vieil ami — de vingt ans !
Car nous avons grandi côte à côte. Heureux temps !
Mais qui t'amène ici ? quel projet méritoire ?
Tu ne nous quitteras qu'expert dans l'art de boire !

HORATIO.

J'étais venu pour voir, monseigneur, le convoi
De votre père.

HAMLET.

Ami, tu te moques de moi ;
Dis que c'était pour voir les noces de ma mère.

HORATIO.

Noces bien promptes !

HAMLET.

Non ; calcul de ménagère !
Les restes refroidis du funèbre repas
Au banquet nuptial ont pu fournir des plats.
Que n'ai-je, avant le jour où l'illusion tombe,
Rejoint mon plus mortel ennemi dans la tombe !
Ah ! mon père ! Ah ! je crois toujours le voir venir...

HORATIO.

Comment ?

HAMLET.

Avec les yeux de l'âme, — en souvenir.

HORATIO.

Je l'ai connu, ce prince, âme sereine et bonne.

HAMLET.

Tu ne retrouveras, va, son âme à personne.

HORATIO, après avoir consulté des yeux Marcellus et Bernardo.

Monseigneur, je l'ai vu cette nuit-ci, je croi.

HAMLET, tressaillant.

Tu l'as vu ! qui ?

HORATIO.

Le roi votre père.

HAMLET.
Le roi
Mon père?

HORATIO.
Calmez-vous... Oui, c'était lui, vous dis-je.
(Montrant Marcellus et Bernardo.)
Ils peuvent attester comme moi le prodige.

HAMLET.
Parle, pour Dieu! j'écoute.

HORATIO.
A minuit, lundi soir,
Sur l'esplanade, à l'heure où tout est calme et noir,
Bernard et Marcellus, étant en sentinelle,
Ont vu leur apparaître une ombre solennelle.
Un guerrier tout armé, majestueux et lent,
A passé tout près d'eux, et de son sceptre blanc
Il eût pu les toucher... Pas grave, aspect austère.
Et c'étaient bien les traits, le pas de votre père.
Eux, frappés de terreur, immobiles et froids,
L'œil fixe, regardaient, — mais sans souffle et sans voix!
J'arrive; — ils me font part du secret d'épouvante,
Et j'ai voulu veiller près d'eux la nuit suivante.

HAMLET.
Eh bien?

HORATIO.
Ils disaient vrai : l'esprit est revenu,
Le même, à la même heure, et je l'ai reconnu.
C'était bien votre père.

HAMLET.
O secrets effroyables!

HORATIO.
C'était lui : mes deux mains ne sont pas plus semblables.

HAMLET.
Et cela se passait?

HORATIO.
Sur l'esplanade, hier.

HAMLET.
Et vous n'avez rien dit à ce spectre si fier?

HORATIO.
Si fait! moi, j'osai dire : « Illusion, arrête!

Et, si la voix te sert encore d'interprète,
Si tu peux proférer quelque son, parle-moi !
S'il faut, pour abréger la peine où je te voi
Et gagner mon salut, faire du bien sur terre,
Parle-moi ! Si tu sais quelque effrayant mystère
Funeste à ce pays, qui fut heureux par toi,
S'il est temps d'éviter un malheur, parle-moi ! »

HAMLET.

Et qu'a répondu l'ombre ?

HORATIO.

Oh ! rien ! toujours muette !
Il m'a semblé pourtant qu'elle levait la tête,
Et qu'elle allait parler... Mais le coq matinal
A jeté son chant clair, et, prompte, à ce signal,
Elle s'est échappée et n'est plus revenue...

HAMLET.

Mystère étrange !

HORATIO, vivement.

Oui, mais vérité reconnue,
Songez-y, monseigneur ! et nous avons pensé
Que vous deviez savoir ce qui s'était passé.

HAMLET, à part.

O mon cœur ! voilà bien d'autres sujets d'alarmes !

(A Bernardo et à Marcellus.)

Gardez-vous, ce soir ?

MARCELLUS.

Oui.

HAMLET.

Le spectre était en armes ?

HORATIO.

Oui.

HAMLET.

De la tête aux pieds ?

HORATIO.

De pied en cap.

HAMLET.

Or donc,
Vous n'avez pas pu voir son visage ?

HORATIO.
Pardon !
La visière du casque était levée.
HAMLET.
Et l'ombre
Avait l'air menaçant?
HORATIO.
Non pas menaçant, — sombre.
HAMLET.
Rouge ou pâle?
HORATIO.
Très-pâle.
HAMLET.
Et l'œil fixé sur vous?
HORATIO.
Constamment.
HAMLET.
Si j'avais été là !
HORATIO.
Comme nous,
Vous eussiez frissonné !
HAMLET.
Je le crois, et sans peine !
Et l'esprit est resté ?...
HORATIO.
Le temps, sans perdre haleine,
De compter jusqu'à cent.
MARCELLUS.
Plus longtemps, compagnon.
HORATIO.
Pas lorsque je l'ai vu !
HAMLET.
La barbe noire?
HORATIO.
Non ;
Comme de son vivant, épaisse et blanchissante.
HAMLET.
Je veillerai ce soir, et, s'il se représente...
HORATIO.
Soyez sûr qu'il viendra.

HAMLET.
S'il prend le front sacré
Du père que je pleure, oh ! je lui parlerai.
HORATIO.
Prince...
HAMLET.
Je descendrai jusqu'au fond du mystère.
Oui, dût l'enfer béant m'ordonner de me taire !
Oui, dussé-je sortir des mornes entretiens
La barbe et les cheveux aussi blancs que les siens !
HORATIO.
Songez...
HAMLET.
Et vous, amis, quelque événement sombre
Qu'amène cette nuit, que paraisse ou non l'ombre,
Qu'elle parle ou se taise, au nom de l'amitié,
Gardez-moi ce secret dont vous portez moitié.
HORATIO.
Prince, comptez sur nous.
HAMLET.
Je saurai reconnaître
Votre zèle. C'est bien. A minuit. J'y veux être.
HORATIO.
Nos devoirs, monseigneur...
HAMLET.
Eh ! non, pas de devoir !
Votre amitié ! la mienne est à vous. — A ce soir.

(Sortent Horatio, Bernardo et Marcellus.)

SCÈNE IV

HAMLET, seul.

Le spectre de mon père en armes ! Doute ! abîme !
Est-ce que tout ceci cacherait quelque crime?
Oh! quand sera-t-il nuit! Jusque-là, paix, mon cœur !
On cache les forfaits; mais le destin moqueur,
Fussent-ils enfouis sous la terre où nous sommes,
Les traîne tout honteux aux yeux surpris des hommes,
Et nous montre, une nuit, quelque spectre sanglant,
Le poison dans la main, ou le poignard au flanc !

SCÈNE V

HAMLET, OPHÉLIE.

HAMLET, à part.

Ophélie!

OPHÉLIE, voulant se retirer.

Oh! pardon!

HAMLET, quittant son air sombre.

Pardon d'être jolie,
Et de me rendre fou d'amour, chère Ophélie?
Est-ce cela?

OPHÉLIE.

Non, mais de venir, monseigneur,
Vous déranger, alors que peut-être...

HAMLET.

En honneur!
Vous avez là, madame, une terreur étrange. —
Quelle nouvelle aux cieux, dites-moi, mon bel ange?

OPHÉLIE.

Monseigneur, je cherchais...

HAMLET.

Que ce soit tel ou tel,
Celui que vous cherchez est un heureux mortel.
Pourquoi n'est-ce point moi?

OPHÉLIE.

Seigneur, c'était mon frère,
De France revenu tout exprès pour distraire
Votre ennui.

HAMLET.

Mon ennui? Je suis gai, sur ma foi!
Mais c'est peut-être aussi parce que je vous voi.

OPHÉLIE.

Vous plaisantez toujours, monseigneur!

HAMLET.

Sur mon âme
Je n'ai point l'esprit fait à plaisanter, madame;
Je dis ce que je pense et sens ce que je dis.
Les damnés quelquefois rêvent du paradis!
C'est un tourment de plus.

OPHÉLIE.
Si je pouvais vous croire !
HAMLET.
Croyez-vous que l'aveugle errant dans la nuit noire
Désire un pur rayon de l'astre radieux
Dont la sublime flamme étincelle à nos yeux ?
Croyez-vous, haletant, quand le nageur succombe
Et se sent engloutir dans son humide tombe,
Croyez-vous qu'il désire un rivage enchanté,
Par le printemps, la vie et la joie habité ?
Moi, je suis cet aveugle à la démarche errante ;
Moi, je suis ce nageur à l'haleine mourante ;
Et, pour moi, votre amour, rayon doux et vermeil,
Serait plus que la vie et plus que le soleil.

OPHÉLIE, joyeuse.
Oh ! monseigneur Hamlet, voyez, je vous écoute
D'un visage joyeux ! — mais le doute ! le doute !

HAMLET.
Je croyais que tout ange avait ce don vainqueur
De suivre la parole au plus profond du cœur.
Mais, puisque votre esprit dans le doute s'arrête,
Ce que je vous disais, eh bien, je le répète,
Et, si vous soupçonniez de trahison Hamlet...

(Il s'assied à une table et écrit rapidement quelques lignes.)

Regardez son front pâle, et lisez ce billet.

(Il remet le billet à Ophélie, la salue et sort.)

SCÈNE VI

OPHÉLIE, seule, lisant.

« Doutez qu'au firmament l'étoile soit de flamme ;
Doutez que dans les cieux marche l'astre du jour ;
La sainte vérité, doutez-en dans votre âme !
Doutez de tout enfin, mais non de mon amour !... »

SCÈNE VII

OPHÉLIE, LAERTE, puis POLONIUS.

OPHÉLIE, apercevant Laerte et cachant le billet.

Mon frère!

LAERTE.

Qu'avez-vous, et quelle est cette lettre
Que vous cachez, ma sœur?

OPHÉLIE.

Oh! monsieur parle en maître,
Il me semble!

LAERTE.

Non pas! non, je parle en ami
Qui ne sait ce que c'est que d'aimer à demi,
Et qui tremble toujours que sa sœur adorée
Ne perde une des fleurs dont sa tête est parée.
Dites, comme j'entrais, quelqu'un sortait d'ici?

OPHÉLIE.

Je vous répondrai franc, si vous parlez ainsi.
Celui-là qui sortait, c'est le prince lui-même.

LAERTE.

Et que vous disait-il?

OPHÉLIE.

Il me disait — qu'il m'aime.

LAERTE.

Et vous, vous avez cru...?

OPHÉLIE.

L'aurore croit au jour,
Et la fleur à la brise, et la femme à l'amour.

(Entre Polonius, qui reste d'abord à l'écart.)

LAERTE.

Ah! pauvre enfant, hélas! ignorante et crédule!
Un prince, sachez-le, ne se fait pas scrupule
De jurer ses grands dieux qu'il aime et va mourir
Si d'un amour pareil on ne veut le guérir.
Puis, le prince guéri, le prince et sa parole,
Ainsi qu'une vapeur, tout fuit et tout s'envole.

POLONIUS, s'avançant.

Que lui dis-tu donc là?

LAERTE.

Rien, — seulement qu'Hamlet,
Tout prince qu'il naquit, tout mon maître qu'il est,
Si par hasard ma sœur était par lui trompée,
Verrait bien qu'au fourreau ne tient pas mon épée!

OPHÉLIE.

Mon frère!

LAERTE.

C'est ainsi.

POLONIUS.

Qu'est-ce donc que j'entends?
Au fait, je m'aperçois que, depuis quelque temps,
Hamlet, autour de toi, tourne plus qu'à ton âge
Ne devrait le permettre une personne sage.

OPHÉLIE, avec joie.

Le prince! vous croyez?

POLONIUS.

C'est bien, nous parlerons
De tout cela demain; puis, après... nous verrons;
Car, ce soir, il nous faut, Laërte, à l'instant même,
Nous rendre auprès du roi, qui nous attend.

OPHÉLIE, à part.

Il m'aime!

LAERTE.

A demain donc, ma sœur! Mon père, me voilà.

POLONIUS, à Ophélie.

Eh bien, vous n'allez point, j'espère, rester là?
Dans votre appartement, allons, belle amoureuse,
Rentrez!

(Il sort avec Laerte.)

OPHÉLIE.

Il m'aime! il m'aime! oh! que je suis heureuse!

DEUXIÈME PARTIE

Plate-forme devant le château. La nuit.

SCÈNE PREMIÈRE

MARCELLUS, veillant; HAMLET et HORATIO, entrant; puis LE FANTÔME.

HORATIO.
Le vent est âpre et coupe, en sifflant, le visage.

HAMLET.
Est-il minuit?

HORATIO.
Bientôt.

HAMLET.
C'est l'heure.

(Fanfares et bruit dans le château.)

HORATIO.
Quel tapage!

HAMLET.
A force de flambeaux, de coupes et de bruit,
Le roi veut défier le silence et la nuit.

(Une horloge lointaine sonne minuit.)

HORATIO.
Écoutez, monseigneur!

HAMLET.
Qu'est-ce encor?

HORATIO.
Minuit sonne.
Le spectre va venir, sans doute.

HAMLET.
Je frissonne!

HORATIO.
Regardez, monseigneur.

HAMLET.
Quoi?

HORATIO.

Le spectre!

HAMLET.

Où?

HORATIO, montrant du doigt le Fantôme, qui paraît au douzième coup.

Là! là!

HAMLET.

Anges du ciel, à moi! le voilà! le voilà!

(Au Fantôme.)

Que tu sois protégé par un pouvoir céleste
Ou vomi par l'enfer; que, dans un but funeste,
Ou que, par charité, tu viennes m'appeler,
La forme où tu parais m'oblige à te parler.

(Tirant son épée pour l'adjuration.)

Père, Hamlet, majesté, roi, Danois, je t'adjure!
Le doute est trop affreux! réponds, sombre figure.
Enfermé dans la mort, pourquoi ton corps bénit
A-t-il fait éclater sa prison de granit?
Comment, ouvrant pour toi ses lourds battants de pierre,
La tombe, où se ferma sans réveil ta paupière,
T'a-t-elle rejeté, béante, parmi nous?
Qu'est-ce que tout ceci? Pourquoi, spectre jaloux,
Aux rayons de la lune, et couvert d'une armure,
Fais-tu la nuit hideuse? et nous, fous de nature,
Pourquoi nous plonges-tu dans des pensers d'effroi,
Qui passent de si haut nos âmes en émoi?
Réponds! que me veux-tu? Parle! que dois-je faire?

(Un signe du Fantôme.)

HORATIO.

Du doigt il vous appelle, et semble avoir affaire
A parler à vous seul.

HAMLET.

Oui, son geste invitant

Me montre cet endroit plus retiré.

HORATIO.

Pourtant,

Restez!

HAMLET.

Mais, si je reste, alors, il va se taire.
Je le suivrai.

HORATIO.

    Seigneur !

HAMLET.

              Qu'ai-je à perdre sur terre?
Ma vie ? Ah ! je vous dis qu'une épingle vaut mieux !
Mon âme ? Elle est la fille immortelle des cieux
Tout aussi bien que lui ! Que peut-il donc contre elle ?
Un signe encor, j'y vais.

HORATIO.

             Mais, si sa main cruelle
Du sommet de ce roc, penché terriblement,
Vous pousse, monseigneur, dans le gouffre écumant ;
Si tout à coup, prenant un visage plus sombre,
Quelque aspect effrayant, surhumain, — oh ! si l'ombre
Saisit votre raison, vous renvoie insensé !
Songez ! la tête tourne, un vertige glacé
Vous prend, rien qu'à plonger sur cette mer profonde,
Rien qu'à prêter l'oreille au bruit sourd de cette onde.

(Nouveau signe du Fantôme.)

HAMLET.

Encore ! Je te suis.

HORATIO, *le retenant.*

    Oh ! non !

HAMLET.

              Laissez !

HORATIO.

                  Pardon !
Je ne puis.

HAMLET.

          Mon destin m'a crié : « Mais va donc ! »
Et rend dans tout mon corps chaque artère animée
Plus forte que les nerfs du lion de Némée.
Oui, j'y vais.

(Se dégageant des mains d'Horatio et de Marcellus.)

           Lâchez-moi. Par le ciel ! qu'un de vous
Me retienne, et j'en fais une ombre ! Laissez-nous !

(Sur le geste impérieux d'Hamlet, Horatio et Marcellus se retirent.)

SCÈNE II

HAMLET, LE FANTÔME.

HAMLET.
Maintenant, parle-moi. Nous sommes seuls : demeure.
LE FANTÔME.
Écoute bien.
HAMLET.
J'écoute.
LE FANTÔME.
Elle va sonner, l'heure
Où je dois retourner aux gouffres sulfureux,
Aux bûchers dévorants.
HAMLET.
Pauvre âme ! c'est affreux !
LE FANTÔME.
Oh ! garde ta pitié ; mais grave dans ton âme
Mes révélations.
HAMLET.
Oui, certe, en traits de flamme !
LE FANTÔME.
Et que le mot *vengeance* y soit de même écrit
Lorsque j'aurai parlé.
HAMLET, étonné.
Comment ?
LE FANTÔME.
Je suis l'esprit
De ton père, la nuit, errant, — c'est la sentence,
Et consumé, le jour, des feux de pénitence,
Jusqu'à ce que la flamme ait enfin épuré
Les fautes où, vivant, je me suis égaré. —
Secrets de ma prison ! ah ! si je pouvais dire
Ce que là-bas je souffre et quel est mon martyre !...
Mais vous n'êtes pas faits, mystères éternels,
Pour l'oreille de l'homme et les regards charnels.
— Écoute ! écoute ! écoute ! Aimais-tu bien ton père ?
HAMLET.
O ciel !

LE FANTÔME.
Tu voudras donc venger sa mort, j'espère.
Un meurtre infâme...

HAMLET.
Un meurtre?

LE FANTÔME.
Infâme! ils le sont tous!
Mais le mien, exécrable, inouï jusqu'à nous,
Les dépasse en horreur...

HAMLET.
Hâte-toi de conclure,
Et la pensée ailée aura moins prompte allure
Que ma vengeance.

LE FANTÔME.
Bien! — On a su propager
Le bruit que je dormais sur un banc du verger,
Quand un serpent m'avait piqué. — Mensonge insigne!
Qui fait que le Danois à ma mort se résigne.
Écoute! le dragon dont le venin mortel
Tua ton père, — il a son trône!

HAMLET.
Juste ciel!
O les pressentiments de mon âme! ô mystère!
Mon oncle?

LE FANTÔME.
Oui, ce démon d'inceste et d'adultère,
Par son esprit magique et les dons de l'enfer,
Esprit et dons maudits, mais sûrs de triompher,
Fit consentir ma reine à ses désirs infâmes.
Elle que je croyais chaste parmi les femmes, —
Oh! quelle chute, Hamlet! — Hamlet, de mon amour,
Digne comme à l'autel, saint comme au premier jour,
De moi qui vivais pur et la main dans la sienne,
Tomber à ce maudit! préférer à la mienne
Cette âme de rebut! et, folle de désir,
Demander à l'inceste un monstrueux plaisir! —
Mais l'air frais du matin me frappe le visage,
Achevons. — Je dormais donc, selon mon usage,
Sur un banc du jardin d'ombrages entouré.

Quand ton oncle vers moi, frère dénaturé!
Se glissa lentement, muni de jusquiame,
Poison sûr qui passa de ma lèvre à mon âme!...
C'est ainsi que, pendant mon sommeil, en un jour,
Mon frère me vola couronne, vie, amour ;
Et, pécheur, je mourus sans prêtre ni prière,
Sans extrême-onction, sans regard en arrière,
Et comparus devant le Seigneur irrité,
Chargé de tout le poids de mon iniquité.

HAMLET.

Horrible ! horrible ! horrible ! ô comble de l'horrible !

LE FANTÔME.

Pourras-tu le souffrir, à moins d'être insensible ?
Laisseras-tu le lit royal de tes aïeux
A la luxure infâme, à l'inceste odieux ?...
Pourtant, quelque dessein que couve ta colère,
Ne va pas te souiller du meurtre de ta mère.
Laisse son jugement au Dieu maître et vainqueur,
Et sa peine au remords qui lui ronge le cœur ! —
Adieu! Je dois partir : à mes yeux se dérobe
Le feu pâle et glacé des vers luisants; c'est l'aube.
Adieu, mon fils, adieu ! — Souviens-toi ! souviens-toi !

(Le Fantôme disparaît.)

SCÈNE III

HAMLET, seul.

O légions du ciel ! sol qui trembles sous moi!
Enfer toujours béant pour l'assassin ! — Silence!
Fais silence, mon cœur ! Vous point de défaillance,
Mes muscles, prêtez-moi votre plus ferme appui !
Il m'a dit : « Souviens-toi ! » Pauvre chère âme ! oh ! oui,
Oui, tant que le passé dans ce cœur pourra vivre,
Oui, je me souviendrai. Soyez rayés du livre
De ma mémoire, vous, rêves froids et mesquins,
Vulgaires souvenirs, sentence des bouquins,
Conquêtes sans valeur de l'étude frivole,
Vaines impressions d'une jeunesse folle,
Soyez rayés! J'écris sans mélange insolent

L'ordre seul de mon père au registre tout blanc,
Et j'en efface tout! — jusqu'à l'amour féconde
Qui seule à mes regards pouvait dorer le monde
Et parfumer mon cœur à tant de maux offert,
Comme fait un beau lis éclos dans un désert!
Adieu donc au bonheur, adieu, mon Ophélie!
Un seul désir me presse, un seul serment me lie. —

(Tirant ses tablettes.)

Mes tablettes? Notons qu'on peut, la rage au sein,
Sourire, et, souriant, n'être qu'un assassin.
En Danemark, du moins, ce n'est pas chose insigne.

(Il trace un mot sur ses tablettes et frappe dessus.)

Vous êtes là, cher oncle! A présent ma consigne:
« Adieu, mon fils, adieu! Souviens-toi! » J'ai juré!

SCÈNE IV

HAMLET; HORATIO et MARCELLUS, rentrant.

HORATIO, appelant.

Seigneur!

MARCELLUS, de même.

Seigneur Hamlet!

HAMLET.

Et je me souviendrai!

HORATIO.

Puis-je approcher, seigneur?

HAMLET.

Oui, viens. Viens donc, te dis-je.

(Horatio et Marcellus s'approchent.)

MARCELLUS.

Eh bien?

HORATIO.

Qu'arrive-t-il, monseigneur?

HAMLET.

Un prodige!
Mais, sans plus de détails, il serait à propos
De nous serrer la main et d'aller en repos

Chacun à notre gré ; — vous, soit à votre affaire,
Soit à votre penchant : chaque homme a, dans sa sphère,
Une affaire à finir, un penchant à choyer.
Je n'ai ni l'un ni l'autre ; aussi vais-je prier.

HORATIO.

Comme votre langage est étrange, équivoque !

HAMLET.

Hélas ! je suis fâché, bien fâché qu'il vous choque.

HORATIO.

Oh ! je ne vois pas là d'offense, monseigneur.

HAMLET.

Si fait ! par saint Patrick ! j'offense votre honneur
En gardant mon secret. Mais ma voie est étroite,
Ne m'en veuillez donc point. Si ce que ma main droite
Vient de résoudre était connu de l'autre main,
Oui, je la trancherais moi-même avant demain.
Maintenant, chers amis, bons compagnons de classe,
De guerre et de plaisirs, je requiers une grâce.

HORATIO.

Ordonnez monseigneur.

HAMLET.

Ne révélez jamais.
Ce qu'aujourd'hui vos yeux ont vu.

HORATIO et MARCELLUS.

Je le promets.

HAMLET.

Faites-en le serment.

HORATIO.

Sur l'honneur, je le jure.

MARCELLUS.

Je le jure.

HAMLET.

Jurez sur mon épée !

HORATIO.

Injure !
Monseigneur ! deux serments pour des cœurs assurés !

HAMLET.

N'importe ! sur l'épée, allons, jurez.

LE FANTÔME, sous terre.
Jurez!
HAMLET.
L'entendez-vous?
HORATIO, tremblant.
Seigneur, changeons un peu de place;
Venez ici.
HAMLET, étendant l'épée.
Posez là vos deux mains, de grâce!
Sur le fer et l'honneur, à jamais vous tairez
Ce que vous avez vu?
LE FANTÔME, sous terre.
Oui, sur le fer jurez.
HORATIO.
Que veut dire ceci, Dieu profond?
HAMLET.
Ah! la terre
Et le ciel, mes amis, cachent plus d'un mystère
Que la philosophie encor n'a pas rêvé.
Revenons là. Chacun de vous soit préservé
Par la grâce! — Écoutez. Peut-être ma conduite
Sera-t-elle bizarre, étrange par la suite.
Peut-être je feindrai l'égarement des fous!
En me voyant alors, messieurs, promettez-vous
De ne pas secouer la tête de la sorte,
Ni de croiser ainsi les bras, disant: « N'importe!
Nous connaissons la cause! » ou bien: « Si l'on voulait
Dire ce qu'on a vu! si l'un de nous parlait! »
Ou bien: « Feinte folie! » ou telle autre parole
Laissant à présumer que vous avez un rôle
Dans ma vie inconnue? Oui, vous me l'assurez,
Chers amis, pas un mot! pas un souffle!
LE FANTÔME, sous terre.
Jurez!
HORATIO et MARCELLUS.
Nous jurons!
HAMLET, remettant son épée au fourreau.
Calme-toi, là-bas, pauvre âme en peine!
Ainsi, j'ai pour garant votre amitié. La mienne
Se fie à vous, messieurs, de tout cœur, et, si peu
Que puisse faire Hamlet, avec l'aide de Dieu,

11.

Pour prouver l'union sainte qui nous rassemble,
Pauvre homme, il le fera! Venez, rentrons ensemble,
Rentrons. — Toujours le doigt sur les lèvres, amis!
Quelque événement sombre à nos temps est promis.
Mais pourquoi le Seigneur, pour servir sa colère,
Prend-il donc un mortel, quand il a le tonnerre?

ACTE DEUXIÈME

TROISIÈME PARTIE

Une chambre dans le château.

SCÈNE PREMIÈRE

POLONIUS, assis, lisant la lettre d'Hamlet; OPHÉLIE.

OPHÉLIE, entrant vivement.

Mon père!

POLONIUS.

Qu'est-ce donc? et qui vous trouble ainsi?

OPHÉLIE.

Oh! si vous saviez!

POLONIUS.

Quoi?

OPHÉLIE.

Sommes-nous seuls ici?

POLONIUS.

Oui. Qu'est-il arrivé?

OPHÉLIE.

J'étais en train de coudre
Quand le seigneur Hamlet,—mon Dieu, quel coup de foudre!
Nu-tête, haletant et les cheveux épars,
Son pourpoint déchiré, tremblant, les yeux hagards,

Les genoux se heurtant, et pâle ! — oh ! ce front pâle
Rapportait de l'enfer quelque terreur fatale ! —
Dans ma chambre est entré...

POLONIUS.

Fou, par amour pour toi ?

OPHÉLIE.

Mon père, je ne sais, mais vraiment je le crois !
Me serrant le poignet, il s'écarte, il s'arrête,
Ramène ainsi sa main au-dessus de ma tête,
Et, rêveur, analyse et parcourt tous mes traits,
Comme s'il eût voulu les dessiner.

POLONIUS.

Après ?

OPHÉLIE.

Il a gardé longtemps cette morne attitude,
Balançant son haut front avec inquiétude
Et secouant mon bras. Enfin, il a poussé
Un soupir si profond, que tout son corps brisé
A pensé défaillir sous cet effort.

POLONIUS, stupéfait.

C'est drôle !

OPHÉLIE.

Puis, la tête tournée ainsi vers son épaule,
Il est sorti, du pas d'un être surhumain
Qui sait bien sans regard retrouver son chemin !
Et, tout fixant ses yeux sur moi d'étrange sorte,
Lentement, sans y voir, il a gagné la porte.

POLONIUS.

Pure extase d'amour ! à mon tour, je le crois !
C'est bien la passion. — Je vais tout dire au roi. —
La folle passion, fléau mortel des hommes,
Qui se ronge elle-même, et, tous tant que nous sommes,
Du désespoir nous pousse au sombre égarement.
Ne l'as-tu pas aussi traité trop durement ?

OPHÉLIE.

Je n'ai fait qu'obéir à votre ordre suprême,
Mon père : ce matin, vous m'avez dit vous-même
Que j'étais en danger près du seigneur Hamlet
Et devais de sa part refuser tout billet,

Même en vous le montrant ! Il m'en a fait remettre
Un autre, et, sans l'ouvrir, j'ai renvoyé sa lettre.

POLONIUS.

Bélître que je suis ! Oh ! mon Dieu, c'est cela,
Je me suis trop pressé, c'est ma faute, voilà !
Pourquoi l'ai-je jugé d'un coup d'œil si rapide ?
J'ai cru qu'il s'amusait de toi ! soupçon stupide !
Les jeunes vont chercher leur perte étourdiment ;
Mais, vieux, nous échouons, nous, par discernement.
— Le roi ! — Sors, chère enfant ; je ne vais rien lui taire.

OPHÉLIE.

Cependant, ménagez votre fille, mon père !

POLONIUS.

Oui ; mais nous répondons de son royal neveu,
Et le silence a plus de dangers que l'aveu.

(Ophélie sort ; Polonius reste à la porte.)

SCÈNE II

LE ROI, LA REINE, GUILDENSTERN, ROSENCRANTZ, POLONIUS.

LE ROI.

Rosencrantz, Guildenstern, c'est Dieu qui vous envoie
Pour rendre à notre Hamlet la raison et la joie !
Ah ! vous ne l'allez pas reconnaître aujourd'hui.
Ame et visage, hélas ! en lui, rien n'est plus lui.
Ce qui le trouble tant, c'est la mort de son père.
Pas d'autre cause ! — non, pas d'autre, je l'espère ! —
Vous, mes amis, enfants, vous partagiez ses jeux,
Jeunes gens, ses plaisirs, ses goûts plus orageux.
Restez, pour réveiller la joyeuse folie
Dans cet esprit qui meurt fou de mélancolie,
Et découvrez le mal qui le fait dépérir,
Pour qu'avertis par vous, nous le puissions guérir.

LA REINE.

Hamlet parle de vous, chers messieurs, à toute heure,
Votre part dans son cœur est toujours la meilleure ;
Demeurez, aidez-nous de vos soins éclairés,

Et ce que tient un roi dans ses mains, vous l'aurez.
Eh bien, nous restez-vous?

ROSENCRANTZ.

Oh ! vous êtes la reine,
Et votre volonté, madame, est souveraine !

GUILDENSTERN.

Vous, madame, prier? Commandez, nous voici !

LE ROI.

Cher Guildenstern, et vous, Rosencrantz, oh ! merci

LA REINE.

Cher Rosencrantz, et vous, Guildenstern, mille grâces !
Que le ciel rende ici vos efforts efficaces !
Vous irez voir bientôt mon Hamlet, n'est-ce pas?

GUILDENSTERN.

Nous allons le trouver, madame, de ce pas !

(Les deux jeunes gens sortent.)

SCÈNE III

LE ROI, LA REINE, POLONIUS.

POLONIUS.

A mon tour, monseigneur ! une bonne nouvelle !

LE ROI.

En annoncez-vous d'autre?

POLONIUS.

Ah ! vous savez mon zèle.
Je mets au même rang, monseigneur, croyez-moi,
Mes devoirs envers Dieu, mon dévouement au roi.
Or, à moins qu'une fois mon esprit perspicace
Ne se trouve en défaut, je crois, toujours sagace,
Savoir à point nommé pourquoi le prince est fou.

LE ROI.

Oh ! parlez ! parlez vite !

POLONIUS.

Allant sans savoir où,
Si j'allais disserter, sire, en votre présence
Sur le pouvoir suprême et sur l'obéissance,

Sur la nuit, sur le jour, sur le temps, — sans nul fruit
Ce serait gaspiller le temps, le jour, la nuit !
Or, la concision de l'esprit étant l'âme,
Je vous dirai donc, sire, — écoutez-moi, madame ! —
Qu'il faut saisir d'abord la cause de l'effet,
Ou la cause plutôt de cet esprit... défait ;
Car l'effet — qui défait cet esprit — a sa cause.
Or, voici maintenant le vrai sens de la chose :
J'ai ma fille ; je l'ai, car elle m'appartient ;
Et la docile enfant que le devoir contient
A remis ce billet entre mes mains fidèles :

(Lisant.)

« A mon ange Ophélie, à la reine des belles. »
Reine des belles ! Peuh ! vulgaire compliment !

LA REINE.

Est-ce écrit par Hamlet ?

POLONIUS.

Par lui-même, oui, vraiment !

(Il lit.)

« Doutez qu'au firmament l'étoile soit de flamme ;
Doutez que dans les cieux marche l'astre du jour ;
La sainte vérité, doutez-en dans votre âme !
Doutez de tout enfin, mais non de mon amour !
Mon cœur, pour moi, n'est point un thème à poésie,
Je ne mets pas mes pleurs en vers de fantaisie ;
Mais laissez-moi vous dire humblement, simplement :
Je vous aime d'amour, je vous aime ardemment,
Et, jusqu'à ce que l'âme à mon corps soit ravie,
Cet Hamlet qui vous parle est à vous, chère vie ?
HAMLET ! »

(Montrant la lettre.)

Voyez plutôt. — Ma fille avant ce jour,
M'avait appris déjà, du reste, cet amour.

LE ROI.

Ophélie a donc mal accueilli son hommage ?

POLONIUS.

Comment me jugez-vous ?

LE ROI.

Mais loyal, probe et sage.

POLONIUS.

Me jugeant donc ainsi, qu'eussiez vous dit de moi
Si j'avais accepté cet amour sans effroi,
Si j'avais fait mon cœur à mon honneur rebelle?
Oh! que non pas! J'ai dit nettement à la belle :
« Le prince Hamlet n'est pas de ta sphère, bijou,
Et tu vas sur-le-champ t'enfermer au verrou,
Et me tout repousser, et cadeaux et grimoire! »
Elle l'a fait! et lui, pour abréger l'histoire,
La tristesse l'a pris, ensuite le dégoût,
Ensuite l'insomnie, et puis l'ennui de tout,
Et puis le désespoir, puis enfin la folie
Où son cœur naufragé se débat et s'oublie!

LE ROI, à la Reine.

Est-ce que vous croyez...?

LA REINE.

C'est possible, en effet.

POLONIUS.

Quand m'est-il arrivé d'avancer quelque fait
Qui se soit trouvé faux?

LE ROI.

Je ne sais, à vrai dire.

POLONIUS, montrant alternativement sa tête et ses épaules.

Faites sauter ceci de dessus cela, sire,
Si je vous ai trompé! J'irais, lorsque j'y suis,
Chercher la Vérité jusqu'au fond de son puits.

LE ROI.

Mais des preuves?

POLONIUS.

Le prince en cette galerie
Aime à rêver. Cachés par la tapisserie,
Nous lui dépêcherons ma fille quelque jour,
Et nous écouterons. S'il n'est fou par amour,
Retirant à l'État son appui le plus ferme,
Vous pourrez m'envoyer diriger une ferme.

LE ROI.

Soit! essayons.

LA REINE, regardant vers la porte.

Hamlet! toujours sombre, mon Dieu!
Il s'avance en lisant.

POLONIUS.

Éloignez-vous un peu.
Laissez-moi d'abord seul le sonder, je vous prie,
Et je vous en rendrai bon compte, je parie.

(Sortent la Reine et le Roi.)

SCÈNE IV

POLONIUS, HAMLET, lisant.

POLONIUS.

Comment va monseigneur Hamlet?

HAMLET.

Bien, Dieu merci!

POLONIUS.

Est-ce que monseigneur ne me remet pas?

HAMLET.

Si!
Vous êtes un marchand de poisson.

POLONIUS.

Sur ma tête!
Vous vous trompez!

HAMLET.

Tant pis! Vous seriez plus honnête.

POLONIUS.

Plus honnête?

HAMLET.

Et, mon cher, être honnête, aujourd'hui,
C'est bien être trié sur dix mille.

POLONIUS.

Hélas! oui,
La chose est trop réelle!

HAMLET.

Avez-vous une fille?

POLONIUS, à part.

Il y tient!

(Haut.)

Oui, seigneur.

(A part.)
Pauvre esprit qui vacille!
Me croire, ah! c'est fort drôle! un marchand de poisson.
Le mal est sérieux. Pas l'ombre de raison!
Au fait, je m'en souviens, dans mes jeunes années,
L'amour m'a fait passer de cruelles journées,
Et mes maux quelquefois approchaient de ses maux.
(Haut.)
Que lisiez-vous, seigneur?

HAMLET.

Des mots, des mots, des mots!

POLONIUS.

Mais le sujet du livre?

HAMLET.

Oh! pure calomnie!
Le satirique assure, en sa pauvre ironie,
Que les vieux sont ridés, que leurs cheveux sont gris,
Que l'ambre coule à flot de leurs yeux appauvris,
Que leur esprit est faible et leur jarret débile,
Vérités dont je jure aussi, sans être habile!
Mais qu'il est malséant d'écrire, selon moi;
Car, enfin, vous auriez mon âge, que je croi,
Si vous pouviez, du temps fuyant les maléfices,
Marcher à reculons, comme les écrevisses.

POLONIUS, à part.

C'est fou! mais sa folie a du sens par lambeau.
(Haut.)
Venez vous changer d'air?

HAMLET.

Où donc? Dans mon tombeau?

POLONIUS, à part.

C'est un moyen, au fait! la réponse est sentie!
Les fous trouvent parfois certaine repartie
Que l'esprit le plus sain n'inventa pas toujours.
Quittons-le. Mais il faut, certes, qu'un de ces jours,
Par quelque circonstance habilement prévue,
Entre ma fille et lui, j'amène une entrevue.
(Haut.)
Je prends très-humblement congé de vous, seigneur.

HAMLET.

Prenez, monsieur, prenez! je ne puis, en honneur,
Vous abandonner rien d'une âme plus ravie,
A part ma vie! à part ma vie! à part ma vie!

POLONIUS.

Adieu donc, monseigneur.

HAMLET, à part, haussant les épaules.

Le vieux fou! quel ennui!

POLONIUS, rencontrant à la porte Rosencrantz et Guildenstern.

Sans doute, vous cherchez le seigneur Hamlet?

ROSENCRANTZ.

Oui.

POLONIUS.

Le voici.

GUILDENSTERN.

Dieu vous garde!

(Sort Polonius.)

SCÈNE V

HAMLET, GUILDENSTERN, ROSENCRANTZ.

GUILDENSTERN, courant à Hamlet.

O monseigneur!

ROSENCRANTZ.

Cher maître!

HAMLET.

Mes bons amis! c'est vous! Ah! je me sens renaître!
Votre main! votre main! Comment donc allez-vous?

ROSENCRANTZ.

Comme de bons vivants narguant le sort jaloux,
Heureux sans bonheur lourd et sans joie importune.

GUILDENSTERN.

Non pas brillants rubis au front de la fortune...

ROSENCRANTZ.

Mais non pas humbles clous qu'elle foule du pié.

HAMLET.

Vous avez sa ceinture, ô cher couple envié.

Vous avez ses faveurs, sans qu'elle les chicane.
(A part.)
Ce n'est pas étonnant, c'est une courtisane !
(Haut.)
Quoi de neuf ?

ROSENCRANTZ.
Rien.

GUILDENSTERN.
Si fait ! le monde se fait bon.

HAMLET.
C'est donc qu'il sent sa fin, ce vieux monde barbon !
Mais, mon cher, la nouvelle est bien conjecturale.
Une autre question un peu moins générale :
Quels griefs le destin a-t-il eus contre vous,
Amis, qu'il vous envoie en prison avec nous ?

GUILDENSTERN.
Comment ? quelle prison ?

HAMLET.
Ce pays, c'en est une !

ROSENCRANTZ.
Eh ! mais la terre, alors ?...

HAMLET.
Est la prison commune
Où l'on entre pleurant et d'où pleurant on sort !
Un ange en tient la clef, — c'est l'ange de la mort !

GUILDENSTERN.
Nous n'envisageons pas, ma foi, ce pauvre monde
Si tristement, seigneur !

HAMLET.
Prison, prison profonde,
Cercle de noirs cachots, de caveaux ténébreux,
Dont notre Danemarck est un des plus affreux !

ROSENCRANTZ.
Nous ne le voyons pas ainsi.

HAMLET.
C'est fort possible.
Le Danemark, pour vous, est donc un champ paisible ?

Soit ! chacun fait son bien, son mal à sa façon.
Pour moi, le Danemark est pis qu'une prison.

ROSENCRANTZ.

Je vois ! l'ambition et ses songes de flamme
Laissent ce vaste État trop étroit pour votre âme.

HAMLET.

Moi ! j'aurais pour empire une coque de noix,
Que je m'y trouverais, mon Dieu, le roi des rois...
Si je n'y faisais pas parfois de mauvais rêves.

GUILDENSTERN.

Rêves d'ambition sans remède et sans trêves !
L'ombre d'un rêve, au fait, c'est tout l'ambitieux,
N'est-ce pas ?

HAMLET.

   Mes amis, vous raisonnez au mieux.
Mais ne raisonnons pas, c'est bien assez de vivre.
Venez-vous à la cour ?

ROSENCRANTZ.

    Tout prêts à vous y suivre.

HAMLET.

Et vous venez pour moi ?

GUILDENSTERN, avec embarras.

   Monseigneur... oui.

HAMLET.

        Vraiment !
Ah ! pauvre que je suis, même en remercîment !
Mille grâces, messieurs ! mais, là, sans hyperbole,
Mille grâces de moi valent bien une obole ! —
Ainsi, c'est de vous seuls et sans être poussés,
Que vous m'offrez vos vœux, vœux désintéressés ?

ROSENCRANTZ.

Mais, monseigneur, sans doute !

HAMLET.

    Ainsi, c'est par pur zèle ?
Allons, de l'abandon ! parle, toi, mon fidèle !

GUILDENSTERN, bas, à Rosencrantz.

Que dire ?
 (Haut.)
  Monseigneur !...

HAMLET.

Eh! mon Dieu, répondez,
Répondez, voilà tout, que l'on vous a mandés.
Oui, j'en lis dans vos yeux les aveux manifestes
Que vous ne savez pas déguiser, cœurs modestes!
Je sais que c'est la reine et notre excellent roi
Qui vous ont fait venir.

ROSENCRANTZ.

Mais, monseigneur, pourquoi?

HAMLET.

Pourquoi? — Tenez, amis, je vais parler sans feinte,
Et le secret du roi restera sans atteinte. —
J'ai, depuis quelque temps, comment? je n'en sais rien,
Perdu toute gaîté. Je ne fais rien de bien.
L'ennui, brouillard glacé, trompe mon cœur avide.
La terre, ce jardin, me semble morne et vide.
Le ciel, ce dais d'azur, ce divin firmament,
Qui sur tout notre bruit règne paisiblement,
Cette voûte infinie où scintille l'étoile,
Rayon du jour céleste entrevu sous le voile,
N'a plus pour mon esprit accablé par le sort
Que nuages de deuil et que vapeurs de mort.
L'homme est beau! l'homme est roi des choses éternelles!
Son front a des rayons, et son âme a des ailes!
Quand l'idée ou l'amour l'éclairent de leur feu,
Ses actes sont d'un ange et ses pensers d'un Dieu!
Mais l'homme, fût-il grand comme la terre entière,
Poussière, voilà tout, redeviendra poussière!
L'homme ne me plaît pas! — Vous riez?

GUILDENSTERN.

Je pensais
Que nos pauvres acteurs auraient peu de succès,
En ce cas...

HAMLET.

Quels acteurs?

ROSENCRANTZ.

Des gens que, sur la route,
Nous avons rencontrés, et qui venaient sans doute
Vous offrir leurs talents. Ils manqueront leur but,

HAMLET.

Au contraire! Leur roi recevra mon tribut;
Le chevalier errant fera sonner sa lame;
L'amoureux, à bon prix, soupirera sa flamme;
Le bouffon nous mettra les deux mains sur les flancs;
L'amante sans pitié hachera les vers blancs,
Plutôt que de celer son ardeur sans seconde...
Et je regarderai, moi, faire tout le monde.

(Bruit au dehors.)

GUILDENSTERN.

Ah! les comédiens, je pense, monseigneur.

HAMLET.

Qu'ils soient les bienvenus, messieurs, dans Elseneur.
Je veux être pour eux tout plein de courtoisie;
Je les ai déjà vus, et leur troupe est choisie.
Ne vous choquez donc point, vous êtes prévenus;
Car, bien plus qu'eux encor, vous êtes bienvenus. —
Mais mon oncle, mon père, et ma tante, ma mère,
S'abusent, quant à moi, d'une étrange chimère.

ROSENCRANTZ.

En quoi donc?

HAMLET.

Je suis fou, quand le vent, refroidi,
Souffle nord-nord-ouest; mais, s'il vient du midi,
On me verra toujours, tant je garde ma tête!
Distinguer un hibou d'avec une chouette.

SCÈNE VI

Les Mêmes, POLONIUS.

POLONIUS.

Salut, messieurs!

HAMLET, à part.

A bon entendeur demi-mot!
Il marche à la lisière encor, ce grand marmot.

(Déclamant.)

Du temps que Roscius était acteur à Rome...

POLONIUS.
Les acteurs sont ici, monseigneur.

HAMLET.
Vrai, brave homme?

(Il chante.)
Chaque acteur, tragique ou non,
Vient monté sur son ânon...

POLONIUS.
Monseigneur, des acteurs excellents ! Comédie,
Chronique, pastorale, et drame, et tragédie,
Ils savent jouer tout, avec, sans unité,
Sénèque et ses douleurs, Térence et sa gaîté.

HAMLET.
C'est bien, mon vieux Jephté.

POLONIUS.
Moi, Jephté?

HAMLET.
Sans nul doute.
N'as-tu pas une fille ?

(Il chante.)
Une fille unique et charmante,
Une fille qu'il adorait...

POLONIUS, à part.
Encor ma fille !

HAMLET.
Écoute !

(Il chante.)
Mais, sur terre, de toute chose
N'est-ce pas le ciel qui dispose ?
Et ce qui devait arriver,
Aurait-on pu s'en préserver ?

Recourir, pour la fin, au troisième couplet
Du noël si connu !

SCÈNE VII

Les Mêmes, les Comédiens.

UN COMÉDIEN.
Salut au prince Hamlet !

HAMLET.
Vous êtes bienvenus, messieurs, dans ma demeure,
Et, par ma foi ! je veux vous entendre sur l'heure ;
Car j'ai besoin de vous. Demain, bon fauconnier,
Je prétends vous lancer, — je sais sur quel gibier.
Voyons, pour commencer, à toi, mon camarade.
En attendant, peux-tu nous dire une tirade ?
Tiens, ce morceau, tu sais, que j'aimais... attends donc...
C'était dans le récit d'Énéas à Didon.

LE COMÉDIEN.
Je sais...

HAMLET.
Encore un mot, si tu veux le permettre.

LE COMÉDIEN.
Parlez ! n'êtes-vous pas le seigneur et le maître ?

HAMLET.
Je voudrais te donner des conseils.

LE COMÉDIEN.
Monseigneur !...

HAMLET.
Tu les suivras ?

LE COMÉDIEN.
Comment ! c'est pour moi trop d'honneur !

HAMLET.
De tel acteur fameux que j'ai vu sur la scène,
Et dont la grosse voix m'a fait bien de la peine,
Ne va pas, compagnon, imitant le travers,
Comme un crieur public, beugler tes pauvres vers.
Il ne faut pas, non plus, de ton geste rapace,
Fendu comme un compas, accaparer l'espace.
Reste maître de toi : jamais d'effet criard !
Garde aux troubles du cœur la dignité de l'art,

Et, quand la passion entraîne, gronde et tonne,
Tâche que l'on admire avant que l'on s'étonne.
Quel supplice d'entendre et de voir des lourdauds,
Qui, mettant sans remords un amour en lambeaux,
Déchirent à la fois la pièce et vos oreilles !
Tandis que le public, à ces grosses merveilles,
Stupéfait, applaudit les grands cris, les grands bras !
Et siffle un noble acteur qui ne l'assourdit pas.
Le fouet à ces braillards drapés en matamore
Qui sur *l'affreux tyran* enchérissent encore !
Évite ces défauts.

LE COMÉDIEN.
Prince, je tâcherai.

HAMLET.
Pourtant, pas de froideur et pas d'air maniéré ;
Accorde habilement ton geste et ta parole,
Et fais que la nature éclate dans ton rôle.
La nature avant tout ! la scène est un miroir
Où l'homme, tel qu'il est, bien et mal, se doit voir ;
Où siècles qu'on oublie et pays qu'on ignore
Reprennent leur allure et viennent vivre encore.
Si l'image est outrée ou le reflet pâli,
Que le vulgaire y trouve un chef-d'œuvre accompli,
Un esprit éclairé qui vous fera la guerre,
Pour vous, doit l'emporter, seul, sur tout le vulgaire.
Oh ! j'ai vu maint acteur dont on disait grand bien
Et dont l'aspect pourtant n'avait rien de chrétien,
Ni même de païen, ni d'humain, à vrai dire !
Et qui, gesticulant, hurlant, comme en délire,
Semblait un pauvre essai qu'un grossier apprenti
Pour singer la nature avait un jour bâti,
Et qui, tronqué, manqué, gauche et sans harmonie,
Pour notre humanité n'était qu'une ironie !

LE COMÉDIEN.
Ces défauts chez nous sont quelque peu réformés.

HAMLET.
Qu'ils le soient tout à fait. Vos bouffons mal grimés
Jettent parfois leur rire et leurs farces, les drôles !
A travers l'intérêt poignant des autres rôles ;

C'est fat et c'est stupide ! Et maintenant, *dixi*.
Tu peux donc commencer quand tu voudras.

LE COMÉDIEN.

Merci.

(Déclamant.)

Ah! quiconque a pu voir Hécube échevelée,
Pâle, nu-pieds, courir la ville, désolée,
Portant quelque lambeau pour diadème au front,
Et pour manteau royal la guenille et l'affront,
A sans doute maudit la fortune insolente!
Et, quand Pyrrhus foula la dépouille sanglante
De Priam, un vieillard, un père! au cri d'horreur
Que la reine a jeté, les dieux, avec terreur,
Certe ont senti frémir leurs cœurs sourds aux alarmes!
Et l'œil ardent du jour a dû verser des larmes!

POLONIUS.

Mais voyez donc ! il pleure ! il pâlit ! Oh ! cessez !

HAMLET.

Bien ! Le reste à plus tard. Pour le moment, assez.

(A Polonius.)

Que ces comédiens, monsieur, soient, je vous prie,
Traités avec honneur, et sans mesquinerie;
Car ils sont la chronique et le miroir des temps;
Et mieux vaudrait pour vous et pour vos soixante ans
Avoir sur votre tombe une épitaphe infâme,
Que d'encourir, vivant, un seul instant leur blâme.

POLONIUS.

Bien ! ils seront traités, mon prince, à leur valeur.

HAMLET.

Beaucoup mieux! beaucoup mieux! Si chacun, par malheur,
N'était jamais traité que selon ses mérites,
Qui pourrait échapper aux étrivières, dites ?
Vos hôtes sont petits, consultez votre rang,
Et, plus ils sont petits, plus vous en serez grand !
Emmenez-les,

POLONIUS, aux Acteurs.

Venez.

HAMLET, retenant le Comédien, bas.

Attends ! Prends cette bague.
Pourriez-vous nous jouer *le Meurtre de Gonzague?*

LE COMÉDIEN.

Quand ?

HAMLET.

Demain.

LE COMÉDIEN.

Oui, sans doute.

HAMLET.

Et pourrais-tu bien, toi,
Glisser dans le récit quinze ou vingt vers de moi ?

LE COMÉDIEN.

Oui, mon prince.

HAMLET.

C'est bien ; je vais te les écrire.
Suis ce brave seigneur, et garde-toi d'en rire.

(A Rosencrantz et à Guildenstern.)

Adieu, jusqu'à ce soir.

ROSENCRANTZ.

Adieu, mon cher seigneur.

HAMLET, rassemblant dans le même geste Rosencrantz, Guildenstern et les Comédiens.

Vous êtes bienvenus, messieurs, dans Elseneur.

(Tous sortent.)

SCÈNE VIII

HAMLET, seul.

Seul enfin ! pauvre fou, misérable et risible !
N'est-ce pas monstrueux ? un acteur insensible
Peut, dans un rôle appris, rêve de passion,
Dresser son cœur d'avance à cette émotion !
Contraindre aux pleurs ses yeux, à la pâleur sa joue,
Frémir, briser sa voix ! puis il dira qu'il joue !
Et le tout, s'il vous plaît, pour Hécube... pour rien !
Que peut lui faire Hécube, à ce comédien
Qui sanglote à ce nom ? Oh ! Dieu ! mais, à ma place
S'il ressentait la haine ou l'horreur qui me glace,
Il inonderait donc la scène de ses pleurs ;
Il ferait tout trembler en criant ses douleurs ;

Il renverrait les bons, tristes dans leur clémence,
Les ignorants rêveurs, les méchants en démence !
Et tous croiraient avoir, dans leur rêve oublieux,
La foudre à leur oreille et la mort à leurs yeux.
Mais moi, faible, hébété, je vais, âme asservie,
OEil fixe et bras pendants, dans mon rôle et ma vie.
Et je ne trouve pas un seul cri dans mon sein
Pour ce roi détrôné par un vil assassin !...
Ah ! c'est qu'aussi parfois m'arrête un doute sombre.
Si ce spectre chéri, ce fantôme, cette ombre,
Si c'était le démon qui me voulût gagner ?
Un cœur mélancolique est facile à damner !
Et Satan est bien fin ! — Mais, voyons, on raconte
Qu'au théâtre un coupable, en revoyant sa honte
Sous un aspect vivant et dans un jeu parfait,
Lui-même a quelquefois proclamé son forfait !
Eh bien, en tribunal érigeons le spectacle.
Si Dieu me veut convaincre, il me doit un miracle !

ACTE TROISIÈME

QUATRIÈME PARTIE

La salle du premier acte ; seulement, on a construit un théâtre au fond.

SCÈNE PREMIÈRE

LE ROI, LA REINE, POLONIUS, OPHÉLIE, ROSENCRANTZ, GUILDENSTERN.

ROSENCRANTZ.
Lui-même reconnaît et sent bien son délire.
LE ROI.
Mais la cause ? la cause ?

GUILDENSTERN.

     Il ne veut pas la dire,
Et ne la laisse pas soupçonner aisément.
On le presse, il s'enfuit dans son égarement.

LA REINE.

Mais quelque passe-temps le distrairait, sans doute.

ROSENCRANTZ.

Nous avons rencontré des acteurs sur la route,
Dont la vue a paru dérider son ennui,
Et je crois qu'ils joueront, dès ce soir, devant lui.

POLONIUS.

Ce fait est vrai : voyez, dans cette galerie,
On a construit la scène, et le prince vous prie
D'être là, monseigneur et madame, ce soir.

LE ROI.

De grand cœur ! ce désir me donne bon espoir.

(Se levant, à Rosencrantz et à Guildenstern.)

Vous allez, chers messieurs, reconduire la reine.

(A la Reine.)

Je veux voir si l'amour cause vraiment sa peine;
Or, Ophélie ici va, comme par hasard,
Le rencontrer, et nous, cachés là, quelque part,
Nous écouterons tout.

LA REINE.

     Je sors. Chère Ophélie,
Si ta grâce charmante a produit sa folie,
Si tu lui rends l'esprit par ton doux abandon,
Je serai bien heureuse.

OPHÉLIE.

    Oh ! madame, et moi donc !

(La Reine sort avec Rosencrantz et Guildenstern.)

SCÈNE II

LE ROI, POLONIUS, OPHÉLIE.

POLONIUS, menant Ophélie à un prie-Dieu.

Agenouillez-vous là.

(Au Roi.)
Pour nous, cachons-nous, sire.

(A Ophélie.)
Pour avoir un maintien, faites semblant de lire.
Il arrive souvent — et ce n'est pas le mieux! —
Qu'avec un air dévot et des dehors pieux,
Nous finissons par faire un saint du diable même.

LE ROI, à part.

O vérité terrible et qui crie anathème
Dans le fond de mon cœur! Sous son masque fardé,
L'affreuse courtisane a le front moins ridé
Que mon forfait n'est noir sous sa face hypocrite.

POLONIUS.

Voici le prince Hamlet; retirons-nous bien vite,
Sire.

(Ils se cachent.)

SCÈNE III

POLONIUS et LE ROI, cachés; OPHÉLIE, agenouillée au troisième plan; HAMLET, entrant par une porte du deuxième.

HAMLET, sans voir Ophélie.

Être ou n'être pas, voilà la question!
Que faut-il admirer? la résignation,
Acceptant à genoux la fortune outrageuse,
Ou la force luttant sur la mer orageuse,
Et demandant le calme aux tempêtes? — Mourir!
Dormir! et rien de plus, et puis ne plus souffrir!
Fuir ces mille tourments pour lesquels il faut naître!
Mourir! dormir! — Dormir! qui sait? rêver peut-être!
— Peut-être!... ah! tout est là! Quels rêves peupleront
Le sommeil de la mort lorsque, sous notre front,
Ne s'agiteront plus la vie et la pensée?
Doute affreux qui nous courbe à l'ornière tracée!
Eh! qui supporterait tant de honte et de deuil!
L'injure des puissants, l'outrage de l'orgueil,
Les lenteurs de la loi, la profonde souffrance
Que creuse dans le cœur l'amour sans espérance,
La lutte du génie et du vulgaire épais?...

Quand un fer aiguisé donne si bien la paix !
Qui ne rejetterait son lourd fardeau d'alarmes,
Et mouillerait encor de sueur et de larmes
L'âpre et rude chemin, si l'on ne craignait pas
Quelque chose dans l'ombre, au delà du trépas ?
Ce pays inconnu, ce monde qu'on ignore,
D'où n'a pu revenir nul voyageur encore,
C'est là ce qui d'horreur glace la volonté !
Et, devant cette nuit, l'esprit épouvanté
Garde les maux réels sous lesquels il succombe
De préférence aux maux incertains de la tombe !
Puis, ardente couleur, la résolution
Descend aux tons pâlis de la réflexion ;
Puis, l'effrayant aspect troublant toutes les tâches,
Des plus déterminés le doute fait des lâches !

OPHÉLIE, à part.

Son rêve plane en haut, mon amour pleure en bas.
Aveuglé de clartés, il ne me verra pas !

HAMLET, apercevant Ophélie.

Ophélie ! ô jadis ma vie et ma lumière !
Parle de mes péchés, ange, dans ta prière !

OPHÉLIE, se levant et venant à Hamlet.

Comment vous êtes-vous porté ces deux jours-ci,
Seigneur Hamlet ?

HAMLET.

Très-bien, Ophélia, merci.

OPHÉLIE, lui tendant un écrin.

J'ai là des souvenirs que je voulais vous rendre
Déjà depuis longtemps ; veuillez donc les reprendre.

HAMLET.

Que vous ai-je donné ? Je ne vous comprends pas.

OPHÉLIE.

Hamlet ! je tiens de vous tous ces présents. Hélas !
A chacun était jointe une douce parole,
Et je me crus heureuse, et je n'étais que folle !
Mon amour maintenant vous devient importun,
Et ces gages si doux ont perdu leur parfum.
Reprenez-les. Allez ! laissez la pauvre femme ;
Car vous ne m'aimez plus, Hamlet, et, pour mon âme,

Les plus riches présents deviennent sans valeur,
Quand ce n'est que la main qui donne, et non le cœur.
Reprenez-les.

HAMLET, regardant Ophélie.

Oui-da ! vertu ! délicatesse !

OPHÉLIE.

Monseigneur !

HAMLET.

Et beauté !

OPHÉLIE.

Que dit donc Votre Altesse ?

HAMLET.

Je dis que je ne vis jamais auparavant
Tant de dons réunis. — Entre dans un couvent.

OPHÉLIE.

Dans un couvent ! Pourquoi, monseigneur ?

HAMLET.

Pauvre fille !
Parce qu'un sort fatal poursuit tout ce qui brille,
Et qu'en ce monde ingrat le silence et la nuit
Valent mille fois mieux que le jour et le bruit.
Car qu'est-ce que le bruit ? qu'est-ce que la lumière ?
Le bruit, écho qui ment à sa cause première !
La lumière, rayon aux changeantes couleurs,
Éclairant un beau jour sur dix ans de douleurs !
Entre dans un couvent !

OPHÉLIE.

Monseigneur !

HAMLET.

Pauvre fille !
Là, du moins, pour toujours se fermera la grille
Entre le monde impur et ton cœur innocent.
Là, du moins, tu pourras, sous ton voile impuissant,
Dans tes froids corridors, dans ta cellule sombre,
Muette comme un marbre, et pâle comme une ombre,
Loin du monde attristé de ton pudique adieu,
Fleurir, lis virginal, sous le regard de Dieu,
Et te trouver un jour, pure de toute fange,
Symbole de candeur, dans la main d'un archange.

OPHÉLIE.

Prier, aimer, mourir !... oui, j'ai rêvé souvent
Que c'était là mon sort.

HAMLET.

Entre dans un couvent,
Pauvre fille ! Cela vaut mieux que d'être femme,
Pour mentir au Seigneur d'une façon infâme,
Et faire, sans pudeur, de ces serments d'amour
Que l'on jure éternels, et qui durent un jour !
Que de perpétuer notre race maudite,
En donnant la lumière à quelque âme hypocrite,
Qui se détournera de la route du ciel
Pour porter une pierre à la sombre Babel
Que le noir souverain des éternels abîmes,
Dans la nuit de l'enfer, bâtit avec nos crimes !

OPHÉLIE.

Votre parole, Hamlet, me pénètre d'effroi !

HAMLET.

Non, mais la vérité ! car, enfin, dites-moi,
Ne vaudrait-il pas mieux pour moi, pauvre et débile,
Pour moi, dont la raison incessamment vacille,
Pour moi, par le destin d'avance condamné,
Ne vaudrait-il pas mieux, ou n'être jamais né,
Ou qu'entre les coussins de son lit adultère,
A l'heure où je naquis, m'eût étouffé ma mère ?

OPHÉLIE.

Prince !

HAMLET, à part.

Je me trahis !

(Haut, se remettant et changeant de ton.)

Votre père est chez vous ?

OPHÉLIE.

Oui, monseigneur.

HAMLET.

Tirez sur lui tous les verrous,
Qu'il ne fasse du moins l'insensé qu'en famille !

(Fausse sortie.)

OPHÉLIE.

Oh ! sa raison s'en va de nouveau.

HAMLET, *revenant.*
Pauvre fille !
Écoute : si tu veux te marier pourtant,
Je te donne pour dot cet avis attristant :
Sois froide comme glace et blanche comme neige,
Eh bien, la calomnie avant un mois t'assiége.
Entre dans un couvent.

(Fausse sortie ; il revient encore.)
Ou, si tu tiens, ma foi,
Beaucoup au mariage, épouse un fou, crois-moi ;
Car un homme sensé pourra voir tout de suite
Quel niais fait de lui sa femme. — Au couvent, vite !
Bonsoir.

(Il sort.)

SCÈNE IV

OPHÉLIE ; LE ROI et POLONIUS, cachés.

OPHÉLIE, *regardant Hamlet s'éloigner.*
Dieu tout-puissant, rendez-lui la raison !
O dernier héritier d'une illustre maison !
O noble esprit perdu ! sublime intelligence
Tout à coup détrônée ! A la cour, élégance ;
Profondeur au conseil, valeur dans les combats !
L'espérance, la fleur de ces vastes États !
Le miroir du bon goût, le type de la grâce,
Le but de tous les yeux ! tout est mort ! tout s'efface !
Et moi, moi, triste et seule avec mes maux pesants,
Moi qui de sa tendresse ai respiré l'encens,
Qui buvais de sa voix l'enivrante harmonie,
Voir comme un luth brisé ce noble et fier génie
Ne plus rendre qu'un son discordant et railleur !
Avoir vu sa jeunesse et sa grâce en leur fleur,
Pour voir, le jour d'après, malheureuse Ophélie !
Tant d'espoir se flétrir au vent de la folie !

(Le Roi et Polonius rentrent en scène.)

POLONIUS.
Eh bien, moi, je persiste à croire, malgré tout,
Qu'une peine d'amour cause ce noir dégoût.

(A Ophélie.)

C'est bien, va, mon enfant, tu n'as rien à nous dire :
Nous avons écouté.

(Ophélie sort. Au Roi.)

Si vous m'en croyez, sire,
La reine, ici, ce soir, va rester avec lui
Et lui demandera compte de son ennui
En reine impérieuse autant qu'en mère tendre,
Et, toujours caché là, je pourrai tout entendre.

LE ROI.

Soit ! Ses secrets, ainsi, par lui, je les surprends.
Il sied de surveiller la démence des grands.

(Il sort avec Polonius.)

CINQUIÈME PARTIE

Même décoration.

SCÈNE PREMIÈRE

HAMLET, puis HORATIO.

HAMLET, à un Serviteur.

Va donc de nos acteurs presser un peu le zèle !

(Sort le Serviteur.)

HORATIO, entrant.

Mon prince !

HAMLET, l'apercevant.

Horatio ! te voilà, mon fidèle !

HORATIO.

Prêt à vous obéir, comme c'est mon devoir.

HAMLET.

C'est toi qu'en vérité j'aime le plus à voir.

HORATIO.

Oh ! monseigneur !

HAMLET.

Allons, crois-tu que je te flatte ?
Tu n'es pas riche, ami ! Qu'une cour vile et plate
Se mette à deux genoux devant l'or vil et plat
Et gagne bassement la grandeur et l'éclat,
C'est bien ! mais te flatter, toi de qui nul n'hérite,
Toi qui, pour te nourrir, n'as rien que ton mérite !
A quoi bon ? Non, vois-tu, dès que ce cœur aimant,
Libre, a pu faire un choix avec discernement,
Il a mis dans ton cœur sa plus chère espérance ;
Car, sans sourciller, toi, tu portes la souffrance ;
Car, biens et maux, tu vois tout d'un regard hautain,
Philosophe toujours plus grand que le destin ! —
Bien heureux qui maintient, ainsi fort, ainsi libre,
Son sang et sa raison dans ce juste équilibre !
Certes, je porterais ce héros, ce vainqueur,
Dans mon cœur, comme toi, dans le cœur de mon cœur. —
Mais écoute : ce soir, dans le drame qu'on joue,
Une scène a rapport, frère, je te l'avoue,
A la mort de mon père. Eh bien, à cet endroit,
Fixe sur Claudius ton regard calme et froid.
Tu me comprends ? s'il reste indifférent et grave,
Je n'ai vu l'autre nuit qu'un démon que je brave,
Et mes soupçons ingrats sont plus noirs que l'enfer !
Mais, si quelque terreur qu'il ne peut étouffer...
Enfin, comme toujours, sois pénétrant et sage.
Pour moi, j'aurai les yeux rivés à son visage !
Puis, sur nos deux avis que nous rapprocherons,
Nous pèserons son sort et nous prononcerons.

HORATIO.

Bien ! si, pendant la pièce, un éclair de son âme
M'échappe...

HAMLET.

Ils viennent tous ! Allons, à notre drame !

SCÈNE II

Les Mêmes, LE ROI, LA REINE, POLONIUS, OPHÉLIE, ROSENCRANTZ, GUILDENSTERN, MARCELLUS, Courtisans.

UN HUISSIER, annonçant.

Le roi !

LE ROI, à Hamlet.

Comment se porte Hamlet, ce soir ?

HAMLET.

Ma foi !
On ne peut mieux ! je vis en caméléon, moi !
Oui, je me nourris d'air, de vapeur, de promesse ;
Aussi, voyez plutôt, sire, comme j'engraisse.

LE ROI.

Vous parlez en énigme, et je n'y comprends rien.

HAMLET.

Ni moi non plus.

(A Polonius.)

Monsieur, vous disiez, je crois bien,
Que vous aviez joué jadis la comédie
A l'Université ?

POLONIUS.

Certe ! et la tragédie !
On m'a dit même habile entre tous les acteurs.

HAMLET.

Que jouiez-vous ?

POLONIUS.

César ! et les conspirateurs
Vingt fois au Capitole ont conjuré ma chute ;
Vingt fois je fus tué par Brutus...

HAMLET.

Oh ! la brute !
Tuer un pareil veau !

(Au Serviteur qu'il avait envoyé.)

Eh bien, tous sont-ils prêts ?

LE SERVITEUR.

Ils attendent, seigneur.

LA REINE, à Hamlet, lui montrant un siége auprès d'elle.

     Venez donc ici près,
Cher Hamlet, vous asseoir.

      HAMLET.

     Merci, ma bonne mère;
Mais un aimant plus fort m'attire.

       (Il montre Ophélie.)

   POLONIUS, bas, au Roi.

     Eh bien, chimère?

   HAMLET, à Ophélie.

Madame, laissez-moi m'asseoir à vos genoux,
Et mon bonheur ici fera bien des jaloux.

      (Il se couche à ses pieds.)

    OPHÉLIE.

Qui vous rend donc si gai, seigneur?

    HAMLET.

     Qui, moi?

    OPHÉLIE.

      Vous-même.

    HAMLET.

Je suis votre bouffon. Quel est le but suprême
Pour l'homme? S'égayer! Regardez l'air joyeux
Qu'a ma mère ce soir, et pourtant, sous ses yeux,
Le roi mon père est mort, ne voilà pas — deux heures.

    OPHÉLIE.

Eh! mais voilà deux mois!

    HAMLET.

     Pauvre femme! tu pleures
Deux longs mois ton époux! Que le diable, en ce cas,
Porte s'il veut le deuil! quant à moi, je suis las
De ces vêtements noirs! Qu'on m'habille d'hermine!
Deux mois sans que la mort par l'oubli se termine!
Alors, par Notre-Dame! il faut croire et je crois
Que le nom d'un héros lui survivra six mois,
Pourvu qu'il ait bâti cependant mainte église.
Sinon, il mourra, lui que tout immortalise!
Comme feu Mardi-Gras enterré par ce chant:

HAMLET

(Il chante.)

Mardi-Gras,
Tu t'en vas!

(Le rideau de la scène du fond s'ouvre. L'Acteur représentant le Prologue
paraît.)

OPHÉLIE.

Chut! je veux écouter, vous êtes un méchant.

LE PROLOGUE.

Nous réclamons de l'assistance,
Pour les acteurs son indulgence,
Pour la pièce sa patience.

(Il se retire.)

HAMLET.

Devise d'une bague ou prologue d'un drame?

OPHÉLIE.

C'est bien court, monseigneur.

HAMLET.

Comme un amour de femme.

(Gonzague et Bautista, roi et reine de théâtre, entrent sur la seconde scène.)

GONZAGUE, sur le théâtre.

Phébus a trente fois fait le tour de ce monde,
Semant de fleurs les prés, de perles semant l'onde ;
La lune au front d'argent, blonde sœur d'Apollon,
Trente fois a blanchi la cime et le vallon,
Depuis que le Destin, pour d'autres dur et sombre,
Ne nous a fait qu'un toit, qu'un soleil et qu'une ombre.

BAUTISTA, sur le théâtre.

Puisse l'astre des nuits, puisse l'astre des jours
Mille fois de nouveau recommencer leur cours,
Avant que notre amour subisse quelque atteinte!
Mais bien souvent, hélas! je frissonne de crainte
A voir votre pâleur et votre accablement!
Les femmes, vous savez, n'aiment qu'en s'alarmant!

GONZAGUE.

Ah! ta crainte a raison, ma pauvre bien-aimée :
La vie en moi s'éteint lentement consumée;
Je vais bientôt mourir. Mais, toi, tu resteras
Pour être heureuse encor! qui sait? dans d'autres bras

BAUTISTA.

Un nouveau mariage? Oh! vous blasphémez! grâce!
Que vous ai-je donc fait? Moi, si vile et si basse!
Pour qu'une femme, enfin, prenne un second époux,
Il faut que le premier soit tombé sous ses coups!

HAMLET, *regardant sa mère à travers les branches de l'éventail qu'il a pris des mains d'Ophélie.*

Voilà l'absinthe!

GONZAGUE.

Vos paroles, sans doute, au fond du cœur sont prises;
Mais cette vie, hélas! est pleine de surprises
Qui rompent nos desseins, ou nos desseins, de feu,
D'eux-même pâlissant, s'éteignent avant peu.
Vert, le fruit tient bien fort à la branche qui pousse;
Mûr, sur les gazons mous il tombe sans secousse.
Les serments qu'on se fait dans l'exaltation
Meurent du même coup avec la passion,
Et la réalité trahit toujours le rêve,
Et, contraire à nos vœux, notre destin s'achève,
En ce monde changeant, où, sans exagérer,
Les larmes savent rire et les rires pleurer!

BAUTISTA.

Qu'au fond du désespoir tombent mes espérances!
Que tout désir pour moi se traduise en souffrances!
Que seule avec mon crime on me jette en prison!
Que mes yeux n'aient que pleurs, ma coupe que poison!
Que j'éprouve aux enfers ta vengeance jalouse,
Si ta veuve, ô mon roi, devient jamais épouse!

HAMLET.

Après tant d'imprécations!

CONZAGUE.

Eh bien, je te crois donc. — Mais le sommeil joyeux
Engourdit ma douleur et me ferme les yeux...
Laisse-moi reposer un instant, bien-aimée.

BAUTISTA.

Rêves d'espoir, bercez sa souffrance calmée!
Vous, ne nous rappelez qu'ensemble, ô Dieu clément!

(*Elle sort, laissant le Roi endormi sur un banc.*)

HAMLET, *de loin, à sa mère.*

Eh bien, madame?

LA REINE, émue.

Trop de protestations
De la part de la reine, il me semble!

HAMLET.

Oh! madame,
Elle s'en souviendra.

LE ROI, qui commence à s'inquiéter.

Connaissez-vous le drame?
N'a-t-il rien de blessant, dites?

HAMLET, l'épiant.

Non, Dieu merci.

(Lucianus entre sur le second théâtre.)

Ah! c'est Lucianus, frère du roi, ceci!
Arrive, meurtrier à l'œil cave, au front jaune!

LUCIANUS, sur le théâtre et tirant une fiole de sa poitrine.

Mains prêtes, noirs pensers, poison sûr, bon moment!
C'est bien! tout me seconde et nul œil ne me guette!
Mélange qu'à minuit, pâle, sombre et muette,
Hécate a composé d'herbe cueillie au bois,
Qu'elle a trois fois flétri, qu'elle a maudit trois fois!
O venin! ta puissance aux feux d'enfer ravie,
Tarit en un instant les sources de la vie!

(Il verse le poison sur les lèvres de Gonzague. Hamlet, pendant les paroles de Lucianus, s'est glissé, en rampant et en épiant, jusqu'auprès de sa mère et du Roi. Il se dresse tout à coup sur ses genoux devant eux et prend la parole avec une volubilité effrayante.)

HAMLET.

Voyez! il l'empoisonne et lui vole le trône.
Son nom était Gonzague... Oh! tous faits avérés!
Le livre italien existe. Vous verrez
Comment, Gonzague mort, le meurtrier enlève
A sa veuve...

GONZAGUE, sur le théâtre, après une courte agonie.

« Je meurs! »

(Il tombe.)

LA REINE.

Ah!

LE ROI, se levant épouvanté.

Dieu!

LA REINE.

Le roi se lève!

HAMLET, à Horatio, se levant à son tour, ou plutôt bondissant avec un cri
de joie et de triomphe.

Ah! c'est clair, maintenant!

LA REINE, à Claudius.

Qu'avez-vous, ô mon roi?

LE ROI.

Des flambeaux!

LA REINE.

Qu'avez-vous?

LE ROI, tout éperdu.

Laissez-moi! laissez-moi!
Sortons.

POLONIUS, sortant derrière le Roi.

Maudite soit cette pièce funeste!

(Tous sortent en tumulte, moins Hamlet et Horatio.)

SCÈNE III

HAMLET, HORATIO, puis ROSENCRANTZ.

HORATIO.

Eh bien, qu'en dites-vous?

HAMLET.

Le crime est manifeste,
Voilà ce que j'en dis! Et toi, qu'en dis-tu, toi?

HORATIO.

Que, si l'on peut juger le coupable à l'effroi,
Le coupable, cher prince, était là tout à l'heure!

HAMLET, apercevant Rosencrantz.

Ah! voilà l'espion.

HORATIO.

Dois-je sortir?

HAMLET.

Demeure.

(Au Serviteur qui vient refermer les rideaux du théâtre.)
Les flûtes maintenant ! Le drame a peu d'appas
Pour Sa Majesté ! c'est qu'elle ne l'aime pas.

ROSENCRANTZ.

Mon cher seigneur, un mot.

HAMLET.

Oh ! monsieur, tout un livre !

ROSENCRANTZ.

Le roi, monsieur...

HAMLET.

Eh bien ?

ROSENCRANTZ.

Nous venons de le suivre ;
Il est rentré chez lui tout troublé...

HAMLET.

Par le vin ?

ROSENCRANTZ.

Par la colère !

HAMLET.

Alors, je m'emploierais en vain
A guérir sa fureur et l'accoîtrais peut être.
Allez au médecin, c'est plus prudent.

ROSENCRANTZ.

Cher maître,
Tâchez donc d'ordonner un peu mieux vos discours,
Qui, par brusques écarts, nous échappent toujours.

HAMLET.

Allons, voyons, parlez.

ROSENCRANTZ.

Votre mère, la reine,
M'envoie auprès de vous dans le trouble et la peine.

HAMLET, cérémonieusement.

Soyez le bienvenu.

ROSENCRANTZ.

Mais trêve de façon !
Ce n'est pas le moment, prince. De la raison !
Répondez avec sens, et je vais tout vous dire ;
Sinon, excusez-moi, seigneur, je me retire.

HAMLET.

Monsieur, je ne puis...

ROSENCRANTZ.

Quoi ?

HAMLET.

Répondre sensément ;
Je suis un insensé ! Mais, bien certainement,
Je ferai de mon mieux et veux vous satisfaire.
Vous dites donc, monsieur, que la reine ma mère...?

ROSENCRANTZ.

De crainte et de stupeur a le cœur tout saisi.

HAMLET.

Par moi ? Fils merveilleux ! saisir ma mère ainsi !
Après cette stupeur?...

ROSENCRANTZ.

La reine vous demande
Un moment d'entretien.

HAMLET.

Oh ! ma mère commande,
Bien qu'elle soit ma mère. — Où m'attend-elle ?

ROSENCRANTZ.

En bas,
Dans sa chambre à coucher.

HAMLET.

Dans sa chambre ? Oh ! non pas !
Car, là, l'époux vivant viendrait peut-être entendre
Ou l'époux mort troubler un entretien si tendre.
Je vais attendre ici ma mère. Est-ce là tout ?

ROSENCRANTZ.

Cher prince, vous m'aimiez autrefois, et beaucoup.

HAMLET.

Et je vous aime encore, ou le diable m'emporte !

ROSENCRANTZ.

Eh bien, mon bon seigneur, quelle peine si forte
Vous égare l'esprit ? Ah ! nous cacher vos pleurs,
C'est vous ensevelir vivant dans vos douleurs.

HAMLET, apercevant les joueurs de flûte qui traversent le théâtre.

Ah ! les joueurs de flûte ! Allons, qu'on m'en donne une.

ROSENCRANTZ.
Monseigneur, je m'en vais, si je vous importune.
HAMLET.
Non pas!
(Lui présentant la flûte.)
Voudriez-vous me jouer de ceci?
ROSENCRANTZ.
Je ne puis, monseigneur.
HAMLET.
Je vous en prie, ainsi !
ROSENCRANTZ.
Mais je ne puis, vraiment!
HAMLET.
Mais je vous en supplie.
ROSENCRANTZ.
Je ne sais pas jouer de la flûte.
HAMLET.
Folie!
Vous vous trompez !
ROSENCRANTZ.
Seigneur !...
HAMLET.
Bouchez avec vos doigts,
Et découvrez ces trous et soufflez à la fois.
Les sons vont en sortir en musique divine.
Voici la flûte, allez.
ROSENCRANTZ.
Vouloir que je devine
L'art tout entier des sons qu'on ne m'a point appris !
HAMLET.
Ah ! je suis donc tombé bien bas dans vos mépris !
Quoi ! vous voulez jouer de moi, par Notre-Dame !
Vous voulez pénétrer les secrets de mon âme !
Vous n'avez pas besoin de prendre de leçons
Pour tirer de mon cœur à votre gré des sons,
Et vous feriez vibrer mes passions, sans faute,
De leur ton le plus bas à la clef la plus haute!
Quand vous ne pouvez pas éveiller sous vos doigts

Le concert endormi dans le fond d'un hautbois!
Ah! ah! vous pensiez donc que, me livrant sans lutte,
On peut plus aisément m'apprendre que la flûte!
Allez! vous aurez beau sur mon âme souffler,
Instrument mal appris, je ne veux pas parler!
Bonjour, monsieur.

(Il fait un mouvement pour sortir et rencontre Polonius.)

SCÈNE IV

Les Mêmes, POLONIUS.

POLONIUS.
Seigneur, votre mère s'informe...

HAMLET, prenant Polonius et le conduisant à la fenêtre.
Voyez donc ce nuage : il a presque la forme
D'un chameau, n'est-ce pas?

POLONIUS.
Par la messe, en effet!
Un chameau véritable! un chameau tout à fait!

HAMLET.
On jurerait, d'ici, qu'on voit une belette.

POLONIUS.
Une belette! oui, la belette est parfaite!

HAMLET.
C'est tout une baleine.

POLONIUS.
Oh! c'est frappant, mon Dieu!
Comme c'est la baleine!

HAMLET.
Alors, mon cher, adieu.

(A Horatio.)
Il est des courtisans même pour la folie!

(Haut.)
Ma mère peut venir.

POLONIUS.
C'est juste, je m'oublie.

(Il fait semblant de sortir et revient se cacher derrière la tapisserie.)

HAMLET, à Horatio.

J'attends ma mère, ami.

(A Rosencrantz.)
Voulez-vous me laisser?
(Horatio et Rosencrantz sortent.)

SCÈNE V

HAMLET, seul.

J'attends! c'est simple à dire, et terrible à penser.
Voici l'heure propice aux mystères magiques
Où, laissant leur sommeil et leurs lits léthargiques
Les morts quittent la tombe et les démons l'enfer;
Et, la pitié quittant aussi mon cœur de fer,
Je pourrais maintenant, comme un spectre insensible,
Boire du sang fumant, oser quelque œuvre horrible
A faire reculer le soleil de terreur.
Ma mère va venir, du calme! Et toi, mon cœur,
Reste grand. Le courroux peut enfler ma narine,
Mais l'âme d'un Néron n'est point dans ma poitrine.
Je veux être inflexible, et non dénaturé.
Je montrerai le fer, mais je le retiendrai.
Jouez la comédie, ô ma langue et mon âme!
Mais, quelque amer et dur que s'exhale mon blâme,
Avec quelque fureur que tonne mon discours,
Que la reine, ô mon Dieu! soit ma mère toujours!

SCÈNE VI

HAMLET, LA REINE, POLONIUS, caché.

HAMLET.
Vous désiriez me voir; que voulez-vous, ma mère?
LA REINE.
Hamlet, vous offensez gravement votre père.
HAMLET.
Mère! vous offensez mon père gravement.
LA REINE.
Allons donc! c'est un fou qui me répond, vraiment!

HAMLET.

Allez! c'est une impie, à coup sûr, que j'écoute!

LA REINE.

Qu'est-ce à dire?

HAMLET.

Plaît-il?

LA REINE.

Vous oubliez sans doute
Qui je suis! mais je vais envoyer près de vous.
Quelqu'un qui vous fera répondre mieux que nous!

(Elle fait un mouvement pour s'éloigner. Hamlet lui barre le chemin.)

HAMLET.

Restez! je me souviens, par la croix! au contraire!
N'êtes vous point la reine et la femme du frère
De votre époux; de plus, pour mon malheur, hélas!
Ma mère? Répondez.

(La retenant malgré elle.)

Vous ne bougerez pas,
Vous ne sortirez pas, que je n'aie à votre âme
Offert un miroir sûr où vous pourrez, madame,
La voir dans ses replis les plus secrets.

LA REINE, appelant, effrayée.

A moi!
Veux-tu m'assassiner? Au secours!

POLONIUS, derrière la tapisserie.

Holà! quoi?

Au secours!

HAMLET, se retournant et tirant son épée.

Qu'est-ce donc? Un rat?

(Il donne de son épée dans la tapisserie.)

Mort! je parie
Un ducat qu'il est mort.

POLONIUS.

Je meurs!

LA REINE.

Quelle furie!
Qu'as-tu fait, oh! mon Dieu

HAMLET.

N'est-ce donc pas le roi?

LA REINE.

Une action sanglante !

HAMLET.

Oui, sanglante, et, je crois,
Presque aussi criminelle, au fond, ma bonne mère,
Que de tuer un roi pour épouser son frère.

LA REINE, épouvantée.

Tuer un roi !

HAMLET.

Pardieu ! c'est bien ce que j'ai dit.

LA REINE.

Hélas !

HAMLET, soulevant la tapisserie.

Polonius ! ah ! je suis bien maudit !
Celle qui portera le poids de ma folie
Sera donc toi toujours, Ophélie ! Ophélie ! —
Pardonnez-moi ce meurtre, ô Seigneur ! ô mon Dieu !
Et toi, pauvre indiscret, fou téméraire, adieu !
Je t'ai pris pour plus grand que toi. Subis ta peine.
De l'affaire d'autrui pourquoi fis-tu la tienne ?

(Il laisse retomber la tapisserie, remet son épée au fourreau et revient près de sa mère.)

Asseyez-vous, madame.

(La Reine se tord les mains de désespoir.)

A moi seul la rigueur :
Ne tordez pas vos mains, je vous tordrai le cœur !
S'il y reste, du moins, quelque fibre sensible,
Si, tout bronzé qu'il est, Dieu veut qu'il soit possible
D'y faire pénétrer quelque bon sentiment.

LA REINE.

Pour que ta voix me parle, Hamlet, si rudement,
Qu'ai-je donc fait ? Voyons !

HAMLET.

Vous l'ignorez, madame ?
Ah ! vous avez commis une action infâme !
Une lâche action qui change en sa noirceur

Les vœux du mariage en serments de joueur !
Qui détache du front de tout amour sincère
Sa couronne de fleurs, pour y mettre un ulcère !
Une action qui fait le monde plein d'horreur !
Aussi, voyez, le ciel s'enflamme de fureur,
Et l'air, tout attristé d'une action si sombre,
Est, comme au dernier jour, chargé de brume et d'ombre !

LA REINE.

Oh ! malheur ! quels sont donc ces crimes, répondez,
Que vous voulez punir ?

HAMLET, se levant.

Ah ! vous le demandez !

(Lui montrant deux portraits.)

Voyez ces deux tableaux, — les portraits des deux frères.
Voyez ce beau visage où tous les dons contraires
Pour un type idéal sont mêlés par les dieux.
Apollon a prêté ses longs cheveux soyeux,
Jupiter son beau front, Mars son œil qui menace ;
Dans ce noble maintien Mercure a mis sa grâce,
Quand aux cimes des monts glisse son vol si doux !
Or, cet homme parfait, il était votre époux !

(Montrant le second portrait.)

Cet autre est votre époux ! C'est l'épi, dans la gerbe,
Par la nielle gâté, gâtant l'épi superbe.
Vous n'aviez donc pas d'yeux, que vous avez quitté
Pour le fangeux marais le sommet enchanté ?
Ah ! vous n'aviez pas d'yeux ! et votre aveugle rage
N'était pas de l'amour ; car enfin, à votre âge,
L'ardeur du sang se calme et cède à la raison !
Mais la raison peut-elle, en aucune façon,
Conseiller de tomber de cet homme à cet autre ?
Vous vivez, votre pouls bat ainsi que le nôtre !
Donc, vous devez sentir ; mais votre sentiment
Était paralysé, madame, assurément !
Est-il transport si sourd, si stupide inconstance,
Que ne frappe d'abord une telle distance ?
Quel démon vous trompait et vous cachait les cieux ?
Les yeux sans le toucher, le toucher sans les yeux,
L'oreille sans les mains, l'odorat sans l'ouïe,
Tout sens, même altéré, de l'erreur inouïe

Averti sur-le-champ, ne s'y fût pas mépris.
Honte! ne sais-tu plus rougir sous le mépris?
O bûchers de l'enfer! si vos feux éphémères
Montent brûler ainsi les veines de nos mères,
Aux cœurs de leurs enfants la vertu, par lambeau,
Se fondra, cire ardente, à son propre flambeau;
La jeune passion ne sera plus honteuse,
La raison aux désirs sert bien d'entremetteuse!

LA REINE.

Hamlet, tais-toi! tu fais que mon regard profond
Se tourne vers mon âme, et que j'y vois au fond
Des taches de péché noires et gangrenées
Que n'effaceraient pas des centaines d'années!

HAMLET.

Et le tout pour chercher des plaisirs monstrueux
Dans l'impure sueur d'un lit incestueux! —
Qu'est-ce que votre époux? Un valet misérable,
L'exécrable Caïn d'un Abel adorable!
Un roi de carnaval, qui filouta la loi
Et le pouvoir! Un jour, la couronne de roi
Se trouve sous sa main, le traître la décroche
Et, larron sans pudeur, la fourre dans sa poche!

LA REINE.

Assez! assez!

HAMLET.

Un roi de pièces et haillons!

(Le Fantôme apparaît, visible pour Hamlet seul.)

Sauvez-moi! cachez-moi! célestes légions!
C'est lui!

LA REINE.

Qui, lui?

HAMLET, au Fantôme.

Voyons, que voulez-vous, chère ombre?

LA REINE.

Mon fils est fou! malheur!

HAMLET.

Oui, mes lenteurs sans nombre
Vous irritent; le temps passe, l'émotion
S'éteint! je remets trop la sinistre action
Que vous m'avez prescrite? Est-ce cela, mon père?

LE FANTÔME.

Oui. Souviens-toi. Tu vas te souvenir, j'espère !
Je viens pour réveiller ta volonté qui dort.
Mais vois ta mère, Hamlet, tremblante de remord.
Oh ! mets-toi donc entre elle et sa terreur de femme !
Car l'amour de ma vie anime encor mon âme.
Parle-lui, cher Hamlet.

HAMLET, à la Reine.
Madame, qu'avez-vous ?

LA REINE.

Oh ! je vous le demande à vous-même, à genoux,
D'un avide regard pourquoi sonder l'espace ?
Pourquoi parler, répondre à la brise qui passe ?
Ton âme par tes yeux hagards semble jaillir,
Et, soldats endormis qu'un cri fait tressaillir,
Tes cheveux, frissonnant d'un souffle de tempête,
Se dressent animés et vivants sur ta tête ! —
Bien-aimé, verse au feu bouillant de ton courroux
La froide patience. — Oh ! que regardez-vous ?

HAMLET.

Lui ! lui ! C'est effrayant ! voyez comme il est pâle !
Son aspect douloureux sur sa cause fatale
Ferait pleurer le marbre.

(Au Fantôme.)
Oh ! ne regarde pas !
La plainte de tes yeux affaiblirait mon bras,
Et, le corps défaillant, l'âme pleine d'alarmes,
Peut-être, au lieu de sang, je verserais des larmes.

LA REINE.

Mais à qui parlez-vous ?

HAMLET.
Là, ne voyez-vous rien ?

LA REINE.

Non ! les objets présents, pourtant, je les vois bien !

HAMLET, suivant le Fantôme, qui traverse le théâtre.

Et n'entendez-vous rien ?

LA REINE.
Non, rien que ta parole.

HAMLET.

Mais regardez donc là ! Voyez, triste, il s'envole !
C'est mon père.

LA REINE.

Ah !

HAMLET.

Vêtu comme de son vivant !
Sous le portail : tenez ! encor ! Plus rien : du vent !

LA REINE.

Imaginations que la fièvre t'inspire !
Fantômes imposteurs qu'évoque le délire !

HAMLET.

Le délire, madame ? Ah ! que votre terreur
N'aille pas s'abuser de cette douce erreur
Que mon délire parle ! oh ! non, c'est votre crime !
Gardez que ce vain baume, ô mère, n'envenime
Votre mal qu'au dehors il cicatriserait
Tandis que la gangrène en dedans vous mordrait.

LA REINE.

Tu déchires mon cœur !

HAMLET.

Jetez en donc la fange,
Et n'en gardez que l'or ! Plus de démon dans l'ange !
Dès cette nuit, fuyez votre époux, — votre affront !
La vertu manque au cœur, qu'on l'ait du moins au front !
Sur ce, madame, adieu ! Quand vous serez bénie,
Vous pourrez me bénir.

(Montrant Polonius.)

Pour ce pauvre génie,
Je sens là des remords... Mais le ciel aujourd'hui
A voulu nous punir, lui par moi, moi par lui :
Car je suis du grand juge instrument et victime.
— Je me charge du corps, et répondrai du crime.
Et vous, madame, vous, de ce soir à demain,
Pour un autre priez... La mort est en chemin !

ACTE QUATRIÈME

SIXIÈME PARTIE

La décoration du deuxième acte.

SCÈNE PREMIÈRE

LE ROI, méditant; plus tard, HAMLET.

LE ROI.

Polonius tué !... Pourtant qu'avait-il fait?
Cette mort me rappelle encore mon forfait,
Mon horrible forfait ! vapeur noire, empestée,
Qui monte jusqu'au ciel ! Ma vie ensanglantée,
Sous l'anathème ancien du premier meurtrier
Sanglote et se débat... Si je pouvais prier !...
Non ! mon crime est trop lourd, mon âme trop débile!
Comme entre deux devoirs, je m'arrête immobile :
Par lequel commencer? Et rien n'est accompli.
— Mais quoi ! l'homme a le crime, et le seigneur l'oubli.
Ma main du sang d'Abel serait encor plus noire,
Que le pardon divin, rosée expiatoire,
Lui rendrait la blancheur de la neige des champs.
Quand Dieu serait-il bon si nous n'étions méchants?
Qu'est-ce que la prière? Un appui dans la lutte,
Qui soutient au combat, relève après la chute.
Relevons donc ensemble et mon cœur et mes yeux.
— Oui, mais avec quels mots vais-je parler aux cieux?
« Pardonnez-moi mon meurtre affreux ! » C'est impossible!
J'ai dans mes mains le prix de ce meurtre terrible,
Cette femme, le sceptre, et la grandeur des rois.
Quoi! jouir du pardon et du crime à la fois?
Folie! au poids de l'or, en ce monde, le crime
Achète la justice, et le juge a la prime
Des profits du coupable. Oui; mais payez donc Dieu !
Quand la vérité parle, osez mentir un peu !
Lorsque vos actions vous regardent en face,

Essayez de nier. Non! il faut crier grâce!
Suis-je donc dans l'abîme enfoncé trop avant?
Anges du ciel, voyez, je suis encor vivant!
Essayez! sauvez-moi! Fléchis, genou rebelle!
Cœur aux fibres d'acier, sois plus tendre et plus frêle
Que le cœur palpitant d'un enfant nouveau-né!
Et tout peut aller bien.

(Il s'agenouille au prie-Dieu. Entre Hamlet.)

HAMLET, apercevant le Roi, — avec plus de terreur que de joie.

Quel moment m'est donné!
Il prie, et je dois tout accomplir!

(Longue lutte intérieure. Il tire à demi son épée, qu'il laisse retomber au fourreau pour essuyer de sa main la sueur froide de son front; puis il tire enfin brusquement son épée et s'appuie dessus chancelant, fait deux pas vers le Roi, puis s'arrête, fait encore un pas et s'arrête encore, illuminé par une réflexion soudaine.)

Mais, j'y pense!
Il irait droit au ciel; et je le récompense
Au lieu de le punir. Voyons! un scélérat
Assassine mon père, et moi, moi, fils ingrat!
J'envoie au sein de Dieu le maudit. Ma vengeance
Est alors amitié, ma colère indulgence.
Mon père est mort sans prêtre; un grave jugement
Pèse à présent sur lui: serait-ce un châtiment
Pour son lâche assassin, que d'immoler l'infâme
Quand, prêt pour le voyage, il épure son âme?...
— Non, non, rentre au fourreau, mon épée, et tous deux
Attendons, pour frapper un coup moins hasardeux.
Et, quand nous le verrons dans un accès de rage,
Ivre, au jeu, répandant le blasphème et l'outrage;
Quand il sera coupable, et non pas repentant,
Alors qu'il commettra quelque crime éclatant
Qui lui ferme à jamais le chemin de la grâce...
Frappons! frappons! afin que son talon menace
Les cieux, quand le damné, que son ange aura fui,
Tombera dans l'enfer moins noir encor que lui.
— Allons errer encor. Toi, ta prière impie
Retarde peu ta mort que le démon épie!

(Il sort.)

LE ROI, se relevant.

Les mots montent dans l'air; la pensée est en bas...
Et les mots sans pensée à Dieu n'arrivent pas.

SCÈNE II

LE ROI, LA REINE, puis MARCELLUS.

LA REINE, entrant troublée.

Sire, l'avez-vous vu?

LE ROI.

Qui?

LA REINE.

Dans le moment même,
Mon fils était ici.

LE ROI, effrayé.

Pour quel dessein extrême?

LA REINE.

Dieu seul le sait! Hamlet, depuis hier au soir
Que ce meurtre fatal pèse à son désespoir,
Se cache. Horatio cherche en vain à le joindre.
On l'a revu, — le jour ne faisait que de poindre,
Sur le bord de la mer, puis, pendant le convoi,
Près de l'église. Et là, dans l'instant, devant moi,
C'est bien lui qui passait, muet, rapide et sombre.
J'ai voulu l'appeler, il s'est enfui dans l'ombre.
Ah! protégez-le, sire!

LE ROI.

Oui, mais veillons sur lui.
Hier, si j'eusse été là, j'étais mort. Aujourd'hui,
Hamlet met en péril ma couronne et ma vie.
Son crime, c'est à nous que l'impute l'envie;
Et Laërte, en tous lieux, va criant contre moi.

LA REINE.

Mon fils!

LE ROI.

Rassurez-vous cependant.

(A Marcellus, qui entre.)

Ah! c'est toi,
Marcellus; que veux-tu?

MARCELLUS.
C'est la pauvre Ophélie,
Sire, qui veut entrer.
LE ROI.
Qu'elle entre.
MARCELLUS, après une fausse sortie.
Mais j'oublie...
Son père et son amour en un seul jour perdus
Ont sans doute troublé ses esprits éperdus :
Nous cherchons vainement un sens à sa parole,
Et ses yeux égarés...
LA REINE.
Malheur ! elle aussi, folle !
LE ROI.
Mais de quoi parle-t-elle ?
MARCELLUS.
Oh ! de son père mort,
Des hommes tous méchants, — plus méchants que le sort.
Elle frappe son cœur, sanglote, puis s'irrite,
Dit sérieusement des paroles sans suite,
Tient d'étranges discours, qui pourtant font rêver
Et qu'avec la pensée on tâche d'achever.
Ses gestes, ses regards prêtent à ses mots vagues
Le sens mystérieux du nuage et des vagues.
On sent vivre et penser son rêve ténébreux,
Car on le sent souffrir, — souffrir d'un mal affreux.
LE ROI.
Amenez-la-nous donc. — Ses paroles obscures
Feraient faire aux méchants d'horribles conjectures.

(Marcellus sort et rentre immédiatement avec Ophélie.)

SCÈNE III

LE ROI, LA REINE, OPHÉLIE, MARCELLUS.

OPHÉLIE, entrant, les cheveux et les vêtements en désordre.
La belle majesté du Danemark ?...
LA REINE.
Eh bien,
Qu'avez-vous, chère enfant ?

OPHÉLIE, *chantant.*

L'amour sincère, à quels gages
Le reconnaîtrai-je donc?
A-t-il sandales, bourdon,
Et chapeau de coquillages?

LA REINE.

Mais elle ne dit rien,
Hélas! votre chanson!

OPHÉLIE.

Comment! je vous supplie,
Écoutez:

Mort en sa jeune saison,
On l'a mis au cimetière :
A sa tête est une pierre,
A ses pieds un vert gazon.

Oh! oh! Dieu!

LA REINE.

Voyons, chère Ophélie!

OPHÉLIE.

Écoutez, écoutez:

Son linceul blanc comme neige
Était parsemé de fleurs,
Qu'arrosaient avec des pleurs
Les vrais amants du cortége.

LE ROI.

Qu'est-ce donc que ceci?

(A Ophélie.)

Comment vous trouvez-vous, madame?

OPHÉLIE.

Bien, merci!
Que le seigneur vous garde! On dit que la chouette
Était fille, autrefois, d'un boulanger. Pauvrette!
Hélas! je reconnais aujourd'hui mon chemin;
Mais qui pourra me dire où je serai demain?
Pauvre, pauvre vieillard!

LA REINE.

Elle pense à son père.

OPHÉLIE.

Nous n'allons plus parler de tout cela, j'espère!
Le sens caché? Mon Dieu! je vais vous l'aplanir!

> Voici le matin
> De Saint-Valentin,
> Et je viens, mutine,
> Vous dire bonjour,
> Pour être en ce jour
> Votre Valentine!

LA REINE.

Pauvre enfant!

OPHÉLIE.

Encore un, et puis je vais finir?

> « Bel ange adoré,
> Je t'épouserai, »
> Disiez-vous naguère.
> Oui, mais, entre nous,
> L'amant à l'époux
> Fait trop peur, ma chère.

(Un Officier entre et remet une dépêche au Roi.)

LE ROI, lisant la dépêche.

Une émeute!... Oh! que faire?

OPHÉLIE.

Attendez: tout à l'heure
Cela s'arrangera. — Mais, malgré moi, je pleure,
En songeant qu'ils l'ont mis en terre, tout transi!
Mon frère le saura, c'est trop juste. — Merci!
Ma voiture? — Bonsoir. — Bonsoir, ma chère dame!

(Elle sort en fredonnant.)

LA REINE, à Marcellus.

Surveillez-la de près, en grâce, la pauvre âme!

(Sort Ophélie, suivie de Marcellus.)

SCÈNE IV

LE ROI, LA REINE, puis MARCELLUS.

LE ROI.

Elle a perdu son père, et c'est l'affreux poison

D'une amère douleur qui lui prend la raison.
Gertrude, les malheurs marchent toujours par troupe.
Polonius tué, le peuple qui se groupe
Autour des malveillants, et murmure tout bas,
Votre fils qui se cache et qu'on ne trouve pas,
Ophélie insensée et dont l'âme abattue
Ne laisse en s'égarant qu'une belle statue...
Enfin, pour dernier coup qui les égale tous,
Laërte, furieux, révolté contre nous,
— Ce billet me l'apprend, — et que la calomnie
A sans peine excité son turbulent génie...
Un seul de ces fléaux pourrait donner la mort,
Et tous vont nous briser sous leur commun effort!

(Rumeurs au dehors.)

LA REINE.

Mon Dieu! quel est ce bruit?

LE ROI.

Holà! quelqu'un! mes gardes!
Qu'on défende la porte! Allons! les hallebardes!

MARCELLUS, entrant précipitamment.

Oh! fuyez, monseigneur! l'Océan courroucé
N'engloutit pas ses bords d'un flot plus insensé,
Que le jeune Laërte, en sa fureur rebelle,
Ne renverse là-bas votre garde fidèle.
La foule voit en lui déjà son souverain.
Le monde est né d'hier; plus de lois, plus de frein,
D'histoire, de passé. La populace crie :
« Prenons pour roi Laërte! » et, dans leur barbarie,
Tous, jetant leurs bonnets, d'applaudir sans effroi,
Et de vociférer : « Vive Laërte roi! »

(Cris plus rapprochés.)

LE ROI.

Danois ingrats! voyez comme leur meute aboie,
Dans un joyeux élan, sur une fausse voie!

SCÈNE V

Les Mêmes, LAERTE, Peuple.

LAERTE, l'épée à la main.
Le voilà donc, ce roi !
(Au Peuple.)
Restez en dehors, tous !
LE PEUPLE.
Non, entrons !
LAERTE.
Mes amis, de grâce, laissez-nous !
LE PEUPLE.
Faisons comme il le dit !
LAERTE.
Merci ! gardez les portes !
(Au Roi.)
Infâme roi ! rends-moi mon père !
LA REINE.
Oh ! tu t'emportes,
Bon Laërte ! Du calme, allons !
LAERTE.
Du calme ? Eh quoi !
Une goutte de sang qui serait calme en moi
M'appellerait bâtard et flétrirait ma mère !
LE ROI.
Tu regretteras l'heure où ta révolte amère
Contre ton souverain se dresse impudemment.
LA REINE.
Mon Dieu !
LE ROI, à la Reine.
Ne craignez rien ! un divin sacrement
Marque les rois au front, et sait forcer le traître
A détourner les yeux en offensant son maître.
Laërte, d'où te vient ce furieux transport ?
(A la Reine.)
Laissez faire !

LAERTE.
Je veux, moi, mon père!
LE ROI.
Il est mort.
LA REINE.
Mais ce n'est pas le roi...
LE ROI, à la Reine.
Paix! qu'il parle, s'il l'ose!
LAERTE.
Mais comment est-il mort? croit-on que rien m'impose?
Au diable les serments et la fidélité!
Aux enfers le devoir, la foi, la loyauté!
Le dernier jour, ce monde et l'autre, peu m'importe!
Que je venge mon père, et que Satan m'emporte!
LA REINE.
Qui pourrait arrêter ce délire pervers?
LAERTE.
Ma seule volonté, mais non pas l'univers!
LE ROI.
Parce que vous voulez, Laërte, en votre rage,
Punir un meurtrier, faut-il, comme l'orage,
Balayer devant vous, fils pieux à demi,
Innocent et coupable, ami comme ennemi?
LAERTE.
Rien que ses ennemis!
LE ROI.
Voulez-vous les connaître,
Laërte?
LAERTE.
A ses amis, tout mon sang, tout mon être!
LE ROI.
Eh bien, donc, ses amis, c'est la reine, c'est moi.
Et son seul ennemi, — c'était Hamlet!
LAERTE.
Eh quoi!
Est-il possible? Hamlet, l'assassin de mon père!
LE ROI.
Pourquoi se cache-t-il? Demandez à sa mère!

LA REINE.

Hélas! hélas! c'est vrai. Mais il est insensé!
Vous le savez, monsieur.

LAERTE.

Moi, tout ce que je sai,
C'est que mon père est mort, c'est qu'une main fatale
Trancha...

(Apercevant Ophélie, qui entre.)

Ma sœur! ma sœur! Mon Dieu! comme elle est pâle!

SCÈNE VI

Les Mêmes, OPHÉLIE, bizarrement coiffée de fleurs et de pailles entrelacées.

OPHÉLIE, à son frère, sans le reconnaître.

Bonjour, prince.

LAERTE.

Elle est folle! — O mes pleurs enflammés,
Dévorez le regard dans mes yeux consumés!
Oh! va, je leur ferai payer cher ta folie,
Ma sœur, rose de mai! bonne et tendre Ophélie!
Mon Dieu! vous laissez donc s'éteindre au même vent
Le souffle du vieillard et l'esprit de l'enfant!
L'âme qu'un amour pur exalte d'heure en heure
Laisse à l'objet aimé sa moitié la meilleure.

OPHÉLIE, chantant.

On l'enterra sans voiler son front pâle!
Hélas! hélas! trois fois hélas!
Et tous les cœurs pleurent sa mort fatale...

Adieu, mon tourtereau!

LAERTE.

Non, toute ta raison
Ne m'animerait pas contre la trahison
Autant que ce délire!

OPHÉLIE.

Eh! chantons! on commence.

En bas! qu'on le porte en bas!
Hélas! hélas! trois fois hélas!

Un refrain bien trouvé, certes ! c'est la romance
Du méchant intendant qui, sans pitié, vola
La fille de son maître.

LAERTE.

Oh ! oui, tous ces riens-là
En disent cent fois plus que des choses sensées !

OPHÉLIE, distribuant ses fleurs.

Pense à moi, doux ami! Tiens, voici des pensées !
Et puis du romarin, la fleur du souvenir !
Séparés, son parfum saura nous réunir !

LAERTE.

Son cœur rappelle encor sa raison disparue.

OPHÉLIE à la Reine.

Partageons entre nous, madame, cette ruë :
Pour vous herbe de grâce, herbe de pleurs pour moi !
Voici de l'ancolie et du fenouil, je crois,
Et puis encor, tenez, de blanches pâquerettes.
Je voulais vous donner aussi des violettes,
Mais toutes ont péri tristement, tristement,
Lorsque mon père est mort, — mort, dit-on, saintement !

(Elle chante à genoux.)

Le bon petit Robin,
Il fait toute ma joie!

LAERTE.

Tristesse, passion, rêverie, enfer même,
Tout en elle devient grâce et charme suprême !

OPHÉLIE.

Ses cheveux blancs comme la neige
Égalaient en douceur le lin!
J'ai vu le noir cortége.
Hélas! que Dieu protége
Le mort et l'enfant orphelin!

Ainsi que tout chrétien, — c'est là mon dernier vœu
Le ciel soit avec vous!

(Elle sort; sur un signe du Roi, la Reine la suit.

SCÈNE VII

LE ROI, LAERTE.

LAERTE.
Vous le voyez, mon Dieu !
Il faut que je la venge ! et cet Hamlet se cache !
Où trouver l'assassin, le meurtrier, le lâche ?
La moitié de mes jours pour l'avoir là vivant !

LE ROI.
Ah ! que ne veniez-vous une heure auparavant !

LAERTE.
Un tel crime ne peut, pour nous et pour vous-même,
Demeurer impuni, pourtant !

LE ROI.
Sa mère l'aime
Et ne vit qu'en son fils ! et je ne sais pourquoi,
Mais, malheur ou vertu, je vis en elle, moi !
L'étoile ne se meut qu'en sa sphère, et mon âme
Ne respire, ne sent, ne vit qu'en cette femme !
Puis le peuple eut toujours Hamlet pour favori,
Et ne veut pas qu'on touche à son prince chéri.
Il changerait ses fers en guirlandes de fête,
Et ma flèche, impuissante au vent de la tempête,
A mon but de vengeance au lieu d'aller toucher,
Retournerait vers l'arc et percerait l'archer.

LAERTE.
Mais moi, mon père est mort ! mais moi, ma sœur est folle !
Ma sœur qui, dès ce monde, avait une auréole !

LE ROI.
Laërte, un bon conseil, qui, si tu le suivais...

LAERTE.
Vous n'allez pas, au moins, me conseiller la paix ?

LE ROI.
Non, sois tranquille ! guerre !

LAERTE.
Oh ! oui, guerre mortelle !

LE ROI.

Si je trouve un moyen... — Ta vengeance est fidèle,
N'est-ce pas ? et ne craint ni délai ni retard ! —
Si je trouve un moyen de frapper sans hasard ?...

LAERTE.

Oh ! dites !

LE ROI.

D'amener sous tes coups la victime,
Sans que nul dans sa mort puisse trouver un crime.

LAERTE.

Soyez la tête ! allez ! mais que je sois le bras,
Que je sois le poignard !

LE ROI.

Eh bien, tu le seras !
— Laërte ! on vous vantait, pendant votre voyage,
En présence d'Hamlet, d'un talent de votre âge
Où l'on vous disait maître, et ce mince agrément
A rendu plus jaloux le prince, assurément,
Que tous vos autres dons, tant la jeunesse est folle !

LAERTE.

Ce talent, quel est-il ?

LE ROI.

Rien qu'un ruban frivole
Au chapeau d'un jeune homme, et qui lui sied pourtant !
Que notre habit soit sombre et le vôtre éclatant !
Nous portons le cilice, et vous portez la soie,
Vous, l'espérance, et nous, le deuil de notre joie. —
Nous avions un seigneur normand, le dernier mois ;
Comment le nommait-on déjà ? Lamond, je crois.
Sa mémoire de vous était tout occupée ;
Mais, surtout, il vantait votre adresse à l'épée.
Vous feriez un assaut merveilleux entre tous,
S'il s'offrait un rival un peu digne de vous,
Assurait-il. Mais bah ! les escrimeurs de France,
Devant vous, sur-le-champ, perdant toute assurance,
N'avaient plus ni sang-froid, ni ruse, ni coup d'œil !
Et, là-dessus, Hamlet, dans son jaloux orgueil,
N'eut plus, de ce moment, de souhaits et d'alarmes
Que sur votre retour, pour faire un assaut d'armes !
— Eh bien, Laërte ?...

LAERTE.
Eh bien?

LE ROI, brusquement, après une pause.
Aimiez-vous tendrement
Votre père, voyons! ou votre accablement
Est-il joué?.

LAERTE.
Joué! Vous raillez, je l'espère!

LE ROI.
Que feriez-vous donc bien pour venger votre père?

LAERTE.
Ce que je ferais?

LE ROI.
Oui.

LAERTE.
J'irais, du coup mortel,
Percer son assassin, — fût-ce au pied de l'autel!

LE ROI.
Bien! le lieu saint convient au meurtre expiatoire!
— Mais, tenez, cher ami, si vous voulez m'en croire,
Laissez-moi tout mener, à compter d'aujourd'hui.
Quand Hamlet reviendra, nous ferons, devant lui,
Vanter votre talent, et rappeler l'estime
Où vous tient ce Français à l'endroit de l'escrime.
Nous amènerons bien un assaut, des paris!
Hamlet, jeune, pour qui la vie a peu de prix,
Généreux, confiant, ne va pas prendre garde
Au fleuret qu'on lui donne, et l'on peut, par mégarde,
Vous présenter, à vous, un fer non émoussé...
Alors, vous comprenez? un coup bien adressé,
Et vous êtes payé du sang de votre père!
Qu'en dites-vous?

LAERTE.
Je dis: Je suis prêt à tout faire!

LE ROI.
Bien! — Je sais un poison, pour plus de sûreté,
Où l'on pourra tremper ce fer démoucheté;
Et l'étrange vertu de la liqueur est telle,
Qu'une simple piqûre est la mort avec elle.

LAERTE.

Tout est bon à ma rage!

LE ROI.

Il faudrait agencer
Quelque arrière-projet qui viendrait remplacer
Notre premier essai, s'il nous manquait en route.

(Réfléchissant.)

Un moment! attendez! oui, c'est cela! sans doute!
On engage sur vous des paris importants...
J'y suis! Quand vous serez échauffés, haletants,
Et poussez-le-moi ferme! Hamlet, la chose est sûre,
Va demander à boire... et, si quelque blessure
Ne l'a déjà frappé, l'eau qu'on lui versera,
Ne fît-il qu'y goûter, nous en délivrera.

(Apercevant la Reine, qui entre éplorée.)

La reine!

SCÈNE VIII

Les Mêmes, LA REINE.

LE ROI.

Oh! qu'est-ce encor?

LA REINE.

Mon âme est foudroyée
Par un nouveau malheur! Ophélie est noyée!

LAERTE.

Qui? ma sœur! noyée! où?

LA REINE.

Dans le prochain ruisseau,
Un vieux saule en rêvant mire au cristal de l'eau
Ses rameaux éplorés aux teintes monotones.
C'est là qu'ayant tressé de bizarres couronnes,
Elle voulut suspendre au feuillage ployé
Son trophée odorant... Mais, sous son petit pié,
Une branche se brise, et la pauvre enfant tombe,
Avec toutes ses fleurs, au noir ruisseau, sa tombe! —
Et, d'abord, ses habits, étalés et flottants,
La soutiennent sur l'eau pendant quelques instants.

On aurait dit de loin une blanche naïade;
Riante, elle chantait des fragments de ballade,
Frappait l'onde en jouant, sans souci du danger,
Et, comme un cygne calme, elle semblait nager.
Mais ce ne fut pas long, car l'eau trempait sa robe,
Et la pauvre petite au ciel bleu se dérobe,
Et la vague, éteignant sa vie et son accord,
De sa douce chanson l'entraîne dans la mort!

LAERTE.

Morte! ô Dieu! mon pauvre ange! oh! mais c'est qu'elle emporte
Mon espoir et ma vie! elle est morte! elle est morte!

LE ROI, bas.

Morte aussi par Hamlet!

LAERTE.

Par Hamlet! mais je veux
Que ce bras, d'un seul coup, les venge tous les deux!

SEPTIÈME PARTIE

Un cimetière.

SCÈNE PREMIÈRE

Deux Fossoyeurs, creusant une fosse.

PREMIER FOSSOYEUR.

Peut-on en terre sainte enterrer sans blasphème
Celle qui va chercher son salut d'elle-même?

DEUXIÈME FOSSOYEUR.

Le *coroner* l'a dit; toi, creuse en attendant!

PREMIER FOSSOYEUR.

Elle s'est donc noyée à son corps défendant?

DEUXIÈME FOSSOYEUR.

La loi l'a reconnu.

PREMIER FOSSOYEUR.
La raison le réprouve.
DEUXIÈME FOSSOYEUR.
Tu crois au suicide ?
PREMIER FOSSOYEUR.
Et, de plus, je le prouve.
Se noyer est un acte, on le peut établir ;
Or, l'acte a trois degrés : agir, faire, accomplir.
Ergo, c'est à dessein que se noya la belle !
DEUXIÈME FOSSOYEUR.
Mais, mon bon fossoyeur...
PREMIER FOSSOYEUR.
O la tête rebelle !
Permets. Voici l'eau, bien ! voilà l'homme, très-bien !
Si l'homme va dans l'eau se noyer comme un chien,
C'est lui qui s'est noyé, mon cher, il a beau dire !
Mais, si c'est l'eau qui vient chercher l'homme et l'attire,
Alors, il ne s'est pas noyé lui-même.
DEUXIÈME FOSSOYEUR.
Et moi
Je te dis qu'aujourd'hui l'on torture la loi.
Maintenant, veux-tu voir au fond de ce mystère ?
C'est qu'elle est de noblesse ! et sans honte on l'enterre
En un lieu consacré.
PREMIER FOSSOYEUR.
Oui, tout est pour le rang !
Et l'on ne pourra pas, parce qu'on n'est pas grand,
Se pendre ou se noyer ! On est chrétien, en somme !
Viens, ma pioche, c'est toi qui fais le gentilhomme !
Le premier gentilhomme était un jardinier.
DEUXIÈME FOSSOYEUR.
Un jardinier ?
PREMIER FOSSOYEUR.
Adam ! — tu ne pourras nier
Qu'il ne soit notre tige à tous tant que nous sommes.
Or, quelle arme portait ce grand-père des hommes ?
Une pioche.
DEUXIÈME FOSSOYEUR.
C'est juste.

PREMIER FOSSOYEUR.
　　　　Une autre question.
DEUXIÈME FOSSOYEUR.

Laquelle ?

PREMIER FOSSOYEUR.
　　　Écoute bien. Quelle habitation
Dure plus qu'un vaisseau ? qu'un palais ?
DEUXIÈME FOSSOYEUR.
　　　　　　　　　　　Beaux mystères !
Un gibet ! Il survit à mille locataires.
PREMIER FOSSOYEUR.
Je vois que le gibet te va.
DEUXIÈME FOSSOYEUR.
　　　　Sot animal !
PREMIER FOSSOYEUR.
Sans doute, le gibet est pour ceux qui font mal !
Et toi, tu faisais mal, et je m'en formalise !
En disant qu'un gibet dure plus qu'une église.
Or, le gibet te va.
DEUXIÈME FOSSOYEUR.
　　　　Donc, la solution ?...
PREMIER FOSSOYEUR.

Est autre.

DEUXIÈME FOSSOYEUR.
　　　Tu disais : « Quelle habitation
Dure le plus longtemps ? »
PREMIER FOSSOYEUR.
　　　　　　　Oui, trouve la réponse.
J'écoute.
DEUXIÈME FOSSOYEUR.
　　M'y voilà ! c'est...
PREMIER FOSSOYEUR.
　　　　C'est ?...
DEUXIÈME FOSSOYEUR.
　　　　　　　Bah ! j'y renonce !
PREMIER FOSSOYEUR.
Va ! ne tourmente pas ton cerveau sans motif.

A quoi servent les coups lorsque l'âne est rétif?
Désormais, sans te perdre en une route fausse,
Dis : Le plus sûr abri, c'est notre œuvre, — une fosse !
Le jugement dernier doit seul en voir la fin ! —
Et va-moi, là-dessus, chercher un coup de vin !

(Le deuxième Fossoyeur sort. Hamlet et Horatio entrent.)

SCÈNE II

HAMLET, HORATIO, Premier Fossoyeur.

PREMIER FOSSOYEUR, chantant.
 O femme au cœur rebelle,
 Alors que tu m'aimais,
 Tu me disais, ma belle :
 « Je veux t'être fidèle,
 Fidèle à tout jamais. »

HAMLET.
A-t-il le sentiment de ce qu'il fait, ce drôle,
Ou ce triste métier pour lui n'est-il qu'un rôle?
Vois donc, Horatio, ce joyeux fossoyeur !
Parmi ces morts connus, il marche sans frayeur
Et chante, insoucieux, lui près de qui tout tombe,
Une chanson d'amour en creusant une tombe.

HORATIO.
L'état qu'il fait toujours sur lui n'a plus d'effet.

HAMLET.
C'est vrai : la main oisive a le tact plus parfait.

LE FOSSOYEUR, chantant.
 J'ai tenu ma parole,
 Ainsi qu'au premier jour;
 Mais toi, femme frivole,
 Comme l'oiseau s'envole,
 Tu quittas mon amour.

(Il déterre un crâne.)

HAMLET.
Ce crâne eut une langue, et qui chantait de même !
On le roule à présent sans qu'il crie au blasphème,

Tout comme si c'était l'occiput de Caïn.
Le crâne que du pied mène ce vil coquin
Appartenait peut-être à quelque politique,
Qui jadis mena Dieu d'un doigt diplomatique.
N'est-ce pas fort possible?

HORATIO.
Oui, sans doute, seigneur!

HAMLET.
Ou bien c'était le chef d'un maître flagorneur,
D'un courtisan expert, à l'échine flexible,
Dont le front sans rougeur, aux dégoûts insensible,
Était toujours riant, pourvu que monseigneur
De lui pendre un cordon au cou lui fît l'honneur.
Qu'en dit mon philosophe?

HORATIO.
Eh! que cela peut être.

HAMLET.
Maintenant, monseigneur Ver-de-Terre est le maître
De ce museau rongé, pauvre débris railleur
Qu'avec un fer brutal caresse un fossoyeur!
Changement et leçon! Les jours, les mois, par mille
Formaient ces os... pourquoi? Pour faire un jeu de quille
Je sens, en y songeant, frémir mes os à moi!

LE FOSSOYEUR, chantant.
Mais la mort inféconde
Qu'on ne peut détourner,
M'a pris faisant sa ronde,
Et m'a dans l'autre monde
Envoyé promener.

(Il déterre un autre crâne.)

HAMLET.
Un crâne encor! Serait-ce à quelque homme de loi?
Et pourquoi pas? Où sont maintenant ses finesses,
Ses clauses, ses détours et ses délicatesses?
Avec un outil sale, il se laisse cogner
Par un vilain rustaud, sans le faire assigner,
Tant il est pacifique! — Hélas! on le déterre,
Et, peut-être, c'était un gros propriétaire,
Avec titres, garants, droits, cautionnements,

Hypothèques !... La fin de ses accroissements
Et de ses sûretés, c'est d'avoir, en échange
D'un bel et bon cerveau, de belle et bonne fange.

(Au Fossoyeur.)

Combien peut-on rester en terre sans pourrir ?

LE FOSSOYEUR.

Si l'on n'est pas pourri, dame, avant de mourir...
— Nos carcasses, monsieur, sont parfois gangrenées ! —
Un corps peut vous durer de trois à neuf années.
Par exemple, un tanneur se conserve neuf ans.

HAMLET.

Un tanneur ! et pourquoi dure-t-il plus longtemps ?

LE FOSSOYEUR.

Sa peau, par son travail, rendue imperméable,
Ne prend pas l'eau du tout ; et rien n'est détestable
Comme l'eau, voyez-vous, pour nos maudits corps morts.
Celui-ci, qu'en bêchant, voyez, j'ai mis dehors,
Est là depuis vingt ans et plus.

HAMLET.

A qui ce crâne ?

LE FOSSOYEUR.

Devinez ! au plus fou des fous !

HAMLET.

Que Dieu me damne
Si je puis deviner !

LE FOSSOYEUR.

L'extravagant maudit !
Sur ma tête, un beau jour, monsieur, il répandit
Tout un flacon de vin du Rhin ! C'est la caboche
D'Yorick, fou du roi, qui joue avec ma pioche.

HAMLET, ramassant le crâne.

Cela ?

LE FOSSOYEUR.

Certainement.

HAMLET.

Pauvre Yorick ! hélas !
Je l'ai connu ! rieur, toujours prêt, jamais las !
Un esprit si fertile ! une verve si drôle !

Il m'a plus de cent fois porté sur son épaule ;
Et sa vue à présent me fait bondir le cœur !
Où donc est cette lèvre au sourire moqueur
Que j'ai cent fois baisée ? où sont vos railleries,
Vos chansons, vos éclairs et vos espiègleries
Qui faisaient d'un festin un délire entraînant ?
Eh quoi ! pas un lazzi pour railler maintenant
Votre affreuse grimace ? Eh quoi ! lèvres ni joue,
Plus rien ! — Pauvre Yorick ! va faire ainsi ta moue
Au miroir d'une belle, et, là, dis-lui tout bas,
Tandis qu'elle s'occupe à doubler ses appas,
Dis-lui, pauvre Yorick ! dis-lui qu'elle a beau faire,
Que le corps, ici-bas, appartient à la terre,
Qu'hélas ! nous sommes tous les jouets du hasard,
Et qu'elle cache en vain ses rides sous le fard ;
Le temps, au jour fixé, réclamera sa dette :
Le fard cache la joue, et la joue — un squelette !
Lui révélant ainsi l'avenir inconnu,
Près de son front paré va poser ton front nu,
Et tu verras, bouffon, si cela la fait rire !

(A Horatio.)

— Ami, réponds un peu.

HORATIO.

Monseigneur n'a qu'à dire.

HAMLET.

Penses-tu qu'Alexandre ait eu cet air boudeur,
Dans son tombeau ?

HORATIO.

Mais oui !

HAMLET, jetant le crâne.

Pouah ! et cette odeur ?

HORATIO.

La même absolument !

HAMLET.

A quelle fin grossière
Nous pouvons arriver ! En suivant la poussière
D'Alexandre le Grand en chaque état, — bientôt,
On peut la trouver cruche à la main d'un rustaud.

HORATIO.

C'est trop subtilement envisager les choses !

HAMLET.

Mais non! rien que de simple en ces métamorphoses!
Rien qu'on puisse nier! Tiens: Alexandre est mort,
On le met au tombeau; là, tous en sont d'accord,
Il redevient poussière; — et sa cendre est de terre,
Et la terre est argile, — et, sans plus de mystère,
De l'argile qui fut Alexandre le Grand
Un potier peut bien faire un pot, au demeurant.
L'impérieux César, mort, redevenu boue,
Peut remplir une fente où la bise se joue,
Et l'argile qui tint en suspens l'univers
Va plâtrer un vieux mur rongé par les hivers.

SCÈNE III

Les Mêmes, LE ROI, LA REINE, LAERTE, un Prêtre, toute
la Cour, suivant processionnellement un convoi.

HAMLET.

Mais silence! le roi! toute la cour! la reine!
Quel convoi suivent-ils? Celui que l'on amène
D'une main violente a mis fin à ses jours;
Car point de croix, vois-tu? C'est un noble, toujours!
Observons.

LAERTE, au Moine.

N'est-il plus d'autres cérémonies?
Dites.

HAMLET.

Laerte!

LE PRÊTRE

Non.

LAERTE.

Quoi! toutes sont finies?

LE PRÊTRE.

Nous ne pouvons rien faire au delà, monseigneur.
Sa mort était suspecte, et c'est assez d'honneur!
Car, vous voyez, elle a la couronne des vierges,
Les cloches de l'église, et les fleurs et les cierges.

LAERTE.

Ne peut-on rien de plus?

LE PRÊTRE.

    Ce serait profaner
Le service des morts, monsieur, que d'entonner
Un pieux *Requiem* et d'implorer pour elle
Le repos qui n'est fait que pour l'âme fidèle.

LAERTE.

Soit! je confie alors, dans ce suprême adieu,
Son beau corps à la terre et sa belle âme à Dieu,
Pour qu'ils fassent, cléments en leurs métamorphoses,
Avec cette âme un ange, avec ce corps des roses! —
Ophélie! au revoir dans des mondes meilleurs!

HAMLET.

Grand Dieu! c'est Ophélie!

LA REINE, jetant des fleurs sur le cercueil.

     O fleur, reçois ces fleurs!
Déjà je te voyais ma fille bien-aimée,
Déjà j'ornais de fleurs votre couche embaumée,
Et je ne donne, hélas! de fleurs qu'à ton cercueil!
Adieu, pauvre Ophélie!

LAERTE.

    Oh! tombe un triple deuil
Sur le lâche assassin qui causa ta folie!
Attendez. Un dernier baiser, mon Ophélie!

  (Aux Fossoyeurs.)

Maintenant, enterrez la morte et le vivant,
Jusqu'à ce que la tombe, aux astres s'élevant,
Dépasse Pélion et l'Olympe bleuâtre.

HAMLET, s'avançant.

Quel est celui de qui la douleur de théâtre
Voudrait, souffrant devant un parterre de dieux,
Éteindre de ses pleurs les étoiles des cieux?
C'est moi, qui suis Hamlet!

LAERTE, tirant son épée.

    Que l'enfer ait ton âme!

HAMLET.

La prière est impie. Au fourreau cette lame!
Et reculez, monsieur! Je suis paisible et doux,
Mais il est plus prudent de prendre garde à vous.

LA REINE.

Hamlet! Hamlet!

TOUS.

Messieurs!

HORATIO.

Seigneur!

LE ROI.

Qu'on s'interpose!

HAMLET.

Voulez-vous donc lutter tous deux pour cette cause,
Jusqu'à ce que nos yeux soient fermés à jamais?

LA REINE.

Pour quelle cause, ami?

HAMLET.

Pour elle! — Je l'aimais!
Et j'égale en amour quarante mille frères!

LA REINE.

Hamlet! mon cher Hamlet! pas d'éclats téméraires!
— Il est fou, cher Laërte, épargnez-le, pour Dieu!

HAMLET.

Dis! que ferais-tu donc pour elle? Dis un peu!
Gémir comme un enfant? pleurer comme une femme?
Eh bien, c'est la douleur qu'on retrouve en toute âme.
Combattre sur sa tombe aux yeux des spectateurs?
Ainsi feraient des fous ou des gladiateurs.
Nous retirer chacun dans quelque cloître austère,
Et, là, le front courbé, l'œil fixé vers la terre,
A chaque fois que l'un à l'autre ira s'offrir,
Échanger entre nous ces mots: « Il faut mourir! »
Dis, veux-tu tout cela? Ma douleur est trop fière,
Pour laisser tes regrets d'un seul pas en arrière.
Ou n'est-ce point assez? et veux-tu, me bravant,
M'offrir de t'enterrer avec elle vivant?
Soit! j'y consens encor. Tu parles de montagnes?
Qu'on entasse sur nous collines et campagnes,
Par millions d'arpents, jusqu'à ce que le tas,
A la zone torride étendant son amas,
Fasse le mont Ossa petit comme un atome.
Ordonne, j'obéis! parle, et je suis ton homme!

LA REINE, à Laërte.

Laissez passer l'accès, et vous allez le voir
Reprendre la douceur morne du désespoir
Et ce rêve attristé que rien ne peut distraire.

HAMLET, à Laërte, après un silence.

Pourquoi m'en voulez-vous? Je vous aimais, mon frère!

LA REINE.

Horatio, suivez de grâce tous ses pas!

(Hamlet s'agenouille un instant devant la tombe et sort emmené par Horatio.)

LE ROI, bas, à Laërte.

Souvenez-vous d'hier, et ne vous troublez pas!
Allons, du calme, ami! Bientôt sur cette tombe
Nous pourrons apporter une humaine hécatombe!

ACTE CINQUIÈME

HUITIÈME PARTIE

La salle du premier et du troisième acte. Le théâtre a été enlevé

—

SCÈNE PREMIÈRE

HAMLET, HORATIO, GUILDENSTERN.

HAMLET, entrant.

Bonjour, Horatio! Monsieur, je suis tout vôtre.
Mes amis, donnez-moi votre main l'un et l'autre.

GUILDENSTERN.

Si Votre Seigneurie en avait le loisir,
J'aurais à l'informer, Altesse, d'un désir
De Sa Majesté.

HAMLET.

Bien! Ma Seigneurie est prête.
On a fait ce chapeau pour vous couvrir la tête,
Monsieur.

GUILDENSTERN.

Non ; cela m'est plus commode, en honneur.
— Laërte est récemment de retour, monseigneur.
Ah ! c'est un gentilhomme étonnant, admirable,
De langage charmant, et de mine adorable.
A le considérer enfin sous son vrai jour,
On peut dire qu'il est le phénix de la cour !

HAMLET.

Oui, ce signalement, monsieur, est authentique,
Au point que la mémoire avec l'arithmétique
Se brouillerait bientôt à compter ses vertus ;
Car c'est un cavalier comme l'on n'en voit plus,
Un esprit rare, étrange, unique, inimitable,
Et dont son miroir seul peut offrir le semblable !

GUILDENSTERN.

Comme vous l'exaltez avec conviction !

HAMLET.

Je l'embaume, avec vous, dans l'admiration.
Mais arrivons au fait dont les mots sont l'écorce.

GUILDENSTERN.

Depuis longtemps, seigneur, vous connaissez sa force...
Je parle de sa force aux armes seulement,
Où nul ne le dépasse, incontestablement !
Or, le roi contre lui gage six juments noires,
Et lui douze poignards avec leurs accessoires,
Ceinturons, baudriers, douze poignards français.

HAMLET.

Et l'objet du pari ?

GUILDENSTERN.

Mais vos communs succès.
Le roi, sur douze coups, a soutenu que certe
Vous ne seriez touché que trois fois, et Laërte
Gage pour neuf sur douze. Et, si vous répondez,
Leurs débats sur-le-champ pourront être vidés.

HAMLET.

Un assaut ! quand sa sœur hier à peine succombe !
Les anciens célébraient leurs jeux sur une tombe,
C'est vrai ! Puisqu'aujourd'hui ce désir est le sien,
Faisons comme on faisait, monsieur, au temps ancien.

GUILDENSTERN.

Vous y consentez donc, prince?

HAMLET.

Je suis bon diable,
Et veux tout ce qu'on veut! — O frère inconsolable!
Ton immortel chagrin est mort depuis hier!
Dans cette galerie où je viens prendre l'air,
Apportez les fleurets, et, si le roi s'y prête,
Si Laërte persiste encore et le souhaite,
Nous ferons nos efforts pour qu'il perde avec nous;
Sinon, nous en serons pour la honte et les coups.

GUILDENSTERN.

C'est là votre réponse?

HAMLET.

Oui, pour le sens utile.
Vous pourrez l'embellir des fleurs de votre style.

GUILDENSTERN.

Leurs Majestés vont donc venir sous peu d'instants,
Avec toute la cour.

HAMLET.

Fort bien! je les attends.

GUILDENSTERN.

Mon prince, avant l'assaut, la reine vous supplie
De tendre au moins la main au frère d'Ophélie.

HAMLET.

Oui, de grand cœur, monsieur. Adieu.

GUILDENSTERN.

Mon dévouement
Se recommande à vous!

(Il sort.)

SCÈNE II

HAMLET, HORATIO.

HAMLET.

Il a raison, vraiment,
De se recommander lui-même! Tête folle!
Mannequin roide et creux de la mode frivole!
Bulle où mille reflets peuvent briller souvent!
Mais qu'on souffle dessus, que reste t-il? Du vent.

HORATIO.

Monseigneur, vous perdrez ce pari.

HAMLET.

Non, je pense.
Je me suis exercé pendant sa longue absence;
Il me fait avantage, et je serai vainqueur...
— Oh! mais si tu savais quel poids j'ai sur le cœur!
Bah! qu'importe!

HORATIO.

Pourtant...

HAMLET.

Rien! caprice de l'âme!
Pressentiments d'enfant à troubler une femme!

HORATIO.

Obéissez, cher prince, à ce trouble secret,
Je vais leur anoncer que vous n'êtes pas prêt.

HAMLET.

Non! je suis prêt pour tout, — et même pour la tombe!
Il faut l'arrêt de Dieu pour qu'un passereau tombe.
Il viendra tôt ou tard, mon grand jour inconnu,
Et, s'il n'est à venir, c'est donc qu'il est venu!
Demain, ce soir, que fait l'heure où l'on abandonne
L'avenir — qu'on n'a pas, que jamais Dieu ne donne?
Être prêt! tout est là! Marchons notre chemin.

SCÈNE III

Les Mêmes, LE ROI, LA REINE, LAERTE, GUILDENSTERN,
ROSENCRANTZ, Courtisans.

LE ROI, mettant la main de Laërte dans celle d'Hamlet.

Venez, Hamlet, venez, et prenez cette main.

HAMLET, à Laërte.

Pardonnez-moi, monsieur. L'offense faite à l'homme,
J'en demande pardon, Laërte, au gentilhomme.
Vous savez, ma raison souffre cruellement,
Et ce n'était pas moi, mais cet égarement,
Plus ennemi d'Hamlet que de Laërte même,
Qui blessait votre honneur, bon compagnon que j'aime.
Ainsi, je vous demande excuse — devant tous.

Et ne serais pas plus innocent, voyez-vous,
Si, lançant au hasard des traits, pour me distraire,
Par-dessus quelque mur, j'avais blessé mon frère.
LAERTE.
Vous venez d'apaiser mon âme, monseigneur.
Mais puis-je regarder comme intact mon honneur,
Et serrer cette main si chère à tant de titres ?
C'est ce que jugeront, s'il vous plaît, des arbitres.
Jusque-là, toutefois, satisfait à moitié,
Je reçois en ami vos offres d'amitié.
HAMLET.
Oh ! j'en suis bien heureux ! Plus de débats contraires !
Et disputons gaîment notre gageure en frères.
— Les fleurets ? — Je ne puis qu'être votre plastron,
Et vais, à vos succès ajoutant un fleuron,
Vous servir seulement de repoussoir et d'ombre.
L'étoile a plus d'éclat quand la nuit est plus sombre.
LAERTE.
Vous me raillez ?
HAMLET.
Non pas.
LE ROI.
Guildenstern, les fleurets ?
(A Hamlet.)
Vous savez la gageure ?
HAMLET.
Et j'ai mille regrets
De vous la faire perdre.
LE ROI.
Oh ! je suis sans alarmes !
Je vous ai vus tous deux, messieurs, faire des armes.
Il est plus exercé, mais il vous rend des points.
LAERTE, choisissant un fleuret.
Ce fleuret est trop lourd ; bon ! celui-ci l'est moins.
HAMLET, choisissant à son tour.
Sont-il tous de longueur ?
GUILDENSTERN.
Oui, tous.
HAMLET.
J'ai mon affaire.
LE ROI.
Les flacons? Si mon fils touche son adversaire

Dans les trois premiers coups, faites, pour le fêter,
Tirer tous les canons! et je prétends jeter
Dans ma coupe, en buvant, la perle la plus belle
Dont un roi puisse orner sa couronne nouvelle.
Et clairons au palais, canons sur les remparts,
Échos au ciel, que tout dise de toutes parts :
« Le roi boit à son fils ! » La reine vous regarde.
Allez, messieurs !

(Le Roi et la Reine ont pris place sur le trône.)

HAMLET.

Laërte, en garde !

LAERTE.

Hamlet, en garde !

(Ils commencent l'assaut.)

HAMLET.

Touché !

LAERTE.

Non.

HAMLET, aux Assistants.

Décidez.

GUILDENSTERN.

Touché, certainement !

(Fanfares et canons.)

LAERTE.

Allons, recommençons.

LE ROI.

Cher Hamlet, un moment !
Je bois à toi.

(Il boit et jette le poison dans la coupe.)

Voici ta perle. Qu'on lui passe
La coupe.

HAMLET, au Serviteur qui lui apporte la coupe.

Non : je veux achever cette passe.
Mettez la coupe là.

(Assaut. Il touche Laërte.)

Touché ! qu'en dites-vous ?

LAERTE.

Oui, touché ! j'en conviens.

LE ROI.

La fê... si pour nous !

(Fanfares et canons.)

LA REINE, *descendant du trône et prenant la coupe empoisonnée.*
Hamlet, ta mère boit à ton succès!

HAMLET.
Madame,
Trop bonne!

LE ROI, *bas, à la Reine.*
Ne bois pas, Gertrude, sur ton âme!

LA REINE.
Quoi! je ne boirais pas à mon fils, par hasard!
Pourquoi?
(Elle boit.)

LE ROI, *bas, à Laërte.*
C'est le poison! Dieu juste! il est trop tard!

LA REINE, *offrant la coupe à Hamlet.*
Hamlet, à toi!

HAMLET.
Merci, madame : tout à l'heure.

LAERTE, *bas, au Roi.*
Oh! je vais le toucher cette fois!

LE ROI, *bas, à Laërte.*
Oui, qu'il meure!

LAERTE, *à part.*
Pourtant, je le sens là, c'est un crime, mon Dieu!

HAMLET.
A la troisième, ami, jouez tout votre jeu;
Car votre habileté, j'en ai peur, me regarde
En enfant, et m'épargne.

LAERTE.
Ah! vous raillez! En garde!

(Assaut.)

GUILDENSTERN.
Rien des deux parts.

(Hamlet lie le fleuret de Laërte et le lui fait sauter des mains, puis le ramasse et présente le sien à Laërte.)

LAERTE.
Pardon! mais vous m'offrez, je crois,
Votre fleuret?

HAMLET, *courtoisement.*
Sans doute; eh bien?

LAERTE, *à part.*
C'est fait de moi!

HAMLET.

Touché?

LAERTE.

Mort!

LE ROI.

Arrêtez le combat! c'est à peine
S'ils se possèdent!

HAMLET.

Non, encore!

(La Reine tombe en défaillance.)

HORATIO.

O ciel! la reine!...

GUILDENSTERN, courant à Laërte.

Son sang coule!

HAMLET, courant à la Reine.

Oh! ma mère! il la faut secourir!

GUILDENSTERN.

Qu'as-tu, Laërte?

LAERTE, chancelant.

J'ai — que nous allons mourir!
Que je suis à la fois assassin et victime!
Pris à mon propre piége!

HAMLET, penché sur la Reine.

Oh! ma mère, est-ce un crime?

LE ROI.

Non, en voyant le sang couler...

LA REINE.

Non, trahison!
La coupe! cher Hamlet! la coupe! du poison!

HAMLET.

Infamie!.. Oh! fermez les portes tout de suite,
Et trouvons le coupable.

LAERTE.

Il n'est pas loin! viens vite!
La reine a bu la mort, rien ne peut la sauver!
Hamlet, je ne dois pas, non plus, me relever,
Tout secours serait vain, ma vie est condamnée!
Et l'arme est dans tes mains, regarde, empoisonnée!
Et le bourreau se meurt à tes genoux, c'est moi!
Mais le double assassin, — le voilà! c'est le roi!

HAMLET.

J'ai l'arme empoisonnée ! Alors, poison, à l'œuvre !
(Il frappe le Roi.)

GUILDENSTERN.

Trahison !

LE ROI, blessé.

Ah !

HAMLET, redoublant.

Meurs donc de ton venin, couleuvre !

LE ROI.

Je ne suis que blessé, mes amis ! au secours !

HAMLET, le forçant à boire la coupe

Inceste et meurtrier ! vide ceci, toujours !
Bois, maudit ! trouves-tu ta perle ?
(Le Fantôme apparaît, visible pour Hamlet seulement.)
L'ombre ! l'ombre !
Viens voir tes meurtriers mourir, fantôme sombre !
(Aux Courtisans, sur un signe du Fantôme.)
Et vous tous, laissez-nous !
(Les Courtisans hésitent, il brandit son fleuret.)
Qu'un de vous fasse un pas,
Il n'en fera pas deux ! Je suis roi, n'est-ce pas ?
Roi de votre existence et de leur agonie !
Il sied qu'entre nous cinq la pièce soit finie !
Sortez tous !
(Intimidés, ils sortent lentement.)
A présent, mourants, le voyez-vous ?

LAERTE.

Dieu puissant ! le roi mort !

LE ROI.

Mon frère !

LA REINE.

Mon époux !

LAERTE, au Fantôme.

Grâce !

LE FANTÔME.

Oui, ton sang trop prompt t'entraîna vers l'abîme,
Laërte, et le Seigneur t'a puni par ton crime.
Mais tu le trouveras, car il sonde les cœurs,
Moins sévère là-haut. Laërte, — prie et meurs !
(Laërte meurt.)

LA REINE.

Pitié! pitié!

LE FANTÔME.

Ta faute était ton amour même.
Ame trop faible, et Dieu vous aime quand on aime!
Va, ton cœur a lavé sa honte avec ses pleurs.
Femme ici, reine au ciel, Gertrude, — espère et meurs!

(Gertrude meurt.)

LE ROI.

Pardon!

LE FANTÔME.

Pas de pardon! Va, meurtrier infâme!
Pour tes crimes hideux, dans leurs cercles de flamme,
Les enfers dévorants n'ont pas trop de douleurs!
Va, traître incestueux! va! — désespère et meurs!

(Claudius meurt.)

HAMLET.

Et moi? vais-je rester, triste orphelin, sur terre,
A respirer cet air imprégné de misère?
Tragédien choisi par le courroux de Dieu,
Si j'ai mal pris mon rôle et mal saisi mon jeu,
Si, tremblant de mon œuvre et lassé sans combattre,
Pour un que tu voulais, j'en ai fait mourir quatre, —
Est-ce que Dieu sur moi fera peser son bras,
Père? et quel châtiment m'attend donc?

LE FANTÔME.

Tu vivras!

FIN D'HAMLET

LE
CACHEMIRE VERT

COMÉDIE EN UN ACTE, EN PROSE

EN SOCIÉTÉ AVEC M. EUGÈNE NUS

Gymnase-Dramatique. — 15 décembre 1849 (1).

DISTRIBUTION

CONRAD DE FRANCARVILLE, capitaine de vaisseau...	M. TISSERANT.
CLAIRE DE BEAUFORT.......................	Mme ROSE CHÉRI.
PACIFIQUE, brigadier de gendarmerie...........	MM. LANDROL PÈRE.
UN GARÇON D'HÔTEL........................	PRISTON.
UNE FILLE D'HÔTEL.........................	Mlle MALVINA.

— A Calais, en 1848. —

Un salon d'auberge. — Porte au fond, et portes à gauche ; fenêtre à droite. Au premier plan, à droite, une cheminée avec glace ; à gauche, une table.

SCÈNE PREMIÈRE

PACIFIQUE, UN GARÇON.

PACIFIQUE.

Ainsi le patron n'est pas là ?

(1) Cette pièce ne vient pas ici dans l'ordre de sa représentation ; mais la composition du tome suivant, où nous avons voulu réunir les quatre parties de *Monte-Cristo*, nous oblige à la transposition que nous signalons au lecteur.

(*Note des Éditeurs.*)

LE GARÇON.

Non, monsieur Pacifique, non, il n'y est pas.

PACIFIQUE.

Vous lui ferez assavoir qu'il y a un nouveau règlement de police introduit à l'endroit des maîtres d'hôtel.

LE GARÇON.

Et lequel ?

PACIFIQUE.

Celui d'exiger les passe-ports des voyageurs, et surtout ceux des voyageuses... Et, quand les passe-ports seront absents, de faire, dans les vingt-quatre heures, un rapport motivé à la police.

LE GARÇON.

Mais, monsieur Pacifique, ce règlement-là, il a toujours existé.

PACIFIQUE.

Seulement, on oubliait de le mettre à exécution.

LE GARÇON.

Pour les voyageurs, je comprends encore cela ; mais, pour les voyageuses, je ne comprends pas.

PACIFIQUE.

D'abord, il est inutile que vous compreniez, jeune homme... Nonobstant, je veux bien vous dire qu'un grand crime a été commis par un personnage du sexe féminin, âgé de vingt et un ans, taille d'un mètre cinquante-neuf centimètres, yeux bleus, cheveux noirs, teint pâle, et qu'il s'agit pour l'autorité de mettre la main sur cette individuelle.

LE GARÇON.

Qu'a-t-elle donc fait ?

PACIFIQUE.

Elle a empoisonné son époux, un baron allemand, et elle ambitionne de passer en Angleterre pour convoler derechef avec un milord anglais.

LE GARÇON.

Ah ! pauvre petite femme !... Et vous voulez l'arrêter pour cela, pour avoir empoisonné un Allemand ?...

PACIFIQUE.

Jeune homme, de quelque paillis qu'il soit, un époux est toujours un homme... La société et la morale ont été outragées, la société et la morale demandent vengeance... Si donc vous n'apportez pas les passe-ports, je les y viendrai prendre. Adieu, jeune homme ; vous voilà prévenu.

LE GARÇON.

Adieu, monsieur Pacifique.

(Le Brigadier sort.)

SCÈNE II

LE GARÇON, seul.

Est-il maniéré, ce monsieur Pacifique, avec sa morale et sa société!... Je vous demande un peu ce que ça lui fait, que cette petite femme ait empoisonné un Allemand!... Ce n'est pas son compatrillote, comme il dit... Ah! voilà une voyageuse...

SCÈNE III

Le Garçon, CLAIRE DE BEAUFORT, une Fille de chambre, portant un petit nécessaire qu'elle pose sur la cheminée.

CLAIRE, entrant.

Oh! ça m'est absolument égal, mademoiselle... Mettez-moi où vous voudrez... J'ai une heure au plus à demeurer à Calais.

LE GARÇON, à la Fille.

N'importe!... faites vite la chambre... Si elle entre dedans, elle la payera.

(La Fille de chambre sort par la gauche.)

CLAIRE, au Garçon.

On pourra se procurer ici une voiture et des chevaux, n'est-ce pas, garçon ?

LE GARÇON.

Justement, madame est à l'hôtel de la *Poste*.

CLAIRE.

Bon!... Eh bien, aussitôt que j'aurai vu le directeur de la douane, je pars... Comment voit-on un directeur de douane?

LE GARÇON.

On le voit quand il passe, et il passe deux fois par jour sous la fenêtre.

CLAIRE.

Je vous demande comment on lui parle.

LE GARÇON.

Dame, comment on lui parle? On l'appelle monsieur comme tout le monde.. Oh! il n'est pas fier!

CLAIRE.

Mais, mon Dieu, je ne vous demande pas tout cela.

LE GARÇON.

Alors, que demande madame?

CLAIRE.

Je demande, quand on a une réclamation à faire au directeur des douanes, comment il faut s'y prendre pour lui parler?

LE GARÇON.

Je crois, madame, qu'en allant chez lui, c'est encore le plus sûr.

CLAIRE.

C'est bien. Faites-lui passer ce petit mot. (Elle se met à une table et écrit.) « Monsieur le directeur, madame Claire Wilkins, née de Baufort, désirerait avoir l'honneur de vous entretenir un instant à propos d'un cachemire que viennent de lui saisir vos douaniers, et qui sort de la maison Brousse, rue de Richelieu... Elle espère qu'en justifiant de son achat en France, elle fera lever l'interdit qui a été mis sur lui comme cachemire étranger... J'ai l'honneur, etc. ». Tenez, monsieur, faites porter cette lettre tout de suite au directeur des douanes.

LE GARÇON.

A l'instant, madame, à l'instant!

CLAIRE.

Et la réponse...?

LE GARÇON.

Sera remise à madame aussitôt le retour du commissionnaire.

CLAIRE.

C'est bien, allez.

(Le Garçon sort.)

SCÈNE IV

CLAIRE, seule.

Un cachemire d'un si bon goût, qui m'allait si bien !... Ce n'est pas encore, je l'avoue, à ces niais de douaniers que j'en veux le plus... Ils font leur métier, pauvres gens !... un vilain métier, c'est vrai... Mais c'est à ce monsieur... C'est bien la peine, après deux ans d'exil, de retrouver un compatriote sur un bateau à vapeur, pour que, sans motif, sans raison, sans prétexte, il vous joue un pareil tour... Je suis furieuse ! Certes, ce monsieur m'a bien ennuyée, bien obsédée pendant la traversée ; mais je ne croyais pas qu'un homme du monde, car, au bout du compte, il a l'air d'un homme du monde... fût capable d'une semblable indélicatesse... Je voudrais bien savoir ce qu'il est devenu, ce monsieur... En tout cas, il peut être tranquille : à quelque époque que je le rencontre, et en quelque lieu que ce soit, je me le rappellerai.

SCÈNE V

CLAIRE, CONRAD.

CONRAD.

Serait-ce moi, madame, qui aurais eu le bonheur de laisser une trace si profonde dans votre esprit?

CLAIRE.

Eh quoi! c'est vous, monsieur?

CONRAD.

Mon Dieu, oui, madame, c'est moi...

CLAIRE.

J'avoue que je ne m'attendais pas au plaisir...

CONRAD.

Est-ce bien un plaisir, madame?

CLAIRE.

Oh! monsieur, ce sera ce que vous voudrez, le mot n'y fait rien...

CONRAD.

Quoi qu'il en soit, vous me permettrez bien de me féliciter du hasard qui m'amène dans l'hôtel que vous avez choisi...

CLAIRE.

Est-ce bien un hasard, monsieur?

CONRAD.

Ce sera ce que vous voudrez, madame, le mot n'y fait rien.

CLAIRE.

En vérité, monsieur, j'admire votre sang-froid.

CONRAD.

C'est la première vertu de ma profession... J'ai eu l'honneur de vous dire, je crois, que je suis marin.

CLAIRE.

C'est possible... Je ne me souviens pas de ce que vous m'avez dit...

CONRAD.

C'est vrai... je crois vous avoir dit cela au moment où vous souffriez un peu du mal de mer; en ma qualité de marin, c'est-à-dire d'homme à qui cette maladie est inconnue, je vous offrais mes services... J'avais mal choisi mon moment...

CLAIRE.

Mais non, monsieur, ce n'est pas parce que vous avez mal choisi votre moment, que j'ai oublié... C'est qu'il ne me plaît pas de me souvenir...

CONRAD.

Permettez, madame, le souvenir est une action de notre cerveau parfaitement indépendante de notre volonté, et, si vous devez vous souvenir de moi, toutes les volontés du monde n'y feront rien... C'est, comme je vous le disais, l'affaire de votre cerveau, en attendant, je l'espère, que ce soit celle de votre cœur.

LA FILLE DE CHAMBRE.

La chambre de madame est prête...

CLAIRE.

C'est bien... (A Conrad.) Celle de mon cœur?... Vous avez parlé de mon cœur, je crois, monsieur?...

CONRAD.

Mais oui, madame...

CLAIRE.

A quel propos, je vous prie?

CONRAD.

A propos de ce que tout le monde a un cœur... C'est un des

organes nécessaires à la vie... Et, ayant parlé de votre cerveau sans que vous réclamiez, j'ai cru qu'il m'était permis de vous parler de votre cœur... Si j'ai été indiscret, excusez-moi, madame... Je vous présente mes hommages les plus respectueux, et je me retire.

(Fausse sortie.)

CLAIRE.

Pardon, monsieur, pardon !... mais je me suis étonnée de vous entendre parler de mon cœur, parce qu'il me semblait que vous deviez avoir à me parler d'autre chose.

CONRAD.

Moi, madame ! et de quoi donc ?

CLAIRE.

Mais de mon cachemire...

CONRAD.

Oh !... c'est vrai, madame... Mais, comme vous ne m'en parliez pas la première, j'eusse craint d'être indiscret en réveillant un souvenir fâcheux.

CLAIRE.

Oh ! très-fâcheux, je vous le jure...

CONRAD.

Madame, je suis au désespoir qu'une plaisanterie de voyageur...

CLAIRE.

Comment ! monsieur, vous me faites saisir mon cachemire, et vous appelez cela une plaisanterie ?... Je suis moins indulgente que vous, monsieur, et j'appelle cela une belle et bonne trahison.

CONRAD.

Ah ! madame, le mot est dur...

CLAIRE.

Oui, trahison !... trahison !... et avec circonstances aggravantes même.

CONRAD.

En vérité, madame, un avocat général serait moins sévère... et, tout en me condamnant... aux fers à perpétuité, il me laisserait la vie...

CLAIRE.

Ah ! oui, du marivaudage, je vous le conseille ; le moment est bien choisi !...

CONRAD.

Vous m'accusez : je m'excuse comme je puis...

CLAIRE.

Vous vous excusez... Je voudrais bien savoir quelle excuse vous pouvez donner à votre conduite... Me voyant inquiète pour mon cachemire, vous me faites accroire que, quoique acheté en France, mon châle ne peut plus y rentrer, et que toute déclaration est inutile.

CONRAD.

Oui, madame.

CLAIRE.

C'était un mensonge que vous me faisiez là...

CONRAD.

Oui, madame.

CLAIRE.

Vous m'avez alors indiqué un moyen de le soustraire aux gens de la douane...

CONRAD.

J'en conviens...

CLAIRE.

Ce moyen avait parfaitement réussi, et j'allais quitter saine et sauve les bureaux de ces messieurs...

CONRAD.

C'est vrai.

CLAIRE.

Lorsque vous m'avez dénoncée au chef des douaniers.

CONRAD.

Je suis forcé d'en convenir.

CLAIRE.

Eh bien, monsieur ?

CONRAD.

Eh bien, madame?

CLAIRE.

Répondrez-vous à ma question?

CONRAD.

Quelle question, madame?

CLAIRE.

Pourquoi m'avez-vous fait prendre mon cachemire?

CONRAD.

Rien de plus facile, madame...

CLAIRE.

Voyons, monsieur.

CONRAD.

D'abord, madame, votre cachemire m'a paru d'un tissu médiocre.

CLAIRE.

Le plus pur Thibet!

CONRAD.

D'un dessin vulgaire...

CLAIRE.

Il n'y en avait qu'un dans les magasins de Brousse, et c'était le premier que l'on eût reçu du Bengale, avec ce dessin-là.

CONRAD.

Un fond bleu...

CLAIRE.

Ah!

CONRAD.

Moi, je suis comme M. de Musset: je déteste le bleu... C'est une couleur bête...

CLAIRE.

Mes yeux vous remercient, monsieur.

CONRAD.

Comment! vous avez les yeux bleus?

CLAIRE.

Dame, regardez!

CONRAD.

Ah!... Pour les yeux bleus, d'ailleurs, c'est autre chose... oh! pour les yeux bleus, le bleu est une charmante couleur... D'abord, cela permet aux poëtes de les comparer à l'azur du ciel... *azur* rime avec *pur*... mal, c'est vrai... mais enfin cela rime, et...

CLAIRE.

Et nous nous éloignons de mon cachemire, que vous n'avez pas même regardé... La preuve, c'est qu'il n'était pas bleu, il était vert!...

CONRAD.

Il était vert?... C'est bien possible, madame... et puisque, pour obtenir mon pardon...

CLAIRE.

Comment, votre pardon?... Eh! qui vous dit que, quelque raison que vous me donniez, je vous pardonne?...

CONRAD.

Alors, madame, si vous ne me pardonnez pas, il est inutile que je me casse la tête...

CLAIRE.

Enfin, dites toujours... car, en vérité, je suis curieuse...

CONRAD, regardant autour de lui.

Chut!

CLAIRE.

Oh! mon Dieu, soyez tranquille, on ne nous écoute pas...

CONRAD.

Vous croyez?... En ce cas, je vais vous faire un aveu...

CLAIRE.

Lequel?

CONRAD.

C'est que j'avais pour cinq cent mille francs de cachemires dans mes bagages... et qu'à la faveur de cette dénonciation, car je ne veux pas atténuer les faits, madame... c'est bien une dénonciation... et qu'à la faveur de cette dénonciation, j'ai détourné l'attention des douaniers, j'ai capté leur confiance...

CLAIRE.

Et...?

CONRAD.

Et j'ai soustrait ma cargaison à la rapacité du fisc.

CLAIRE.

Comment! monsieur, c'est dans un pareil but que vous m'avez trahie?

CONRAD.

Vous avez voulu savoir la vérité, madame, je vous la dis.

CLAIRE.

Mais, alors, vous êtes donc...?

CONRAD.

Quoi?

CLAIRE.

Un contrebandier?...

CONRAD.

Oh! mon Dieu, oui, comme dit madame Viardot: *Yo son contrabandista!*... Lui avez-vous entendu chanter cette chanson espagnole?... Elle la chante d'une façon ravissante... Il y a surtout une ritournelle, un effet d'écho qui rebondit dans la montagne, et...

(Il essaye la ritournelle.)

CLAIRE.

Donc, vous avouez, monsieur, que vous êtes contrebandier?...

CONRAD.

Je l'avoue, c'est-à-dire à vous... oui, mais aux douaniers, peste! je m'en cache.

CLAIRE.

Et sans respect pour la distance qui sépare un contrebandier...

CONRAD.

Comment, madame! une femme d'un esprit distingué comme le vôtre partage les préjugés du vulgaire?...

CLAIRE.

Vraiment!

CONRAD.

Mais tout le monde fait de la contrebande... un peu plus, un peu moins...

CLAIRE.

Tout le monde?

CONRAD.

Sans doute... et je vous jure qu'on peut être une femme gracieuse, spirituelle, charmante, aristocratique, et... essayer de passer un cachemire en fraude.

CLAIRE.

Alors, monsieur, il y a une chose bien simple...

CONRAD.

Laquelle, madame?

CLAIRE.

Si vous êtes véritablement contrebandier...

CONRAD.

Hélas! puisque je l'ai avoué, je ne m'en dédirai pas...

CLAIRE.

Si, grâce à la ruse que vous avez employée... vous voyez que j'adoucis le mot...

CONRAD.

Je vous remercie de cette délicatesse, madame...

CLAIRE.

Si, grâce à cette ruse, vous avez passé pour cinq cent mille francs de châles de l'Inde...

CONRAD.

Pur Thibet, madame.

CLAIRE.

Alors, j'espère que vous me permettrez de remplacer le cachemire perdu et que vous me ferez une remise?...

CONRAD.

Comment donc, madame! mais c'est parfaitement mon intention... Et, si madame veut bien me donner son adresse à Paris, je m'empresserai de mettre à sa disposition un assortiment de tissus du meilleur goût et de la première qualité.

CLAIRE.

Malheureusement, monsieur, je ne vais pas à Paris.

CONRAD.

Peu importe, madame!... où vous allez, vos cachemires vous suivront...

CLAIRE.

Faisons mieux que cela, monsieur...

CONRAD.

Ordonnez, madame.

CLAIRE.

Vos ballots sont arrivés, n'est-ce pas?

CONRAD.

Ils doivent être maintenant à l'hôtel.

CLAIRE.

Eh bien, montrez-moi votre assortiment. Je ferai mon choix tout de suite.

CONRAD.

Comment donc, madame! c'est trop juste, et je vais donner des ordres...

CLAIRE.

Il est inutile que vous sortiez pour cela... Justement, voilà le garçon de l'hôtel qui m'apporte une réponse à la lettre que j'avais écrite au directeur de la douane.

CONRAD.

Oh! le directeur n'est pas chez lui, madame...

CLAIRE.

Vous savez cela?

CONRAD.

Oui, j'ai entendu dire qu'il était à la campagne.

SCÈNE VI

Les Mêmes, le Garçon.

CLAIRE.

Vous avez une réponse pour moi, mon ami?

LE GARÇON.

Non, madame : M. le directeur des douanes est à la campagne, et je rapporte à madame la lettre...

CLAIRE, à Conrad.

J'aime à voir que vous soyez si bien instruit, monsieur.

LE GARÇON.

Madame a-t-elle d'autres ordres à me donner?

CLAIRE.

Oui... Faites apporter ici les bagages de monsieur.

LE GARÇON.

Les bagages de monsieur?

CLAIRE.

Oui.

LE GARÇON.

Madame veut-elle parler du portemanteau ou du perroquet de monsieur?...

CLAIRE.

Comment?

LE GARÇON.

C'est tout ce que monsieur possède ici en fait de bagages...

CONRAD.

Mon commis n'est-il pas arrivé?

LE GARÇON.

Le commis de monsieur, c'est-à-dire son domestique?... Pardon, il vient d'arriver à l'hôtel, avec le portemanteau et le perroquet... Il a demandé M. le capitaine de Francarville, et on l'a introduit dans l'appartement de monsieur... d'après l'ordre de monsieur...

CLAIRE.

C'est bien; allez, allez, vous dis-je...

LE GARÇON.

Pardon, madame... c'est que je désirerais que madame voulût bien me donner son passe-port.

CLAIRE.

C'est bien... Remontez dans un instant... Je vais le chercher et je vous le donnerai.

LE GARÇON.

Si monsieur avait la bonté en même temps...

CONRAD, remettant son passe-port.

Voici...

LE GARÇON.

Merci, monsieur... Vous comprenez, si j'insiste, c'est que, depuis avant-hier, à ce qu'il paraît, il y a des ordres très-sévères...

CONRAD.

A merveille... Allez, mon ami, allez!

SCÈNE VII

CONRAD, CLAIRE.

CLAIRE.

Eh bien, monsieur?

CONRAD.

Madame?

CLAIRE.

Vous êtes M. de Francarville?...

CONRAD.

Oui, madame...

CLAIRE.

Capitaine...

CONRAD.

De vaisseau dans la marine française...

CLAIRE.

Avez-vous quelque nouveau subterfuge?

CONRAD, allant prendre son chapeau.

Ma foi, non... Je suis à bout de mon imagination... Je vous prierai donc de trouver vous-même à ma conduite le motif le plus plausible... et surtout le plus probable.

CLAIRE.

Soit, monsieur. Il ne faudra pas un grand effort d'esprit pour cela.

CONRAD.

Voyons, madame...

CLAIRE.

Vous vous êtes dit : « Voici une femme qui n'est pas tout à fait... laide, qui a quelque distinction, quelque esprit... et qui, du premier coup d'œil, en voyant M. de Francarville, ne paraît pas l'apprécier selon ses mérites... Eh bien, mais, cette femme, à l'aide d'une fable, je vais me créer la facilité de savoir son adresse, le droit de lui faire accepter une restitution... Cela ouvrira entre elle et moi une manière de connaissance... et peut-être qu'à force de me voir, cette femme finira par changer de sentiment à mon égard... »

CONRAD.

Eh bien, mais, madame, en supposant cela, convenez que ce plan serait celui d'un homme véritablement amoureux.

CLAIRE.

Amoureux!... Vous êtes amoureux de moi, monsieur?

CONRAD.

A en perdre la raison, madame!...

CLAIRE.

Alors, vous tombez bien mal; car, moi, je vous déteste...

CONRAD.

En vérité?... Oh! merci, merci, madame!...

CLAIRE.

Vous me remerciez de ce que je vous déteste?...

CONRAD.

Sans doute!... vous allez au delà de mes espérances... Je ne craignais qu'une chose, c'était de vous demeurer indifférent... Maintenant, je suis tranquille, vous me détestez!... Que je trouve encore une occasion de vous être désagréable, et nous en arrivons à la haine... Or, vous savez, madame, que, de la haine à l'amour, il n'y a qu'un pas.

CLAIRE.

Ah! ceci est un vieux proverbe...

CONRAD.

Raison de plus, madame... S'il n'était pas vrai, le temps en eût fait justice... Vous me détestez !...

CLAIRE.

Mais, monsieur...

CONRAD.

Oh! ne revenez pas là-dessus! vous me détestez et je vous adore... Voilà la situation parfaitement éclaircie.

CLAIRE.

Pas encore, monsieur ; car vous savez pourquoi je vous déteste, et, moi, je ne sais pas pourquoi vous m'aimez...

CONRAD.

Pourquoi je vous aime, madame? Mais c'est tout simple: parce qu'en vous voyant, je vous ai trouvée jolie... parce qu'en vous parlant, je vous ai trouvée spirituelle... parce qu'en vous jugeant, je vous crois bonne.

CLAIRE.

Et vous m'avez aimée comme cela, en deux heures, en passant de Douvres à Calais?

CONRAD.

Oh! non, madame... non, non, non... Mon amour ne date pas de deux heures; il date de plus loin que cela : il date de deux jours.

CLAIRE.

Ah! vraiment?... Je vous demande pardon, monsieur... cela devient respectable...

(Elle va s'asseoir sur un fauteuil près de la cheminée.)

CONRAD.

Je vous ai vue à Drury-Lane... En sortant, j'ai dit à mon cocher de suivre votre voiture; j'ai su ainsi que vous demeuriez à l'hôtel de la *Tamise*, Regent-street... A l'hôtel de la *Tamise*, j'ai appris que vous étiez libre, indépendante... J'ai deviné que vous étiez la femme que le ciel me destinait...

CLAIRE.

Ah! vous avez deviné...?

CONRAD.

Oui, madame... J'ai le bonheur d'être doué, dans certain cas, d'une seconde vue.

CLAIRE.

Je vous en fais mon compliment.

CONRAD.

J'ai quitté Londres hier en même temps que vous, décidé à vous suivre jusqu'au bout du monde.

CLAIRE.

J'espère bien, monsieur, ne pas vous mener jusque-là.

CONRAD.

Tant mieux! car j'y suis allé si souvent déjà...

CLAIRE.

Monsieur, tout cela est on ne peut pas plus spirituel. (Elle sonne.) Seulement, vous comprenez que, la situation éclaircie, comme vous dites, je n'ai plus qu'une prière à vous adresser: c'est, en mon absence, de poursuivre pour moi la restitution de mon châle, et, si vous l'obtenez, de le déposer ici à l'hôtel de la *Poste*, où je le ferai réclamer. (Au Garçon, qui entre.) Mon ami, vous m'avez dit que rien n'était plus facile que de se procurer une voiture et des chevaux?...

SCÈNE VIII

Les Mêmes, le Garçon.

LE GARÇON.

Oui, madame.

CLAIRE.

Des chevaux et une voiture; allez. Dans dix minutes, je pars. (A Conrad.) Monsieur, j'ai bien l'honneur...

(Elle sort.)

SCÈNE IX

CONRAD, le Garçon.

CONRAD.

Ah! oui... vous avez bien l'honneur... Vous croyez qu'on s'en va comme cela, madame? C'est ce que nous verrons... Garçon!

LE GARÇON.

Monsieur?

CONRAD.

Combien de chevaux à l'écurie?

LE GARÇON.

Quatre.

CONRAD.

C'est tout?

LE GARÇON.

Oui, monsieur, c'est tout. Depuis les chemins de fer, c'est encore trop de quatre chevaux.

CONRAD.

Mettez-les à la voiture que vous aviez préparée pour cette dame.

LE GARÇON.

Mais, monsieur, cette dame a retenu les chevaux et la voiture.

CONRAD.

Et moi, je les paye, je les paye quatre fois ce qu'ils valent... De sorte que le garçon à qui je remets dix louis, en les payant doubles guides, aura encore huit louis pour lui. Mon domestique montera dans la voiture... Voilà un mot pour lui.

LE GARÇON.

Oh! alors, monsieur, c'est autre chose.

CONRAD.

Allons, vite.

LE GARÇON.

C'est que je voulais demander à cette dame...

CONRAD.

La voici. (Le poussant dehors.) Dépêche-toi donc, maraud!

(Le Garçon sort. Claire rentre en scène.)

SCÈNE X

CLAIRE, CONRAD.

CLAIRE, allant chercher sur la table.

Ce malheureux passe-port!... où donc l'ai-je mis?... (Voyant Conrad.) Ah! vous êtes encore là, monsieur...

CONRAD.

Mais oui, madame... et c'est une inspiration qui m'y a retenu, puisque, n'espérant plus vous voir...

CLAIRE, traversant et allant à la cheminée.

Oh! mon Dieu, c'est un hasard si vous me revoyez... Je

cherche mon passe-port, et, décidement, je crois que je l'ai laissé à Douvres.

(Elle cherche dans son nécessaire.)

CONRAD.

Ainsi, madame, vous êtes bien déterminée à partir?

CLAIRE.

Oh! parfaitement déterminée, monsieur.

CONRAD.

Ni prières ni supplications ne peuvent vous arrêter?

CLAIRE.

Ni prières ni supplications.

CONRAD.

Vous me haïssez donc toujours?

CLAIRE.

Oh! mon Dieu, non. J'ai pensé qu'au bout du compte, je n'avais contre vous d'autre motif de haine que cette histoire de cachemire... et, en vérité, en y réfléchissant sérieusement, j'en reviens à ce mot dont vous vous êtes servi : c'est une plaisanterie, et je vous la pardonne.

CONRAD.

Et vous partez?

CLAIRE.

Aussitôt que la voiture et les chevaux seront prêts. N'entends-je pas déjà...? Non.

CONRAD.

Eh bien, madame, veuillez m'accorder cinq minutes.

CLAIRE.

Qu'en ferez-vous?

CONRAD.

Qui sait?... on jouait avant-hier *Roméo* à Drury-Lane, et vous avez vu qu'il n'a fallu que cinq minutes à Roméo pour se faire aimer de Juliette.

CLAIRE.

C'est vrai... Mais Roméo n'était pas un marin.

CONRAD.

Auriez-vous quelque chose contre les marins?

CLAIRE.

J'ai contre eux ce qu'on a d'ordinaire contre des hommes qui jurent, qui fument, qui...

CONRAD.

Moi, madame, non-seulement je ne fume jamais, mais,

encore j'ai en horreur l'odeur du tabac... Aussi, à mon bord, le cigare même était interdit. Quant à jurer, je crois que, depuis que j'ai l'honneur de me trouver en rapport avec vous, j'ai dissimulé assez adroitement cette habitude pour que je n'aie aucune peine à vous convaincre qu'elle n'est pas profondément enracinée en moi.

CLAIRE.

Mais à quel propos me dites-vous cela?

CONRAD.

Vous m'avez dit tout à l'heure que vous me détestiez... Vous venez de m'avouer que vous ne me haïssiez plus... Je pense qu'il est temps que je commence à me faire aimer.

CLAIRE.

Monsieur, je n'aimerai jamais un homme qui me laisserait seule pendant neuf mois de l'année pour courir au Sénégal ou au Brésil... Mais, en vérité, cette voiture est bien lente.

CONRAD.

Madame, ce reproche ne peut heureusement pas plus m'atteindre que les deux précèdents... J'avais des sympathies dans le gouvernement qui vient de tomber, et, de Londres, j'ai adressé ma démission au ministre de la marine.

CLAIRE.

Ah!

CONRAD.

Vous voyez que je rentre dans la catégorie des maris sédentaires; et, si cette *condition* peut militer en ma faveur, si cinquante mille livres de rente, un hôtel à Paris, une maison de campagne à Bellevue, une loge aux Italiens...

CLAIRE.

Je vous arrête, monsieur, au milieu de cette séduisante énumération... Ma main et ma parole sont engagées.

CONRAD.

Ceci est autre chose... Et vous venez de New-York pour...?

CLAIRE.

Je viens de New-York, monsieur, pour épouser un homme que j'aime et qui m'attend.

CONRAD.

Mon Dieu, madame, permettez-moi de vous dire que cela ne prouverait encore rien.

CLAIRE.

Comment! cela ne prouve rien?

CONRAD.

Non... J'étais parti de Paris, moi, pour aller épouser à Nouvelle-Orléans, une femme qui m'adorait et qui m'attendait.

CLAIRE.

Eh bien, monsieur?

CONRAD.

Eh bien, madame, en m'adorant et en m'attendant, elle en a épousé un autre!.

CLAIRE.

Je vois avec plaisir que vous avez pris votre parti de ce malheur avec une philosophie admirable.

CONRAD.

Dame, vous comprenez, je n'avais que deux résolutions à prendre : me jeter à l'eau ou me consoler... Me jeter à l'eau, je sais nager, c'était donc parfaitement inutile... J'ai pris le parti de me consoler.

CLAIRE.

En vérité, monsieur, vous êtes l'homme le plus étrange que je connaisse... Et heureusement que voilà mes chevaux qui arrivent; car, sans cela, ne fût-ce que par curiosité, pour étudier jusqu'au bout un phénomène aussi remarquable...

CONRAD.

Vous seriez restée?

CLAIRE.

Je crois que oui.

CONRAD.

Eh bien, madame, soyez satisfaite!

CLAIRE.

Plaît-il, monsieur?

CONRAD.

Ce ne sont pas vos chevaux qui arrivent, ce sont vos chevaux qui s'en vont.

CLAIRE.

Comment! mes chevaux qui s'en vont?

CONRAD.

Avec votre voiture; oui, madame.

CLAIRE.

Mes chevaux et ma voiture?

CONRAD.

Oui. Je vous demande un million de pardons; j'ignorais la sainteté du motif qui vous attire en France... Je ne voyais, dans ce désir de locomotion rapide, qu'un besoin de vous éloigner de moi ; j'éprouvais le besoin contraire, et...

CLAIRE.

Et...? Abrégez... Voyons, qu'avez-vous fait?

CONRAD.

J'ai fait mettre les quatre seuls chevaux qui fussent dans l'écurie à la seule voiture qui fût sous la remise, et j'ai envoyé mon domestique acheter des huîtres à Boulogne.

CLAIRE.

Des huîtres à Boulogne?...

CONRAD.

Oui, madame; on les dit infiniment plus fraîches qu'à Calais.

CLAIRE.

Oh! par exemple!... monsieur, cette fois-ci, c'est trop fort!...

CONRAD.

Daignez vous rappeler, madame, que j'ignorais entièrement le motif...

CLAIRE.

En vérité, une telle conduite... Mais, monsieur, vous abusez de ma faiblesse, de mon isolement... C'est odieux! c'est indigne!... Oh! monsieur, monsieur!

CONRAD.

Madame!

CLAIRE.

Oh! ne m'approchez pas, ne me parlez pas, monsieur!

CONRAD.

Permettez, madame; ce n'est, après tout, qu'un retard de quelques heures. Vous ne partirez pas ce soir; mais vous partirez demain matin, voilà tout... demain matin...

CLAIRE.

Et savez-vous, monsieur, si ce retard n'apporte pas à mon cœur un désappointement cruel, s'il ne détruit pas une espérance, un projet, une joie depuis longtemps rêvés?...

CONRAD.

Il serait possible!

CLAIRE.

Cet homme à qui je suis promise et que j'ai hâte de rejoindre, savez-vous que, depuis deux années, il languit dans la solitude en attendant mon retour?

CONRAD.

Depuis deux années, madame?

CLAIRE.

Vous me parliez d'amour, monsieur... Ah! voilà un amour digne de sympathie, digne de reconnaissance, digne de tout le dévouement d'une femme... Oui, monsieur, depuis deux années, depuis le jour où des exigences de famille me forcèrent d'épouser un vieillard qui m'emmenait au fond de l'Amérique, ce pauvre jeune homme qui m'aimait dès l'enfance s'est condamné à la retraite, à l'ennui, à l'isolement. « Partez, me dit-il; moi, je pars aussi, je m'exile de ce monde, où vous ne serez plus, je vais m'ensevelir dans la solitude, et j'y resterai jusqu'au jour où vous viendrez me dire : « Je suis libre, me voilà. »

CONRAD.

Il a dit cela, madame, et il l'a fait?

CLAIRE.

Oui, monsieur; et songez qu'il n'avait pas même la consolation de m'écrire. Je lui avais défendu...

CONRAD.

Madame, vous avez raison, aimez-le, épousez-le... Ce garçon-là vaut mieux que moi... Je me serais tué ou je vous aurais suivie; mais je ne me serais pas enfermé deux ans dans un désert...

CLAIRE.

Oui, monsieur, je l'épouse, oui, monsieur, je l'aime, entendez-vous? Je me mépriserais si je ne l'aimais pas... et je me faisais un bonheur de le surprendre ce soir, inattendue, inespérée, au milieu des parents, des amis réunis pour sa fête.

CONRAD.

Ah!

CLAIRE.

Car c'est sa fête, monsieur... Je jouissais à l'avance de sa surprise, de sa joie lorsqu'il me verrait apparaître tout à coup, m'avancer vers lui, lorsqu'il m'entendrait lui dire : « Mon ami, moi aussi, je vous apporte mon bouquet de fête : c'est ma main, c'est mon cœur, prenez-les, ils sont à vous... » Et vous, monsieur, sans égard, sans pitié...

CONRAD.

Madame...

CLAIRE.

Ah! tenez, monsieur, éloignez-vous, ne vous présentez plus devant moi, je vous en prie, je vous en conjure!

CONRAD.

Madame, madame, grâce pour un malheureux!... Si j'avais su... si j'avais pensé... Oh! tenez, cette larme que vous répandez, et que je voudrais racheter au prix de mon sang, est le plus cruel châtiment que vous puissiez me faire subir... Mais, rassurez-vous, consolez-vous, il reste des chevaux, il reste des voitures dans la ville... Dussé-je en acheter, en prendre une de force... dussé-je mettre Calais sens dessus dessous... vous partirez, vous partirez, madame... je vous le promets, je vous le jure... vous partirez, quand je devrais moi-même vous conduire à la Daumont!

(Il sort.)

SCÈNE XI

CLAIRE, seule.

Allons, si ce n'est pas une nouvelle ruse... Mais non, il paraissait vraiment ému, et je crois bien qu'il a eu un repentir sincère du chagrin qu'il m'a fait. Il est décidément meilleur que je ne croyais. (Elle regarde à sa montre.) Huit heures du soir... Oh! mon Dieu, il y a déjà quatre heures que je suis ici... C'est étonnant comme le temps a passé vite... Il est vrai que, lorsqu'on se dispute... (Apercevant le Garçon, qui apporte des flambeaux.) Ah! venez ici, mon ami.

SCÈNE XII

CLAIRE, LE GARÇON.

LE GARÇON.

Madame a trouvé son passe-port?

CLAIRE.

Non... Je ne sais ce que j'en ai fait... Mais, dites-moi... quelque chose de plus important...

LE GARÇON.

Qu'y a-t-il, madame?

CLAIRE.

M. de Francarville est sorti pour chercher des chevaux et

une voiture... Mais, s'il n'en trouvait pas, est-ce qu'il serait impossible d'envoyer un courrier au château de la Bassée?

LE GARÇON.

Oh! madame, il y a dix-huit lieues d'ici au château de la Bassée.

CLAIRE.

Eh bien, il me semble qu'à franc étrier, c'est l'affaire de quatre ou cinq heures, tout au plus...

LE GARÇON.

Oui.

CLAIRE.

Et qu'en donnant dix louis à celui qui fera cette course...

LE GARÇON.

Peste! madame paye bien... C'est comme monsieur... On va vous trouver cela, madame.

CLAIRE.

C'est bien, mon ami. (Elle s'apprête à écrire.) Pauvre Ernest! il aura ma lettre, au moins.

LE GARÇON.

Voici M. de Francarville!

CLAIRE, à Conrad.

Ah!... Eh bien, monsieur?

SCÈNE XIII

CLAIRE, CONRAD, LE GARÇON.

CONRAD, tristement.

Eh bien, madame, dans cinq minutes, une voiture, attelée de deux chevaux, sera à la porte de l'hôtel, et vous pourrez gagner la première poste, madame, et vous serez heureuse, et il n'y aura que moi qui regretterai toute ma vie mon rêve d'un instant.

LE GARÇON, à part.

Et, moi, mes dix louis.

CLAIRE, tendant la main à Conrad.

Merci, monsieur; je reconnais que votre conduite est celle d'un galant homme, et, si le hasard veut que nous nous rencontrions de par le monde, ce sera avec un véritable plaisir que je vous reverrai.

LE GARÇON.

Alors, madame, il est inutile de chercher un messager pour la Bassée ?

CLAIRE.

Tout à fait inutile, mon ami ; allez... Mais, pour que vous n'ayez pas perdu votre peine, tenez !...

(Elle lui donne une petite bourse.)

LE GARÇON.

Oh ! merci, madame...

(Il sort.)

SCÈNE XIV

CLAIRE, CONRAD.

CONRAD.

Pardon, madame... mais vous avez prononcé, ou plutôt le garçon a prononcé le nom de la Bassée... Est-ce que, par hasard, ce serait au château de la Bassée que vous allez ?

CLAIRE.

Oui... Pourquoi ?... Est-ce que vous connaissez quelqu'un dans les environs ?

CONRAD.

Mais je connais le maître du château lui-même.

CLAIRE.

M. Ernest de Montalait ?...

CONRAD.

Oui... M. Ernest de Montalait, justement... C'est mon cousin.

CLAIRE.

Votre cousin... Comment cela ?

CONRAD.

Comment Ernest de Montalait est mon cousin ?

CLAIRE.

Je vous le demande, oui.

CONRAD.

Ah ! mon Dieu !

CLAIRE.

Quoi ?

CONRAD.

Une idée...

CLAIRE.

Laquelle?

CONRAD.

Étrange, fantastique, surnaturelle! et pourtant...

CLAIRE.

Eh bien?

CONRAD.

Et pourtant... ce récit que vous venez de me faire...

CLAIRE.

Achevez...

CONRAD.

Ce doit être, ce ne peut être que lui...

CLAIRE.

Eh bien, monsieur, quand ce serait lui?...

CONRAD.

Il serait vrai?... Ah! madame, madame...

CLAIRE.

Monsieur?...

CONRAD.

Rassemblez tout votre courage, toute votre résignation...

CLAIRE.

Vous m'effrayez, monsieur... Est-ce que M. de Montalait...?

CONRAD.

Oui, madame.

CLAIRE.

Il est malade?...

CONRAD.

Non, madame.

CLAIRE.

O ciel!... mort?

CONRAD.

Pis que cela...

CLAIRE.

Mais quoi donc, mon Dieu?

CONRAD.

Il est mon cousin, madame.

CLAIRE.

Eh bien, je le sais, vous me l'avez dit.

CONRAD.

Il est mon cousin, parce qu'il a...

CLAIRE.

Parce qu'il a...?

CONRAD.

Parce qu'il a épousé ma cousine!

CLAIRE.

Marié?...

CONRAD.

Tout ce qu'il y a de plus marié, madame!

CLAIRE.

C'est impossible!

CONRAD.

Hélas! madame, nul n'en est plus sûr que moi : c'est moi qui ai fait le mariage, moi qui les ai conduits à l'autel...

CLAIRE.

Vous?...

CONRAD.

Ce pauvre Ernest! il vous avait tenu parole, en effet... Il était venu s'enterrer dans sa campagne de la Bassée... Mais, au bout d'un an, madame, il dépérissait à faire pitié; il serait mort à la peine! c'est alors que, moi, son voisin, son ami, ému de compassion, reconnaissant qu'il n'y avait à ses maux qu'une consolation possible, je décidai ma mère à faire venir cette consolation au château de Francarville, dans la personne de mademoiselle Diane de Valcreuse, sa petite-nièce... Si bien, madame, que ce pauvre garçon se consola peu à peu, et qu'il est, depuis dix mois, le plus heureux époux, et, depuis quinze jours, le plus heureux père qui soit au monde.

CLAIRE.

Je vous le répète, monsieur, vous me dites là des choses impossibles...

CONRAD.

Vous connaissez son écriture, madame?...

CLAIRE.

Oui.

CONRAD.

Voici une lettre qui m'attendait à Londres, et dans laquelle il m'annonce l'heureux accouchement de sa femme...

CLAIRE, repoussant la lettre avec indignation.

Oh ! monsieur...

CONRAD.

Il m'invite à hâter mon retour en France pour donner un nom à son fils... Hélas ! oserai-je vous le dire ? en vous voyant, en vous adorant, j'avais eu l'audace d'espérer que vous seriez la marraine.

CLAIRE.

Et c'est vous, monsieur, qui avez décidé ce mariage ?

CONRAD.

Et vous m'en voyez honteux, repentant, désespéré, madame... Je vous jure que, si j'eusse su le moins du monde que vous aviez un intérêt quelconque à ce que Montalait restât garçon, je lui eusse plutôt brûlé la cervelle que de le laisser manquer à sa parole.

CLAIRE.

A première vue, monsieur, quelque chose me disait que vous me seriez funeste; mais je ne prévoyais pas que mon antipathie contre vous fût si cruellement fondée.

CONRAD.

Madame...

CLAIRE.

Je vais passer une mante de voyage et puis partir, monsieur, au cas où toutefois vous voudrez bien me laisser cette voiture et ces chevaux.

CONRAD.

Madame, ils sont tout à votre disposition... Trop heureux, dans ma disgrâce, de vous rendre ce dernier service.

CLAIRE.

Fort bien !... Mais j'ai encore une prière à vous adresser.

CONRAD.

Une prière ?

CLAIRE.

C'est de ne pas vous rencontrer sur mon chemin quand je partirai, car peut-être m'arriverait-il quelque dernier malheur.

(Elle entre dans sa chambre.)

SCÈNE XV

CONRAD, seul.

Ah! pour le coup, je crois que c'est un congé, et un congé en bonne forme... Niais que j'ai été d'aller chercher cette voiture!... si je lui avais demandé auparavant l'explication qu'elle m'a donnée après, je ne lui eusse pas fourni moi-même ce moyen de me fuir.

SCÈNE XVI

CONRAD, PACIFIQUE.

PACIFIQUE, au Garçon, qu'on ne voit pas.

Si la dame n'a pas de passe-port, la dame ne partira pas, jeune homme.

CONRAD.

Qu'entends-je!... (Se retournant.) Que dites-vous donc là, brigadier?

PACIFIQUE.

Ah! c'est vous, commandant!

CONRAD.

Empêcher cette dame de partir! La, vraiment, est-ce que vous en seriez capable?

PACIFIQUE.

Que voulez-vous! la gendarmerie est assujettie à sa consigne... à moins que vous ne connaissiez cette dame.

CONRAD.

Si je la connais?... Certainement!... autant, toutefois, que l'on peut connaître une femme...

PACIFIQUE.

Il est clair et certain que, si vous en répondez, cela modère la physionomie de la chose....

CONRAD.

Un moment, diable!... je ne réponds de personne que de moi-même... C'est déjà bien assez...

PACIFIQUE.

Pour lors, j'en reviens à ce que j'ai dit : si la dame n'a pas de passe-port, la dame ne partira pas.

CONRAD.

Ce brave Pacifique !... inflexible comme le destin...

PACIFIQUE.

Le destin, c'est la consigne.

CONRAD, lui frappant sur l'épaule.

Ce n'est pas lui qui se laissera séduire par le charme de deux beaux yeux...

PACIFIQUE.

Le charme des beaux yeux m'est totalement inférieur.

CONRAD.

Par l'offre d'une bourse bien garnie...

PACIFIQUE.

Quand on m'offre une bourse, j'empoigne...

CONRAD.

L'argent ?

PACIFIQUE.

L'argent d'abord... et la personne ensuite...

CONRAD.

Brigadier, vous êtes la gloire de la gendarmerie française... de cette institution délicate qui sait allier au besoin les égards, la galanterie même à la rigueur du service.

PACIFIQUE.

Ah ! commandant, vous me confusionnez... Pour ce qui est des égards, soyez tranquille, le gendarme est suffisamment connu...

CONRAD.

Très-bien, mon brave. (Au Garçon, qui entre.) Garçon, vous présenterez mes hommages les plus respectueux à madame, et vous lui direz que je pars, désespéré d'avoir encouru sa colère.

LE GARÇON.

Très-bien... je lui dirai cela... Et votre domestique, quand il viendra avec les huîtres ?...

CONRAD.

Il les mangera... d'abord, et, ensuite, il me rejoindra à Paris, rue Tronchet, à mon hôtel.

(Il sort.)

LE GARÇON.

Oui, monsieur, nous les mangerons !...

SCÈNE XVII

CLAIRE, PACIFIQUE, LE GARÇON.

CLAIRE.

Il n'est plus là ?... Comment !... un gendarme !

LE GARÇON.

Ne vous effrayez pas, madame, c'est le père Pacifique qui veut absolument voir votre passe-port.

PACIFIQUE, la main à son chapeau.

Salut aux dames !... Pardon, si je vous dérange.

CLAIRE.

Mon Dieu, monsieur, c'est ma femme de chambre qui l'avait, ce maudit passe-port, et j'ai laissé ma femme de chambre malade à Douvres.

LE GARÇON.

Alors, je vais renvoyer la voiture.

CLAIRE.

Comment, renvoyer la voiture ?

PACIFIQUE.

Il est interdit de circuler sans le papier du gouvernement...

CLAIRE.

Mais, monsieur...

PACIFIQUE.

A moins que madame ne connaisse quelqu'un à Calais qui réponde d'elle...

CLAIRE.

Je ne connais ici que M. de Francarville...

PACIFIQUE, tirant un papier de sa poche.

Attendez donc... Agée de vingt et un ans, taille d'un mètre

cinquante-neuf centimètres... C'est cela... Yeux bleus... C'est cela... Cheveux noirs... C'est cela... Teint pâle...

CLAIRE.

Mais c'est mon signalement que vous lisez là, monsieur...

PACIFIQUE.

Du moment que vous avouez...

LE GARÇON.

Oh! elle avoue.

CLAIRE.

Mais non, je n'avoue pas... Je m'étonne seulement de la ressemblance...

PACIFIQUE.

On s'étonne toujours de la ressemblance...

CLAIRE.

Mais, monsieur...

PACIFIQUE.

Puisque madame ne connaît personne à Calais, je me vois forcé de remplir un pénible devoir.

CLAIRE.

Mon Dieu! mais quel devoir?

PACIFIQUE.

Celui de la conduire devant les autorités...

CLAIRE.

Oh! mais c'est impossible!... (Au Garçon.) Mon ami, appelez, je vous prie, M. de Francarville...

LE GARÇON, qui s'est assis dans le fauteuil.

Mais il est parti, madame...

CLAIRE.

Parti!... C'est sorti que vous voulez dire?...

LE GARÇON.

Non, non... parti.

CLAIRE.

Mais pour où?

LE GARÇON.

Pour Paris.

CLAIRE.

Oh! mon Dieu!

LE GARÇON.

Il m'a même dit que son domestique eût à le rejoindre, rue Tronchet, à son hôtel.

CLAIRE.

Oh! je vous en prie, mon ami, courez, courez... Peut-être le rejoindrez-vous encore...

LE GARÇON.

Oh! non, madame.

CLAIRE.

Il y a vingt-cinq louis pour vous si vous le ramenez.

LE GARÇON, se levant précipitamment.

Vingt-cinq louis, oh!

(Il sort en courant.)

SCÈNE XVIII

PACIFIQUE, CLAIRE.

CLAIRE.

Maintenant, monsieur, vous comprenez, je n'ai ni le désir ni le pouvoir de me sauver; je vous demande une demi-heure, afin que l'on s'assure si M. de Francarville est ou n'est pas parti... Pendant cette demi-heure, j'écrirai au maire de la ville, et j'espère... Enfin, n'est-ce pas, monsieur, c'est bien simple, une demi-heure?

PACIFIQUE.

J'y consens avec satisfaction, madame; mais je me permettrai de placer un gendarme à chaque issue, tandis que j'irai moi-même avertir les autorités.

CLAIRE.

Oui... oui, placez tout ce que vous voudrez, monsieur... et, pourvu que j'aie une demi-heure...

PACIFIQUE, à la porte.

Gendarme, vous allez vous tenir à cette porte... Vous ne laisserez entrer ni sortir personne... Vous entendez, gendarme?... Je reviens dans une demi-heure. (Portant la main à son chapeau.) Salut aux dames!

SCÈNE XIX

CLAIRE, seule.

Oh! mon Dieu, mon Dieu, quelle épouvantable aventure!... Pourvu que l'on retrouve M. de Francarville! Et quand je songe que c'est pour rejoindre plus vite cet indigne Ernest... En vérité, il me semble que je fais un horrible rêve. (On entend le bruit d'un sabre.) Oh!... Non, non, et mon gardien est bien à son poste... Que faire, mon Dieu! que faire? Je mourrai de honte, s'il le faut... Oh! c'est à en perdre la tête... (On frappe à la fenêtre.) J'ai entendu du bruit. (On frappe de nouveau.) C'est à cette fenêtre... Il y a quelqu'un, ce me semble... (Allant à la fenêtre.) Qui est là?

CONRAD, de l'autre côté de la fenêtre.

Chut!

CLAIRE.

C'est lui! Ah! c'est vous, mon Dieu, qui le ramenez... (Elle ouvre la fenêtre.) Est-ce vous, monsieur de Francarville?

CONRAD.

Oui!

(Il saute par la fenêtre et éteint les bougies.)

SCÈNE XX

CLAIRE, CONRAD.

CLAIRE.

Que faites-vous?

CONRAD.

J'éteins les bougies, qui pourraient vous dénoncer.

CLAIRE.

Vous savez donc ce qui arrive?

CONRAD.

Oui, je sais que le brigadier vous prend pour une grande coupable.

CLAIRE.

Monsieur! vous allez répondre de moi, n'est-ce pas?

CONRAD.

Eh! madame, on ne me connaît pas à Calais; il n'y a qu'un moyen...

CLAIRE.

Lequel? Dites!

CONRAD.

C'est de fuir.

CLAIRE.

Par où?

CONRAD.

Par la fenêtre.

CLAIRE.

Jamais!

CONRAD.

La voiture vous attend à l'extrémité de la rue...

CLAIRE.

Monsieur...

CONRAD.

Écoutez, il n'y a pas de temps à perdre... Enveloppez-vous dans ce châle et venez...

(Il l'enveloppe d'un grand châle.)

CLAIRE.

Oh! non, non.

CONRAD.

C'est votre seule ressource.

CLAIRE.

Je n'oserai pas.

CONRAD.

Je vais descendre le premier.

CLAIRE.

Le premier?... Non, non!... je préfère descendre la première... (Elle va à la croisée et pousse un cri en reculant à la vue de Pacifique.) Ah!

SCÈNE XXI

CONRAD, CLAIRE, PACIFIQUE, au haut de l'échelle.

PACIFIQUE.

Ah! ah!... Je vous arrête! je vous arrête! Pas mal joué, ma foi!... malheureusement, le père Pacifique est un malin!... Holà, garçon! de la lumière!

(Il descend de la fenêtre.)

CLAIRE, se cachant dans les bras de Conrad.

Oh! mon Dieu! mon Dieu!

SCÈNE XXII

Les Mêmes, le Garçon, apportant des lumières.

LE GARÇON.

Tiens! tiens!

CLAIRE.

Que faire?

CONRAD.

Dame, il y aurait bien mon passe-port...

CLAIRE.

Votre passe-port?

CONRAD.

Je vous ai dit que je comptais me marier à la Nouvelle-Orléans.

CLAIRE.

Oui, monsieur.

CONRAD.

Je me croyais tellement assuré de ramener ma femme... Voyez, madame...

(Il lui présente, tout ouvert, son passe-port.)

CLAIRE, lisant les lignes qu'il lui indique.

« M. de Francarville... et sa femme... » (Repoussant le passe-port.) Oh! monsieur...

PACIFIQUE.

Madame, étant naturellement porté à être agréable aux personnes du sexe, je suis désespéré. (Au fond.) Gendarmes !...

(Deux Gendarmes paraissent à la porte.)

CLAIRE, bas, à Conrad.

Allons, donnez, puisqu'il le faut...

(Elle prend le passe-port et le présente au Brigadier.)

PACIFIQUE.

Qu'est-ce que c'est que cela ?

CLAIRE.

Lisez, monsieur.

PACIFIQUE, lisant.

« Laissez aller et circuler librement M. le baron Conrad de Francarville avec sa femme... » (Regardant Francarville, qui s'est tenu dans l'ombre.) Eh quoi ! commandant... madame est votre épouse ?...

CONRAD, dont Claire prend le bras après hésitation.

Vous voyez...

PACIFIQUE.

Et tout à l'heure vous ne vouliez pas répondre d'elle ?

CONRAD, tirant le Brigadier à part.

Brigadier, oseriez-vous bien répondre de la vôtre ?

PACIFIQUE.

Ma foi, non !

LE GARÇON.

Je crois bien !

CLAIRE.

Comment ! monsieur, vous n'avez pas voulu répondre de moi ?

CONRAD.

Pardon, madame, il n'y avait plus que ce moyen de vous retenir... Mais ce sera mon dernier crime... et déjà j'ai réparé le premier...

CLAIRE, regardant son châle, qu'il lui montre.

Eh ! mais c'est mon châle.

CONRAD.

Quant à mes autres crimes...

CLAIRE.

Je crois que je n'ai plus qu'un moyen de vous en punir et de me venger...

CONRAD.

Et lequel?

CLAIRE.

C'est de garder ce passe-port.

. . . .
. . . .
. . . .

FIN DU TOME ONZIÈME

TABLE

	Pages
LE CHEVALIER DE MAISON-ROUGE.	1
HAMLET.	167
LE CACHEMIRE VERT.	269

F. Aureau et Cie. — Imprimerie de Lagny

www.ingramcontent.com/pod-product-compliance
Lightning Source LLC
Chambersburg PA
CBHW071523160426
43196CB00010B/1638